主办机构

中山大学新闻传播学院

中山大学未来媒体研究院

编辑顾问委员会（按姓氏笔画排名）

杜骏飞	南京大学
杨国斌	美国宾夕法尼亚大学
李良荣	复旦大学
吴 飞	浙江大学
陈昌凤	清华大学
陈卫星	中国传媒大学
胡 泳	北京大学
夏倩芳	南京大学
唐绪军	中国社会科学院
展 江	北京外国语大学
喻国明	北京师范大学
潘忠党	美国威斯康辛大学

主 编

徐桂权	中山大学
张志安	复旦大学

副主编

李艳红	中山大学

特约编辑

王辰瑶	南京大学
白红义	复旦大学
刘海龙	中国人民大学
刘 鹏	《新闻记者》
朱鸿军	中国社会科学院
李红涛	复旦大学
张洪忠	北京师范大学
张毓强	中国传媒大学
周葆华	复旦大学
胡翼青	南京大学
黄顺铭	四川大学

传媒蓝皮书系列

中国新闻业年度观察报告

(2024)

人工智能与新闻业变革

徐桂权 张志安 ◎ 主编

中国传媒大学出版社

·北京·

前　言

《中国新闻业年度观察报告》是中山大学新闻传播学院、中山大学未来媒体研究院主办的新闻传播学学术辑刊，自2014年起连续出版。本报告遵循"专业、原创、可信"的理念，旨在呈现中国传媒业年度最新变化、事件、话题和趋势，关注重大问题，把握变化逻辑，进行理论阐释。《中国新闻业年度观察报告（2024）》包括年度专访、年度专题、年度观察、年度调查、研究述评五个部分。

第一部分"年度专访"邀请国际传播学会（ICA）前主席、悉尼大学教授特里·弗卢就全球互联网平台监管、数字新闻业、人工智能时代的传播研究等话题分享了他的见解。

第二部分"年度专题"关注"人工智能与新闻业变革"。2022年以来，以ChatGPT、Sora为代表的生成式人工智能的开发引发社会对人工智能的新一轮思考与讨论。凭借足以匹敌甚至超越人类的生成能力，人工智能势必会对现有的新闻传播格局产生影响。本部分的7篇论文从多个角度对此进行了探讨，包括：（1）新闻工作者对人工智能技术的采纳与使用；（2）人工智能对新闻生产过程与叙事的影响；（3）国内外新闻机构对人工智能发展的政策扶持；（4）主流媒体使用AIGC的法律与伦理规范；（5）人工智能对新闻教育变革的影响；（6）人工智能在西方新闻传播学领域的研究热点、演进和展望。

第三部分是中国新闻业的"年度观察"。这组文章既包括对中国新闻业总体趋势的分析及重大传媒事件的回顾，也包括对融媒体、新闻摄影、视频新闻、公益新闻与公益媒体等具体领域的探索，着力把握这些领域的最新特点与变化趋势。

第四部分是"年度调查"。这组文章收录了媒体的调查和分析报告，包括中国广视索福瑞发布的《2023年电视新闻节目收视回顾》和《生成式人工智能的社会技术想象——基于微博、B站、小宇宙的内容分析》两篇报告。

第五部分是中外新闻业的"研究述评"，包括《2023年全球新闻业研究趋势》与《2023年中国新闻业研究论文述评》两篇文章。

《中国新闻业年度观察报告》自 2014 年创办至今，已出版 10 辑。我们相信本书对中国新闻业的业务实践和学术研究都有重要的参考价值。我们也期望，通过我们持续的努力，《中国新闻业年度观察报告》能够凝聚国内新闻研究学者的智慧，观察新闻业、研究新闻业、服务新闻业，成为中国新闻业研究的标杆。

目 录

第一部分　年度专访…………………………………………………………………（ 1 ）

互联网平台、数字新闻业与 AIGC 时代的传播研究
　　——对话国际传播学会原主席、澳大利亚悉尼大学特里·弗卢教授
　　…………………………………………徐桂权　张志安　特里·弗卢（ 3 ）

第二部分　年度专题：人工智能与新闻业变革……………………………（ 13 ）

新闻创新视角下生成式 AI 技术何以融入记者的常规工作？
　　——基于对 20 名新闻从业者的深度访谈 …… 胡世鑫　漆思杰　李艳红（ 15 ）
平台智能技术与新闻从业者的再技能化
　　——基于谷歌对美国新闻从业者培训案例的考察 ……… 毛万熙　潘慧玲（ 32 ）
智能媒介对新闻叙事的重塑趋势分析 …………………………… 杨　柳　经　锳（ 46 ）
国内外新闻机构 AI 发展的比较政策分析 ……………………… 刘颂杰　胡欣妍（ 60 ）
主流媒体事实核查应对 AIGC 的问题分析与路径探索……… 林嘉琳　师　文（ 78 ）
从公共传播到智能传播：新闻实践及实务教学的范式变革
　　…………………………………………张志安　李欣颖　贺涵甫（ 85 ）
人工智能在西方新闻传播学领域的研究热点、演进和展望
　　………………………………………………………… 林功成　李思娴（100）

第三部分　年度观察…………………………………………………………………（115）

数字新闻实践中的专业变革、失守与重思
　　——2023 年中国新闻业年度观察报告…………………… 张志安　丁超逸（117）
2023 年中国传媒业事件点评 ……………………………………… 聂　浩　范以锦（130）
2023 年中国融媒体产品年度观察 ……………………………………………… 戴　玉（136）

— 1 —

2023年中国新闻摄影年度观察……………………………杜 江 曾阡甯（146）
2023年中国视频新闻年度观察……………………………熊 迅 周涵秋（160）
2023年中国公益新闻与公益媒体年度观察………………周如南 马颢宁（175）

第四部分 年度调查……………………………………………………（187）

2023年电视新闻节目收视回顾……………………………………封 翔（189）
生成式人工智能的社会技术想象
　　——基于微博、B站、小宇宙的内容分析……………周懿瑾 陈菁菁（195）

第五部分 研究述评……………………………………………………（217）

2023年全球新闻业研究趋势………………………………郭 靖 方可成（219）
2023年中国新闻业研究论文述评………徐桂权 张紫恬 麦妙钿 郑思彤（233）

第一部分
年度专访

互联网平台、数字新闻业与 AIGC 时代的传播研究

——对话国际传播学会原主席、澳大利亚悉尼大学特里·弗卢教授

徐桂权　张志安　特里·弗卢

摘　要：互联网平台治理已成为国际传播研究的热点议题。当下，全球互联网平台治理的"国家回归"趋势呈现什么新特点？互联网平台的兴起如何影响数字新闻业的发展？生成式人工智能技术对数字新闻业、新闻教育和新闻研究会有哪些影响？带着这些问题，本文邀请澳大利亚悉尼大学特里·弗卢教授就全球互联网平台监管、数字新闻业、人工智能与传播研究等话题分享见解。弗卢教授认为，对互联网历史的理解要从全球政治经济学的视野建立共通的比较框架；AIGC 对传媒业的冲击将是革命性的，传播学者可以为人工智能的研究提供独特的信息沟通视角，而中国学者将为理解互联网平台与数字媒介生态的多样性作出贡献。

关键词：平台　数字新闻业　AIGC

特里·弗卢（Terry Flew）是悉尼大学数字传播与文化系教授，是世界知名的互联网研究学者。他曾担任国际传播学会（ICA）主席（2019年—2020年），目前为澳大利亚人文科学院院士。弗卢教授的主要研究兴趣包括传媒经济、媒介政策、创业产业、媒介全球化、互联网平台规制等，迄今共出版 16 本著作，代表作包括《理解全球媒介》《传媒经济学》《全球创意产业》《创意产业、文化与政策》等。

弗卢教授的新作《规制平台》（*Regulating Platforms*）由 Polity 出版社于 2022 年出版。在这本聚焦平台治理的英文学术专著中，

弗卢教授系统梳理和分析了全球自由互联网的衰落、传播媒介的平台化发展、数字平台与传播政策、平台的管理与规制、平台权力和未来互联网政策以及中国互联网和全球互联网治理等问题。

一、学术对话需要从"例外论"走出来

问：首先想请您谈谈您的学术历程。您已经出版了16本著作，发表许多论文，涉及领域包括新媒体、创意文化产业、媒介经济、全球媒介与传播、数字平台规制等。您的研究领域是如何形成与拓展的？这些研究之间有什么内在逻辑和递进线索？

答：你所谈到的这些领域的联系源于我的经济学背景。我在悉尼大学学习政治经济学，获得经济学学士和硕士学位后，进入媒体和传播领域。我先在悉尼科技大学任教，随后在昆士兰科技大学任教了很多年。在昆士兰科技大学，我深度参与了围绕创意产业的学术对话，特别是关于促进创意产业的政策制定及创意产业与传播、文化和媒体研究等领域的概念性思维之间的关系的讨论。同时，我一直对全球化及其与民族国家之间的关系感兴趣，这可以追溯到21世纪初期我在政治经济学方面所做的工作。值得一提的是，我是第一批撰写有关互联网（或者我们当时所说的"新媒体"）研究的书籍的学者之一。目前，我为牛津大学出版社撰写的《新媒体导论》（*New Media*：*An Introduction*）一书已经出版了4个版本。

2010年，一些重要的事情开始发生。一是数字产业的增长速度远远快于创意产业。这里存在一个问题：数字产业的盈利能力是否取决于创意人员的无偿劳动？我认为这是一个真正的问题。数字平台公司对传统媒体的影响很深，同时监管数字平台的呼声亦越来越高。从广义上讲，西方国家的互联网政策可以分为三个阶段：第一阶段的政策重点是个人的言论自由权和最大程度地减少政府在互联网监管方面的作用。第二阶段的政策越来越关注数字平台和社交媒体迅猛发展所带来的各种危害，包括从假新闻到网络骚扰、网络欺凌等，这实现了从"权利话语"到"伤害话语"的转向。第三阶段的政策重点是"监管话语"，尽管各国内部和国家之间对于互联网数字平台应该受到多大程度的监管仍存在很多争论。

问：您近年的研究聚焦数字平台规制，包括著作《规制平台》（*Regulating Platforms*）和编著《数字平台规制：互联网治理的全球视角》（*Digital Platform Regulation*：*Global Perspectives on Internet Governance*）。您认为，"国家回归"成为当下全球互联网治理的显著特征。从比较平台研究的视角看，美国在全球有垄断优势，中国在追赶中也出现了Tik Tok这样的全球平台，欧盟还没有大型互联网平台兴起。在监管方面，欧盟对平台规制的政策最严苛，美国相对宽松，中国则呈现从相对宽松到逐渐收紧的趋势。这里的"国家回归"在不同区域的作用机制是否有差异？

答：这是当然的。首先，"国家回归"的存在很复杂，严格来说欧盟并不是一个国家，它是一个国家联盟。欧洲内部存在着关于欧盟（作为一个超国家组织）与其各个成员国相比应该有多强大的争论，最明显的例子是英国脱离了欧盟。但其他国家对于欧盟在欧洲内部应该有多强大的问题还存在不同的争论。

在美国，人们对"大型科技公司"（Big Tech）已表现出更加批判的态度。在互联网早期阶段，美国制定一些法律和政策，明确限制平台为其内容负责的范畴。这对平台为自身内容负责的能力设定了明确的限制，但是如今大型科技公司已经对该限制形成了挑战。在美国，关于平台监管的政治辩论非常激烈，而21世纪初并不存在这样的争论。

正在发生的另一件事是所谓的"技术民族主义"（Techno-nationalism）。互联网最初被视为一个不受任何民族国家管辖的全球平台。它有一个多元利益相关者协议，但这些协议并非特别有力。目前的情况是，美国和中国之间竞争日益激烈，这表明美国对于在自己国内重建平台的态度变得越来越民族主义。因此，特朗普政府禁止微信，也试图禁止 Tik Tok，这样的情况在美国仍在继续。美国的大公司，特别是谷歌、脸书，它们认为自己不应该受到如此多的监管，因为这会使美国在全球竞争中处于不利地位。因此，这种地缘政治叠加在技术政治之上，是否监管以及如何监管平台的问题产生了。

问：您的《规制平台》中有一章是关于中国互联网的。在中国，国家一直是互联网产业发展的关键力量，它在不同的发展阶段发挥着不同的作用。从全球平台治理的角度看，中国"模式"的意义何在？这只是一个特例，还是与美国、欧洲、澳大利亚等国家和地区有共同特点？

答：有一个时期曾经盛行一个观念：互联网是一个不受政府监管的全球平台。有人会说中国是例外。我想说，中国确实是一个很大的例外——它有着世界上最多的网络用户。在内容监管方面，中国与美国、欧洲有重大差异。中国倾向于采取比美国、欧洲或澳大利亚更强大、更严格的内容监管模式。但这并不独特，许多国家都对互联网内容进行限制。

中国的独特之处在于它拥有自己的领先科技公司。从这个角度来看，我认为"中国模式"的经验是，国家在促进民族科技公司发展方面发挥了作用，而这种作用已经被世界其他国家和地区观察到并在某种程度上借鉴。

因此，我们可以区分两个层面：一是互联网治理的行业政策层面，我们可以从中国学到一定的经验；二是内容监管层面，这方面中国与其他国家仍然存在非常显著的差异。中国模式本身的另一个话题是，领先的科技公司如何能够保持自主性。

问：近年来，中国学者也热衷于做平台研究，但总体上，理论概念主要来自西方，比如平台劳动的研究多采用批判传播政治经济学的视角。平台劳动对解决中国当下的就业问题具有重要作用，且中国也远没有达到西方福利国家的劳动保障水平。为此，有学者正在反思，强调平台研究既要真正扎根中国情境，又要进行国际对话。对中国互联网平台治理的相关研究，您有什么建议？特别是在如何扎根中国本土实践以提出一些原创性的理论概念方面。

答：我的第一个观察是，在互联网治理领域，政治经济学已经出现了一个转向。我们不再简单地说，这是西方模式，这是中国模式，这是欧洲模式。世界各地的政治经济学研究正出现某种转向，特别是围绕各大平台公司的复杂权力关系的研究。在这个层面，政治经济学在西方和中国背景下都是一个有用的框架。

平台劳动是一个复杂的问题。硅谷的公司是以一种"创始人话语"（Founder's Discourse）为标志的。尽管科技行业对劳动力的需求在过去两三年有所减少，但这类高薪行业仍然存在激烈的人才竞争。围绕科技公司的一个激进主义的问题是在科技公司组建工会，但不同国家会存在一些关键差异。

我认为学术对话需要从"例外论"走出来。许多互联网话语受到了美国，特别是美国宪法的影响，它实际上非常独特。而我们需要的理论概念应该适用于不同国家。国际学术对话既需要认识差异及其客观性，又需要进行如何建立一个共同的学术框架的尝试，比如说对 Tik Tok 和微软进行比较。在很多互联网研究中，有一种倾向认为"中国公司在某种程度上是西方公司的翻版"，因此，百度被称为"中国的谷歌"或其他什么，但这确实低估了中国科技公司正在进行的创新。例如，在金融科技领域，中国科技公司要先进得多。

所以，我们还有一些相当复杂的工作要做。在某些方面，我们需要提出在许多国家都能得到应用的概念。我们还没有谈论日本、韩国、印度或俄罗斯。就全球互联网而言，这些都是非常重要的国家，我们需要得到与这些国家的实践和语境相关的学术概念。

二、数字平台的兴起对新闻业的可持续性来说是一个重大问题

问：您的《新媒体导论（第四版）》有一章是"在线新闻与新闻的未来"。您觉得最近10年数字平台对新闻业的发展有何影响？具体来说，一方面，互联网平台的兴起让流量变现成为主导商业模式，传统媒体原有的渠道和商业模式都被摧毁了；另一方面，媒体通过社交平台去获取用户、分发内容。平台逻辑（Platform Logic）越来越深刻地影响着媒体的专业逻辑。根据，全球范围内平台的兴起是否造成了传统新闻业的衰落？

答：网络平台对媒体的主要影响在财务方面——它们不能再像以前那样有钱了。这对公民社会和政治产生重大影响，媒体组织获取资源的能力及运营的可持续性大幅

下降。而互联网向所有人提供的内容并没有解决这个问题，人们依旧可以不为网络内容付费。是的，各种数字平台正在世界范围内兴起，我不敢说它导致了新闻业的衰落，即便确实如此，这也只是新闻业衰落背后的众多因素之一。但这对新闻业的可持续性（sustainability）来说是一个重大问题，而且这个问题并不会消失。

问：2021年澳大利亚议会正式通过《新闻媒体和数字化平台强制议价准则》（News Media and Digital Platforms Mandatory Bargaining Code）的最终修正案，该法案要求谷歌、脸书等数字平台在使用澳大利亚新闻内容时付费。这个法案总体上偏向的还是用户规模大的主流媒体，对中小型媒体很难有直接帮助。我想了解下，这项《议价准则》实际的实施情况和效果如何？您认同这种国家以法律方式强制介入、对媒体新闻内容进行版权保护的做法吗？这种做法，在全球范围内，对调节平台和媒体的关系有什么启示？

答：首先，我要对澳大利亚的法案做一个限定，它不是基于版权的保护，而是基于这样的理念：新闻出版商创建的内容对数字平台是有价值的，数字平台应该向出版商付费，因为它们可以从内容分发中获利。因此，这是在建立一种尚不存在的定价机制，与版权无关。

这关乎不平等关系的讨价还价，它与价值转移有关。这就是澳大利亚的情况。其他国家也制定了类似的政策。比如，加拿大有一项在线新闻法案，谷歌和脸书曾竭尽全力阻止加拿大推出该法案，但该国政府已经通过了这个立法。

在实施方面，澳大利亚的法案存在的问题之一是它的安排非常秘密。我们不知道有多少钱从一方向另一方转移。至于你提出的问题——这个法案可能对于较小的媒体公司帮助不大，这只是一种尝试提高新闻出版可持续性的短期措施，但我不认为这是长期的答案，因为广告市场仍然对传统媒体公司非常不利。

因此，如果政府认为在某种程度上继续发布新闻很重要，那么政府将不得不为此付费。这具有挑战性，因为政府已经为一些新闻公司（如公共服务广播电视、公共服务媒体）付费。当新闻由政府资助、并且政府继续为新闻付费时，新闻的独立性会存在问题。在某种程度上，这是一个需要再反思的问题。

问：您正在做的一个研究项目是"媒介化信任"（Mediated Trust: Ideas, Interests, Institutions, Futures）。在所谓"后真相"的背景下，社交媒体上出现了各种虚假新闻、谣言，冲击了社会的信任机制。一些调查显示，总体上，专业媒体的可信度仍高于互联网平台。但其实，媒体现在也纷纷在平台上布局账号矩阵。您认为在这个背景下，专业媒体应该怎样发挥作用？

答：这涉及两件事情。第一，媒体应该以值得信任为目标吗？是的。第二，他们所服务的商业模式是否看重信任？或许是的。与第二点相关，在政治两极分化的背景下，如果你有喜欢的政治党派，那么，你对于某个媒体的专注度可能会变得非常有利可图。

因此，媒体是否有独立的义务？这个问题存在争议。我们在争论真相是什么？什么是信任？等等。这背后就是政治。问题在于，新闻是否可以投资值得信任的内容，以及这是否会给他们带来新的订阅者。一般来说，大多数新闻机构都是靠订阅生存的，而信任对广告商来说很重要。在某种程度上确实如此，媒体的可信度将影响广告商投放其内容的决策。所以，媒体可信度这个问题，与前面所说的可持续性发展的问题有关。

问：您是数字传播和文化领域的教授。在澳大利亚的大学里，传播研究、文化研究、创意产业是否比新闻学更受欢迎？在中国，新闻学专业不如以前那么热门，但传播学仍然很受欢迎。

答：传播学专业很受国际学生欢迎，这是因为学习传播学可以帮助留学生返回母国后找到工作，尤其是数字化方面的专业工作。

现在学科方面存在一个变化：人们越来越趋向于转向专业的学科，而远离传统人文学科。而新闻专业继续存在吸引力的原因是，新闻专业的毕业生仍拥有高水平的就业机会，即使他们不一定从事新闻工作。

在很多职业中，写作和沟通的技能都非常有价值，而这些技能是与新闻业的工作常规相关的。这些技能仍然受到重视。我们的课程正变得越来越融合，你可能会发现媒体研究、文化研究、新闻学、博物馆学等专业，正把单一专业学位的课程和其他课程混合起来。所以，新闻教育远没有结束，而数字技术是所有这些领域变革的焦点。这就是学生们所寻求的东西。

三、传播学者可以为人工智能研究提供独特的信息视角

问：我们还想和您交流下当下火热的以生成式人工智能（Artificial Intelligence Generated Content，AIGC）为代表的技术革命对平台格局和新闻业的影响。目前，这项技术主要掌握在科技巨头和平台巨头手中，这个领域的技术竞争会对全球平台竞争格局产生什么影响？

答：人工智能的核心是数据。人工智能进行机器学习需要大量数据，获得的数据越多、拥有的数据来源越多，它就能做得越好。拥有大量数据的公司有很大优势，在大多数情况下，它们是科技巨头、大型平台公司。

这与互联网公司早年的情况形成鲜明对比。谷歌直到1998年才出现，脸书直到2004年才作为公司存在。那个时期的互联网已经相当发达，围绕互联网的政策已经出现。那么，为什么它们会成为大公司呢？在互联网发展的早期，人们还不太清楚谁会

成为大公司,那时虽然有苹果,有微软,但它们只是硬件和软件公司。

而现在,在人工智能领域,主要的参与者已经很明显了。进入这个领域的门槛比早期互联网公司进入市场的要求高得多。因此,这很可能导致人工智能领域的权力更加集中,这将是一个挑战。新闻机构将会面临更多的版权问题。事实上,已经有很多争论发生了,比如《纽约时报》已经屏蔽了人工智能提供商的内容。因此,数字平台和新闻出版商之间存在的许多问题将转移到人工智能的情形中。

问:AIGC对新闻业的一个结构性影响是,过去是人在生产新闻,现在是机器生产新闻,人机交互和人机共生的时代已经到来。这种颠覆性的技术革命对新闻业、对新闻教育和新闻研究会有哪些影响?

答:大学里也出现了类似的问题。我们所有的学生都可以使用人工智能来撰写论文。我们能阻止他们这样做吗?可能不会。我们能检测到吗?也许我们可以。我们是否应该让学生使用ChatGPT等人工智能技术来写论文?同样,就像学生在做统计一样,我们希望他们使用计算器,我们并不指望他们能在头脑中解决所有问题。

我认为将会发生的事情是,有价值的新闻内容将继续由记者来生产。同样,您可以使用人工智能创作艺术。这是艺术吗?不,这不是。艺术家会因为人工智能而消失吗?不,他们不会,他们会做一些不同的事情。

因此,独立制作的、有价值的内容将继续被需求。就像学生写出一篇非常好的论文一样,因为他们受到该主题的激励,对此充满热情,他们对感兴趣的话题有话要说。我们看到的由人工智能撰写的论文,是由对课程不明所以的学生撰写的。他们认为,"我的作业截止日期快到了,我什么都不知道,那我可以使用ChatGPT来写作业。"长此以往,系统可能会变得越来越智能。

人工智能将主要影响所谓的"商品新闻"(Commodity News)。因此,如果你需要写一个故事,比如谁赢得了足球比赛或类似的事情,你可以通过人工智能来完成。但如果涉及分析性的、创造性的工作,人工智能不会那么容易做到。

问:针对AIGC的研究,计算机、大数据等学科背景的专家更有技术优势,但该技术给人类传播革命和社会带来深层影响,因此也需要哲学、政治学、社会学、新闻传播学等人文社会科学的介入。您觉得,新闻传播学科面向AIGC可以做哪些研究?是否有自己的学科优势?

答:关于AIGC的研究,有的话题必须来自人文社会科学,比如信任。计算机科学的信任系统视角作为考虑信任问题和人工智能的社会影响问题的框架过于局限。那么人文社会科学将如何产生影响呢?我们所理解的许多信息实际上与传播、沟通有关。"人工智能"一词包含的一个含义是:"智能"(intelligence)是信息(information),或者实际上是数据。我们开始使用机器来生产信息,然而我们知道传播需要对话,我们不能简单地发送讯息（message），而不接收这些讯息。

总的来说，所有这些人文社会科学都有重要的问题值得去研究，包括语言学也是理解人类传播革命的重要学科。但关键在于，我们所说的"智能"实际上是信息，而如果没有传播和沟通，信息就无法真正被理解。

问：最后一个问题，您教过很多中国学生，包括博士研究生。他们有的在澳大利亚工作，有的回到中国。你对他们有什么期望？您认为中国学者如何才能在国际传播领域做出更有贡献的学术研究？

答：在某种程度上，这种变化对我来说已经很明显了。如果看看国际传播学会（ICA）的情况，中国学者在ICA的参与人数大幅增加了。当我说中国学者时，包括在中国的研究者和在世界其他地区但具有中国背景的研究者。就这种转变而言，我不会说它已经完全发生，但我会说它肯定会发生。

通过对中国数字生态系统的研究是否可以作出独特的学术贡献？就互联网而言，显而易见的事情之一是，我们很难讲述互联网、数字平台或人工智能的单一历史。在很长一段时间，我们这样讲述历史："硅谷有一群人聚集在一起，提出了所有这些伟大的想法。"但事实上，我们拥有与全球系统相交叉的不同国家的互联网历史。比如，韩国是一个在数字空间的影响力大于其地缘政治影响力的国家。韩国软实力的一部分在于数字技术和创意产业。我认为，中国学者独特的贡献可能在于他们能够理解这些多样的生态系统及其复杂的概念。

四、结语

通过上述访谈，放眼全球数字平台的兴起及其深刻影响，立足中国语境的实践发展和现实逻辑，我们对互联网平台、数字新闻业及AIGC时代的传播研究可得到如下启示：

其一，美国、欧盟、中国的互联网治理和平台规制，可以作为考察数字平台治理模式差异的三个重要区域。中国的"国家在场"和美国、欧盟的"国家回归"有所不同，但也不必过于夸大技术民族主义在某个特定国家或区域的影响。相反，全球范围的平台发展都会对用户隐私、国家安全和全球产业竞争产生冲击和挑战，"例外论"也不利于全球范围的学术对话。

其二，数字平台对新闻业的结构性冲击是复杂的，我们很难直接下结论——数字平台的崛起直接导致传统媒体的衰落或专业新闻业面临可持续发展的困境。严肃新闻业遭遇的问题直接体现在收入锐减和财务危机方面，而为原创新闻付费或者让数字平台为主流媒体支付版权费用并不能整体保障专业新闻业的稳定发展。平台社会的新闻业还有一系列重要问题，需要我们置身特定的国家政治、经济和社会语境加以考察，如算法推荐和流量逻辑如何重构新闻业的生产逻辑，主流媒体与数字平台在依赖关系中怎样保持自主性，数字平台的茧房效应和个性化信息选择是否可能延续理性对话和共识达成，等等。

其三，AIGC对传媒业的冲击将是革命性的，尽管目前影响的主要是商品新闻、动态资讯等，尚未冲击原创深度报道和品质新闻的用户触达，但是，着眼于未来人机协作、人机交互和人机共生的媒介环境，其深层次的影响值得被高度重视。面对从新闻传播到公共传播、从公共传播到智能传播的两次范式变革，[①] 人作为新闻生产者的创造力、复杂情感和创意思维怎样发挥不可替代的作用，机器生产新闻在提升传播效能的同时怎样规避深度伪造、信息误导等风险，这些问题都需要业界和学界探索解决。

总之，数字中国深嵌于全球数字社会，"在中国"做平台社会的研究要扎进复杂现实，获得在场体悟，持续凝练本土话语，增进国际学术对话，为理解全球互联网平台和数字生态的多样性作出贡献。[②]

本文系2023年度国家社科基金重大项目"智能媒体对新闻真实性的挑战与治理研究"（项目编号：23&ZD213）阶段性成果。

作者简介：

徐桂权，中山大学新闻传播学院副教授；张志安，复旦大学传播与国家治理研究中心主任、新闻学院教授；特里·弗卢，悉尼大学艺术、传播与英语学院教授。

---

① 张志安，李欣颖，贺涵甫. 从公共传播到智能传播：新闻实践及实务教学的范式变革［J］. 新闻大学，2024（5）：1-14.
② 张志安，冉桢. 扎进数字中国：中国互联网平台研究图景及学术反思［J］. 新闻与写作，2024（1）：56-68.

第二部分

年度专题：人工智能与新闻业变革

新闻创新视角下生成式AI技术何以融入记者的常规工作？
——基于对20名新闻从业者的深度访谈

胡世鑫　漆思杰　李艳红

摘　要：随着生成式AI技术的飞速发展，其在新闻业的应用日益广泛，对新闻从业者的工作模式产生了深刻影响。本文旨在探讨生成式AI技术何以融入记者的常规工作。研究采用新闻编辑室民族志和对20名新闻从业者半结构式深度访谈的方法，分析了生成式AI技术在记者生产新闻中的应用情境、影响因素及从业者与技术间的互动关系等。研究发现，新闻从业者对生成式AI技术的采纳模式，根据技术介入程度可以划分为创意辅助、效率提升、自动化处理和深度研究学习四种类型。同时，个人因素与工作性质、技术特性与服务属性、组织支持与外部环境是影响生成式AI技术是否被采纳的关键因素。最后，本文从人机互动视角，揭示了新闻从业者对生成式AI技术的工具性与伙伴性的角色定位，这为理解新闻业在AI技术浪潮下的变革提供了实证基础。

关键词：生成式AI技术　新闻创新　常规工作　深度访谈

人工智能技术自融入新闻业以来，经历了新闻写作机器人、智能算法推送、元宇宙新闻和AIGC新闻四个重要发展阶段，[①]其对新闻业产生的影响也随着技术的创新迭代而不断加深。2023年5月，世界新闻出版协会（World Association of News Publishers）的一项全球调查揭示，当前人工智能技术应用于新闻生产实践最具潜力的三大领域分别是全流程提升效率、翻译和个性化新闻。[②]作为人工智能技术与新闻业融合的第四阶段的代表，ChatGPT等生成式人工智能技术（Generative Artificial Intelligence，后文简称"生成式AI"）在新闻编辑部中的应用已经如火如荼。

---

① 郑满宁.人工智能技术下的新闻业：嬗变、转向与应对——基于ChatGPT带来的新思考［J］.中国编辑，2023（04）：35-40.
② BHATTACHARJEE M.Almost 50% of news publishers use generative AI tools, but "quality of content" is the #1 concern［EB/OL］.（2023-01-23）［2024-05-01］.https://mediamakersmeet.com/almost-50-of-news-publishers-use-generative-ai-tools-but-quality-of-content-is-the-1-concern/.

在全球新闻业方面，上述调查同样指出，有近一半（49%）的受访者表示他们的新闻编辑室正在使用 ChatGPT 等生成式 AI 工具。各地新闻编辑室也在纷纷思考如何将技术运用于日常工作：新闻聚合网站 BuzzFeed 于 2023 年年初宣布了其将与 OpenAI 公司合作进行个性化内容的生产与推送。①美联社曾计划部署五项人工智能计划，希望自动化实现多种公共新闻信息服务功能，如自动翻译预警新闻、自动制作视频脚本、新闻提要自动排序等，这些功能将为地方媒体的商业模式提供长期支持。②此外，英国的《每日镜报》等摸索如何使用 ChatGPT 帮助记者写当地新闻。③2023 年 2 月，中国主流媒体机构，包括《人民日报》、新华社和中央广播电视总台，宣布与百度公司建立合作关系，共同在生成式 AI 和大型语言模型等前沿技术领域开展深入研究与探索。同时，上海报业集团下属的澎湃新闻、重庆日报报业集团的上游新闻以及《每日经济新闻》等共计 117 家媒体机构，宣布接入百度研发的"文心一言"技术平台，积极融入并推动新闻产业的新一轮技术革新与产业升级。④

在新闻创新方面，周葆华等认为，生成式 AI 技术在新闻业中的应用具有潜力。具体而言，其在辅助内容创作、进行事实核查、处理数据、生成图像、转换与翻译语音以及加速流程性工作等具体情境中能够发挥作用，成为分担人力工作、提升效率的工具。⑤崔燕认为，在优势方面，生成式 AI 工具纳入新闻生产后可以优化新闻生产流程、提高新闻生产准确性、降低新闻生产的成本与门槛、深化新闻生产的人机交互。⑥然而，目前学术界有关生成式 AI 技术如何影响新闻生产的研究仍以思辨性分析居多，对于新闻业采纳与应用生成式 AI 技术的实证性探讨并不多。本文运用新闻编辑室民族志和半结构式深度访谈的方法，着重探讨新闻工作者采纳生成式 AI 技术的情况及其影响因素，以便更好地理解新闻从业者与生成式 AI 技术的关系。

一、新闻从业者与技术间的互动：微观路径下的新闻创新研究

新闻业一直在经历创新与变迁。梳理新闻业历史我们会发现，自新闻业诞生以来，新闻工作者所运用的新闻形态、采访方法、写作技巧以及观念形态并非一成不变。21

---

① WSJ.BuzzFeed to use ChatGPT creator OpenAI to help create quizzes and other content［EB/OL］.（2023-01-26）［2024-05-01］. https://www.wsj.com/articles/buzzfeed-to-use-chatgptcreator-openai-to-help-create-some-of-its-content-11674752660.
② AP.AP to develop 5 AI projects with local newsrooms［EB/OL］.（2023-02-16）［2024-05-01］. https://blog.ap.org/ap-to-develop-5-ai-projects-with-local-newsrooms.
③ FT.Daily mirror publisher explores using ChatGPT to help write local news［EB/OL］.（2023-02-03）［2024-05-01］. https://www.ft.com/content/4fae2380-d7a7-410c-9eed-91fd1411f977.
④ 许静，刘欣，蒋雪颖.新闻生产与生成式人工智能人机耦合的实践进路［J］.南昌大学学报（人文社会科学版），2023（05）：114-122.
⑤ 周葆华，陆盈盈.生成式人工智能影响下的新闻生产创新：实践与挑战［J］.青年记者，2024（03）：5-11.
⑥ 崔燕.生成式人工智能介入新闻生产的价值挑战与优化策略［J］.当代电视，2024（02）：104-108.

世纪以来，随着数字媒体技术的发展，新闻创新被置于科技变迁背景下进行讨论。①新闻业的发展与技术创新息息相关，技术帮助新闻业顺应新的社会和市场趋势。②除了直接介入新闻生产机制、培育新的新闻样态，技术也对新闻伦理、新闻劳工、新闻权威性与职业主义等产生冲击。③

新技术发展与新闻业创新使用方面的研究存在中观和微观两种路径。中观路径将目光聚焦于组织，将新闻组织本身视为形塑和影响创新的主体，考察组织这一中介因素如何影响新闻创新的过程。④社会形态、社会发展情况、组织理性需要、组织所持的专业主义规范等都成为影响一个组织如何采纳创新的因素。例如，王侠基于一个内容驱动型新闻客户端 M 的分层访谈发现，在液态社会这一新的社会形态下，媒体在技术层面积极变革，而在价值层面仍然坚守纸媒时期的新闻价值取向。⑤Sadia（萨迪亚）通过对作为发展中国家的巴基斯坦记者的深度访谈，发现国家经济发展状况同样影响新闻编辑室对于技术的采纳，不同于发达国家，巴基斯坦社会存在的强大的数字鸿沟限制了新闻媒体的技术扩张。⑥王辰瑶等基于对 N 市三家报社算法新闻实践的实地研究发现，媒体组织自身的理性需要会影响算法技术的采纳边界，考虑到算法技术难度大、收益不明确、缺乏模仿案例等因素，新闻编辑部中的"算法新闻"仍停留在创新行动的边界之外。⑦Boczkowski（博奇科夫斯基）研究了三家美国在线报纸对于互动性和多媒体性这两个新媒体属性的采纳情况，由于不同组织拥有的新闻专业文化的程度、对用户的看法以及数字媒体部门与主媒体之间的结构关系上的差异，三家新闻组织在对新媒体科技的互动性和多媒体性之采纳上表现迥异。⑧上述研究均为中观视角，将新闻创新嵌入新闻组织所处的社会经济环境，关注组织内外的社会环境因素，这些研究为理解新闻组织如何采纳以及为何采纳创新技术提供了丰富的经验材料。

在中观路径之外，部分学者聚焦新闻组织中新闻工作者的日常工作实践，将创新

---

① 李艳红.在开放与保守策略间游移："不确定性"逻辑下的新闻创新——对三家新闻组织采纳数据新闻的研究[J].新闻与传播研究，2017（09）：40-60，126-127.
② COTTLE S & ASHTON M.From BBC newsroom to BBC newscentre: on changing technology and journalist practices[J].Convergence，1999（3）：22-43.
③ 常江，何仁亿.数字新闻生产简史：媒介逻辑与生态变革[J].新闻大学，2021（11）：1-14，121.
④ 李艳红.在开放与保守策略间游移："不确定性"逻辑下的新闻创新——对三家新闻组织采纳数据新闻的研究[J].新闻与传播研究，2017（09）：40-60，126-127.
⑤ 王侠.液态社会中新闻生产的变革与延续——基于对新闻客户端 M 的分层访谈[J].国际新闻界，2019（05）：60-79.
⑥ JAMIL S.Artificial intelligence and journalistic practice: the crossroads of obstacles and opportunities for the Pakistani journalists[J].Journalism Practice，2021（10）：1400-1422.
⑦ 朱威，王辰瑶.传统新闻编辑室如何面对"算法"？——对 N 市三家报社算法新闻实践的实地研究[J].新闻记者，2023（08）：30-39，72.
⑧ BOCZKOWSKI P J. The processes of adopting multimedia and interactivity in three online newsrooms[J].Journal of communication，2004（2）：197-213.

理解为嵌入日常实践中的变迁的社会过程。①李艳红认为，中国的新闻创新具有在"开放与保守之间游移"的不确定性，不确定性不仅来自对新闻组织作为商业主体的考察，还来自对微观层面新闻从业者如何认识、管理、应对这种不确定性的考量。例如，方洁等通过对媒体机构与技术公司的10位内容和技术人员的深度访谈，发现随着技术的强势介入，组织内部出现了新的技术人员工种，他们与原有的媒体内容人员由于专业背景的差异，在技术需求、生产理念、内外立场方面存在矛盾，媒体技术创新的发展被限制了。②胡翼青等通过对184名在职新闻工作者的问卷调查，发现多数新闻工作者对技术仍然处于"一知半解"的阶段，不同年龄、工龄、性别的从业者对技术有较大的个体差异。③李子甜通过对20名新闻从业者的访谈发现，从业者基于对AI技术的理性考察，感知风险的影响力远超感知收益，在收益方面表现出更多的工具性收益感知，在风险方面却呈现社会性与系统性的风险感知。④上述研究呈现复杂的新闻创新面貌，新闻从业者基于不同的人口统计学特征、工种差异、理性考察，对于创新技术存在不同的认识、管理与应对措施，这为研究者充分了解创新技术的采用提供了细致的经验材料。

不少研究发现，新闻创新的动力往往来自基层，率先由个体的新闻人员作出尝试，他们自下而上影响组织对技术的采纳，因此本文主要采用微观视角，将新闻从业者视为影响创新技术的先决主体，考察我国新闻从业者采用生成式AI技术的日常实践。

当前，生成式AI技术成为新闻业的热点议题。早在10年前，人工智能就已经被应用于新闻业，有媒体机构通过智能工具生成财务收入和体育赛事报告，但该技术并未在编辑内容中被广泛使用。2018年以来，大型语言模型和基础模型的研发获得突破性进展，为生成式AI的进步提供了动力。生成式AI是一种机器学习系统，是基于算法、模型等创建文本、音频、图像、视频和代码的技术系统。⑤ChatGPT、Sora便是其中的代表。生成式AI技术已经在某种程度上重构了新闻传播的全流程，新闻采访、写作、编辑、制作、分发、核查等流程都可以将ChatGPT等大模型作为辅助工具，因此，有学者认为生成式AI将开启继互联网和Web2.0技术后的第三次社会系统的格式化。⑥

---

① 李艳红.在开放与保守策略间游移："不确定性"逻辑下的新闻创新——对三家新闻组织采纳数据新闻的研究[J].新闻与传播研究，2017（09）：40-60，126-127.
② 肖鳕桐，方洁.内容与技术如何协作？——行动者网络理论视角下的新闻生产创新研究[J].国际新闻界，2020（11）：99-118.
③ 胡翼青，朱晓颖.人工智能的"幻影公众"——基于新闻从业者实证研究的考察[J].中国出版，2018（19）：15-21.
④ 李子甜.工具性收益与系统性风险：新闻从业者的人工智能新闻技术认知[J].新闻大学，2022（11）：29-42，117.
⑤ 陈昌凤.生成式人工智能与新闻传播：实务赋能、理念挑战与角色重塑[J].新闻界，2023（06）：4-12.
⑥ 陈龙."后新闻"生产模式：生成式AI对新闻传播业的再格式化[J].传媒观察，2023（03）：18-24.

在学界，生成式AI成为学术写作的热门话题，相关研究多围绕新闻流程、新闻观念、报道范式等展开，这对认识和理解生成式AI技术在新闻业的运用与发展前景提供了启发。

在此基础上，本文希望基于既有的规范性认识，深入一线新闻从业者的具体实践，探讨生成式AI技术如何被新闻从业者采纳？哪些因素影响新闻从业者对这项技术的使用？以及新闻从业者与生成式AI技术的互动如何帮助研究者更好地认识未来的新闻创新？

二、研究方法

本研究通过新闻编辑室民族志和半结构化深度访谈的方法，系统收集了丰富的经验材料。2024年3月至4月，研究者对20位新闻从业者进行了深度访谈，包括记者、编辑和部门主编等不同岗位的从业者。每场访谈持续时间为60至90分钟。访谈旨在获取一手的研究资料。在访谈中，研究者采用了目的性抽样与异质性抽样相结合的策略，以确保所选样本的代表性和多样性。样本涵盖了不同性质的媒体机构，每个访谈对象均经过精心挑选，以符合高信息价值和高变异性的标准。此外，访谈过程严格遵守信息饱和原则以确保研究的深度和广度。

从人口统计学角度来看，女性受访者占比高达65%，受访者的地域背景和媒体属性呈现多样性。此外，研究者之一曾在某财经类媒体进行过为期1年的专业实习，该财经类媒体在探索生成式AI应用方面有一定经验。研究者深入该媒体的新闻生产，以新闻编辑室民族志的方法进行田野观察与资料收集，以期更好地理解新闻从业者如何将生成式AI技术融入日常工作实践。

访谈分为4个部分。第1部分涉及被访者人口统计学信息、工作与职业信息等；第2部分涉及新闻从业者使用生成式AI的情景以及如何使用；第3部分涉及生成式AI技术被纳入新闻从业者日常工作的程度及差异的原因；第4部分涉及这些新闻从业者对于其职业与生成式AI技术关系的思考。结束访谈后，研究者通过反复阅读分析访谈文本，并借助质化分析工具进行辅助分析，以提取访谈的核心主题。研究者将人工分析和软件分析的结论进行对比，经过严谨分析和讨论得出本文的主要结论。

表1 受访者编码与访谈者信息

编号	性别	年龄（岁）	媒体	岗位	从业年限（年）
A1	女	29	财联社	记者	4.5
A2	女	24	界面新闻	记者	1.5
A3	女	28	凤凰网	记者	1.5

续表

编号	性别	年龄（岁）	媒体	岗位	从业年限（年）
A4	男	26	九派新闻	编辑	3
A5	女	34	GQ 报道	编辑	9
A6	男	38	红星新闻	记者	13
A7	女	28	澎湃新闻	记者	3
A8	女	26	浙江日报	记者	0.5
A9	女	27	央视新闻	记者	1.5
A10	男	29	经济观察报	记者	5
A11	女	24	新华日报	记者	2
A12	男	29	中国网	记者	6
A13	女	25	中国国家地理杂志	记者	2
A14	男	23	网易新闻	编辑	1.5
A15	男	29	财经杂志	记者	7
A16	女	35	北京青年报	部门主编	13
A17	女	29	时代周报	记者	7
A18	女	34	广州日报	编辑	11
A19	男	30	第一财经	编辑	6
A20	女	24	央视新闻	记者	1

三、生成式 AI 技术在新闻实践中的应用谱系

《纽约时报》于 2023 年 3 月刊出 1 篇文章，罗列了人们使用 ChatGPT 的 35 种方式，其中许多日常生活中使用的方式也能够被新闻从业者采用，如撰写电子邮件、编辑、组织研究、浏览多份文件、输入 Excel 公式等。[①] 本研究在某种程度上证实了这一观点，新闻从业者会在不同场景下差异化地使用生成式 AI 技术。更进一步，根据生成式 AI 技术介入程度的深浅，新闻从业者的技术实践呈现以下 4 种类型：创意辅助型、效率提升型、自动化处理型、深度研究学习型（见图 1）。

---

① PARIS F, BUCHANAN L. 35 ways real people are using A.I. right now［EB/OL］.（2023-04-14）［2024-05-01］. https://www.nytimes.com/interactive/2023/04/14/upshot/up-ai-uses.html.

表2 生成式AI不同类型的使用方式

概括	类目
创意辅助型	头脑风暴、获取灵感 拓展访谈提纲的广度 提出新问题、报送选题
效率提升型	文字润色、提炼文档要点、转写录音 撰写采访提纲、撰写采访邮件 查阅资料、数据可视化
自动化处理型	自动生成财经类、天气类、体育类稿件 协助记者撰写文章的开头结尾
深度研究学习型	媒体与AI数据公司合作 AI主导的数据新闻 AI主导的稿件评价

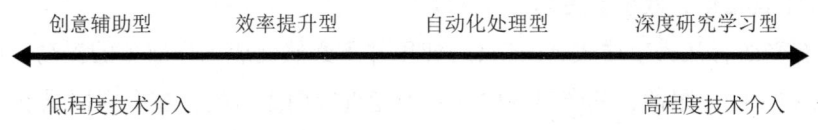

图1 技术介入程度与技术使用类型

（一）创意辅助型：辅助性思维与灵感启迪

在新闻从业者的日常技术实践中，创意辅助型的技术介入程度最浅，生成式AI技术作为创意和灵感的辅助，在记者策划和写作过程中为他们提供新的角度和思路。这类使用不会替代记者的核心工作，而是作为一个激发创意的工具。记者是脑力劳动者，尤其是主流媒体的记者，而知识生产与传播是富有创造性的工作。在新闻从业者的日常工作中，报送选题、撰写稿件、构思标题等都需要灵感，但记者也有灵感匮乏的时候，某财联社记者就表示："我让它（AI）帮我构思一个引人入胜的开头，如果我没有请工具帮我做这件事，可能我也写不出来，这个过程会让我持续内耗。"（A1）

在此情形下，一些对技术敏感的新闻从业者率先使用生成式AI技术来协助完成日常工作，例如通过头脑风暴提供选题灵感、拓展访谈提纲的思路。受访者A14就常使用生成式AI启发写作思路："它在给予我灵感方面，还挺强的。"一位九派新闻的记者也提及："当我感到写作疲惫时，会选择与AI互动来放松心情。在创作过程中遇到难题，我便将问题抛给生成式AI工具，观察它如何回应。这种互动不仅是一种消遣，有时还能激发我的灵感。一旦灵感闪现，我便迅速记录下来，稍作润色，它便能成为我创作的宝贵素材。"（A4）受访者多次使用"玩"这一表述，既说明他并未将这一过程视为工作，也说明与生成式AI技术的互动这一过程并不复杂，它更多的是一种放松方式。

生成式AI广泛参与新闻从业者的创意工作，但这并不表明生成式AI已经拥有了进行创意工作的能力。来自北青深一度的编辑曾表示："我觉得思维替代是很难的，而且这种经验也好，对一个问题的认识也好，我觉得（生成式AI）都很难替代（记者）。"（A16）受访者A4也表示："它不一定能在深度上给予你太多（内容）。但在广度上，许多角度是你想不到的。"

（二）效率提升型：文本处理与信息整合的自动化

在新闻从业者的日常技术实践中，效率提升型的技术使用程度同样较轻，生成式AI技术主要用于提高记者的工作效率，如自动校对、生成标准的新闻稿件，提供采访提纲建议等。生成式AI技术在完成这些任务的过程中发挥的作用通常是辅助性的，记者仍然扮演主导角色。许多受访者强调生成式AI的使用让他们的工作效率得以提高，从繁重的机械工作中解放出来，把更多精力投入采访活动："当我们有一个很庞大的选题计划，这里面会涉及很多项，我怎样把这个逻辑捋得更顺。这个时候可能就要使用生成式AI工具帮忙，效率会更高。"（A12）

但也有受访者认为生成式AI工具的使用并不必然促成工作效率的提高，由于当前生成式AI技术的局限性，其产出的内容并不能直接用于新闻，在个别情况下生成式AI工具甚至会产出错误的信息，损害新闻的真实性与准确性。正如一位受访者提到，在一次撰写财报过程中，生成式AI工具犯了一个基础性错误，"把数据给弄错了，人家原本是4亿，它写成了40亿，这是很基础的错误，我一下子没发现，事后该错误被编辑指出。"（A1）这一小插曲也让该受访者意识到，对于生成式AI提供的文本内容，编辑要对基础的事实进行核对。

在更普遍的情况下，AI生成的内容同样需要记者与编辑进行事实核查与润色加工。受访者表示："我们都要人工再过一遍才发，有专门的人负责核查事实。"（A8）记者与生成式AI技术的磨合、对话也要耗费大量时间精力，这些新增的环节无形中增加了记者的工作量。时代周报记者表示，如果原本写一篇财报类报道需要两个多小时，现在与生成式AI对话调试就要花费一小时，而且还不涉及校对等环节。学者陈昌凤认为，由于数据和模式的种种缺陷，模型本身还存在局限性，比如它难以理解复杂问题、细微差别以及与情绪、价值观和抽象概念相关的问题。① 当面对细微差别、歧义或讽刺之类的内容时，AI技术难以理解其中的真实意义；它可能生成似是而非甚至荒谬的文本。可以说，AI技术在帮助新闻从业者从旧有的新闻工作中解放出来的同时，又产生了新的工作负担。

（三）自动化处理型：标准化新闻生产的技术介入

如果说前两种类型是人与技术的松散合作，那么后两种类型则是人与技术的紧密

---

① 陈昌凤.生成式人工智能与新闻传播：实务赋能、理念挑战与角色重塑［J］.新闻界，2023（06）：4-12.

协作。自动化处理型的技术介入程度较深，生成式 AI 在某些标准化和预测性强的新闻报道领域可以独立生成完整的新闻稿件。虽然记者仍须进行最终的审核和调整，但生成式 AI 在此过程中扮演了重要角色。

相比于传统新闻编辑部，生成式 AI 技术在某种程度上已经成为编辑部内的"非人"行动者，独立承担部分新闻生产的常规工作。例如财经报道、体育赛事结果、天气预报等，这些类型的新闻报道通常具有明确的数据来源和固定格式，生成式 AI 技术可以通过分析数据和应用模板来自动生成报道内容。受访者提到，"我让生成式 AI 协助撰写了一些基础的公告类稿件。虽然不是照搬，但至少能够根据公告内容生成一个新闻稿件的框架。在这个基础上，我会结合自己的采访和调研添加一些独特的视角和信息。这样一来，就可以生成一份既包含官方信息，又融入个人见解的简单稿件。"（A8）

尽管生成式 AI 已经可以独立进行新闻生产，乃至"（未来）编辑这个岗位可能就消失了，越是不需要人类发挥主观能动性的工作，就越可能被取代"。（A10）但新闻从业者并没有将其视为同等的行动者，大多数受访者仍然将生成式 AI 定义为工具，一种协助记者从繁琐的重复性工作中解放出来的工具。

（四）深度研究学习型：生成式 AI 在复杂新闻中的角色

深度研究学习型的技术介入程度最深，记者依赖生成式 AI 进行深度学习和分析大量数据，以支持复杂议题的报道。这种类型可能涉及高级的数据分析和机器学习技术，记者在此过程中与生成式 AI 紧密合作，共同完成深度报道。例如，一位受访者是从事数据新闻条线的记者，在他日常工作的流程中，从找选题、分析数据、可视化呈现再到拟取标题和文章的评价，生成式 AI 实现了全程介入。

研究者在访谈中发现，生成式 AI 技术不仅参与日常的新闻生产，还取代了一些本该由内容工作者负责的工作领域，例如澎湃新闻记者提到了"标题的评价"，她在访谈中介绍了这一工作细节，"在稿件后期评估阶段，我们自主研发了一套评估系统。这套系统通过运用先进的指数运算和数据分析方法，对每篇稿件进行全面评估。它能够客观地分析标题的吸引力，判断其是否过于平淡或过于夸张，避免出现标题党现象。"（A7）对于新闻稿件的评判原本是审稿编辑的工作，现在已经部分由生成式 AI 接替。

李子甜通过访谈发现，人工智能确实可以替代一定数量的人工，尤其是机械性、简单性、重复性的工作。[①] 这位澎湃新闻记者的描述在一定程度上印证了本文的观点。但通过访谈，研究者发现了另一种人工智能对新闻从业者的"遮蔽"。"我们之前有很

---

① 李子甜. 工具性收益与系统性风险：新闻从业者的人工智能新闻技术认知［J］. 新闻大学，2022（11）：29-42，117.

多种AI海报，其实都是AI先生成，我们再人工处理，就有点像我们为AI打工。因为署名只会署AI，不会署做PS的人。"（A7）新闻从业者或内容人员并没有在生成式AI技术的介入中直接退场，而是屈居幕后，成为不被看见的"数字隐形人"。他认为在追求生成式AI光环的过程中，一些媒体可能会过分强调生成式AI的作用，而忽视了背后默默付出的新闻从业者的贡献，"毕竟媒体现在比较喜欢标榜自己的作品是AI出品，所以你会发现，很多时候为了打造所谓的AI光环，很多默默为它工作的人不能署自己的名字。"（A7）

四、生成式AI技术采纳的多维动因

作为一项关键性的新闻创新，除了描述新闻从业者对生成式AI技术的总体采纳情况，本研究还将探讨哪些因素影响了新闻从业者对生成式AI技术的采纳与使用。早在20世纪60年代，E. M. Rogers（罗杰斯）就在其著作《创新的扩散》中探讨过这一问题，他认为技术的相对优势、兼容性、复杂性、可试性与可见性同技术的采纳和扩散密切相关。但这一理论有其自身的局限性，后来的研究者在此基础上进行了扩展，将影响因素延伸至社会、政治、经济以及文化传统等外部因素。方师师等基于对全球106个"AI做新闻"案例的分析，发现新闻业对于AI技术的采用受到技术、用户、信息、环境等因素的制约。①基于既有研究，本研究结合访谈资料将影响新闻从业者使用生成式AI技术的因素归纳为3种：个人因素与工作性质、技术特性与服务属性、组织支持与外部环境（见表3）。

表3 影响生成式AI技术使用的不同因素

影响新闻从业者使用生成式AI技术的因素	编码
个人因素与工作性质	个人对技术的接受度和熟悉度 工作性质和需求 职业危机感 工作流程和习惯
技术特性与服务属性	技术的能力和服务 技术的可靠性与信任度 技术的成本和可及性
组织支持与外部环境	组织内部的培训和资源、鼓励和支持 数据安全问题 监管与版权问题 新闻伦理和真实性问题

---

① 方师师，贾梓晗. AI如何做新闻：基于全球106个案例的分析（2017-2022）[J]. 青年记者，2023（01）：56-59.

（一）个人因素与工作性质：新闻从业者的技术适应性与工作需求

新闻编辑部对于技术创新的采纳与普及往往是一个自下而上的过程。在考察新闻组织对于数据新闻的创新采纳中，学者发现往往是在基层个体表现出创新冲动之后，新闻组织才予以接纳。①访谈发现，目前对生成式 AI 技术的采纳还是那些足够敏感的基层个体在工作中单独使用，并未完全上升到编辑部的整体规划层面。有受访者表示，"这都是我自己学的，跟公司没有太多关系。"（A17）

新闻从业者对于生成式 AI 技术的采纳还是一件颇具"个人化"的选择，这意味着新闻从业者的个体差异性非常明显。胡翼青等调研发现，不同个体对生成式 AI 的态度存在差异，对生成式 AI 越了解，对使用 AI 改进自身工作、提高工作效率的愿望越强烈。②相反，那些对生成式 AI 的情况了解不够的个体，在态度上也相对消极。本研究基于访谈得出了类似的结论：

个体对于技术的接纳程度、熟悉程度与使用习惯会影响新闻从业者的技术使用。有受访者表示，"我说实话，我本身不大喜欢用这些技术。要不是我处于一种摆烂状态的话，我觉得我可能绝对不会想到用这个。"（A3）这类从业者对生成式 AI 技术存在明显的抵触与排斥情绪。也有受访者恰恰相反，"我用得比较多，我工作之前是不怎么用 AI 的，工作之后用得就多了，因为我本身也是做人工智能相关课题调研的。"（A20）新闻从业者因为工作特性或主动或被动地使用技术，这也是个体差异性明显的第二个原因，即不同条线、不同岗位的新闻从业者使用技术的差异较大。那些对技术接纳意愿较高的受访者，往往是数据新闻、科技报道、AI 报道的条线记者，"我们每天都在和国内做人工智能比较厉害的高校专家或者是企业打交道，跟他们聊天的过程中，我要去了解人工智能到底发展到什么程度，它能够如何应用于我的工作。"（A20）一位编辑指出，"做科技条线或者财经新闻的记者，他们对技术的接受程度远远大于做社会新闻的记者，也远远大于写非虚构作品的作者。"（A14）

胡翼青等调研发现，在"人工智能风险与潜能谁更大"和"发展人工智能利与弊谁更大"等问题上，资深新闻从业者要更悲观一些，他们甚至感到无所适从。③但是本文访谈发现，无论是刚刚从业的新手记者，还是从业 10 年以上的资深记者，他们对生成式 AI 基本持积极乐观的态度，"我没有太了解这些技术之前，觉得它们对我是一个很大的威胁。了解了之后，我觉得暂时还不会形成威胁。"（A2）"我一点也不恐慌，它

---

① 李艳红.在开放与保守策略间游移："不确定性"逻辑下的新闻创新——对三家新闻组织采纳数据新闻的研究[J].新闻与传播研究，2017（09）：40-60，126-127.
② 胡翼青，朱晓颖.人工智能的"幻影公众"——基于新闻从业者实证研究的考察[J].中国出版，2018（19）：15-21.
③ 胡翼青，朱晓颖.人工智能的"幻影公众"——基于新闻从业者实证研究的考察[J].中国出版，2018（19）：15-21.

越智能对我来说越有帮助。"（A5）类似表达不胜枚举，基本没有受访者表达明确的悲观态度，他们并不认为技术会在不远的将来取代其职业岗位。那些未明显表达乐观情绪的受访者也认为，他们从事的富有创造力的脑力劳动并不会被取代，"还是像刚才那样，脑力劳动中的体力劳动者容易被取代，比如你只是纯粹做一些重复性的工作。假如说只会基础地写消息或者整理文字，或者简单的剪辑，你就很容易被取代。"（A18）

（二）技术特性与服务属性：AI 技术效能与服务质量评估

新闻创新的采纳与扩散是一个双向的过程，除了新闻从业者的个人因素，技术本身的特性也会影响其是否被采纳；另外，技术的采纳与扩散同样也是一个差异化过程，不同类型、不同公司出品的生成式 AI 大模型在服务质量、性能、可靠程度以及成本方面各不相同，所以本研究认为不能笼统地讨论生成式 AI 这一大的范畴被采纳的情况，还需要进行更为详细的辨别。

大模型的服务质量决定性地影响其是否会被从业者使用。大部分受访者表示，国外的 AI 大模型普遍比国内的竞品有更好的输出质量，"国内这些大模型，Kimi 我还没有体验，但是我感觉大差不差。我体验过文心一言、讯飞星火等，感觉还是 ChatGPT 好用些。这是我目前的感受，所以我就是一直用 GPT4。"（A10）但以 ChatGPT 为代表的国外大模型也存在可及性以及使用成本高等问题，对于国内的新闻从业者来说其入手门槛相对较高。经济观察报的记者就曾询问同行为什么不用 ChatGPT，得到的反馈是"大部分人不知道怎么搞订阅和注册，很多人没有用。"（A10）

考虑到高昂的使用成本，许多记者选择国内的大模型，但不少国内大模型的质量较低，这间接影响了这部分记者对 AI 技术的接纳，"中文大模型做不好是有原因的，我认为中文的训练语料的水平还有待提升。"（A10）既然生成式 AI 技术不能显著提高效率，提供的内容质量也参差不齐，那么记者就会选择减少对该技术的使用，凡事亲力亲为。

（三）组织支持与外部环境：内部支持与外部政策环境影响

在新闻从业者与技术之外，访谈还发现一些中观乃至宏观的因素影响着新闻编辑部对于生成式 AI 技术的采纳，比如新闻编辑部是否提供相应的支持与资源、新闻的专业性对于记者的规范以及数据安全问题。

首先，新闻编辑部是否提供主观层面与客观层面的支持对于新闻从业者的技术采纳起到关键性作用。大部分受访者表示，所在媒体单位会积极鼓励（至少不反对）新闻从业者在日常工作中使用生成式 AI，"我记得我们内部是鼓励大家去尝试的，但前提是你得保证稿件的准确性，不能把稿件寄托在生成式 AI 上，但你可以去拥抱 AI 时代，而且我们单位也和百度的文心一言有合作。"（A6）有的媒体甚至会专门针对生成式 AI 技术进行相应的培训，"我记得前段时间经验丰富的记者特意搞了一个小型分享会，他本身对抓取这些信息比较在行，因为我本身用 AI 的经验就少，但是像上次他做的那一种，直接教我们从海量的数据里面找选题，我觉得就更有针对性，我更感兴趣。"（A3）在编辑部使用技术、鼓励技术的环境下，许多新闻从业者也会更加愿意积极使用。

其次，新闻的专业性规范往往会帮助避免新闻从业者在工作中过度使用技术。许多受访者在访谈中表达了对 AI 生成内容的担忧，除了新闻真实性、客观性、是否侵权等老生常谈的问题，他们还特别指出对自媒体运用生成式 AI 进行新闻造假的担忧，"有人无中生有去搞一些采访对象，搞业内人士说、知情人士说，这太正常了。这种趋势只是给了这群人一个新的联系人的渠道，'我连找都不找了''我摊牌了''我不装了'，我就直接去问它了。"（A15）

尽管生成式 AI 本身不具备造谣、制造假新闻的能力，但是使用者可以给其下达相应的指令，"它（生成式 AI）对于很多自媒体来说，就是一些原本需要采访专家的车轱辘话，可以不用再浪费口舌去采访专家了，直接生成。"（A10）如此行为，将会给本就备受质疑的新闻业带来新的打击，正因如此，许多记者会更为谨慎地使用生成式 AI 技术，避免技术直接介入新闻生产。

最后，来自编辑部外部的社会规范与要求也在无形中影响着新闻从业者对技术的采纳。一位来自政府宣传岗的记者明确表示，囿于工作性质，他们无法使用国外的大模型工具，"工作偏宣传口，对 AI 的使用会更谨慎些。比如说你喂给 AI 一些内容，这些内容可能会涉密。所以管理会更严格一些。"（A10）除了特殊岗位，也有记者提到生成式 AI 技术本身受到监管，记者现在也只是以个人名义在使用，并未上升到编辑部层面。"生成式 AI 涉及的监管非常多，比如对一些涉密信息的处理，一些不太适合公开发表的言论等。"（A9）

五、关系与创新：人机互动下的新闻从业者与生成式 AI 技术

（一）人机互动的多维视角：工具性与伙伴性的角色定位

研究者认为，人机关系是一个涵盖广泛的概念，它描述了人类与技术之间的交互性质和质量，这种关系可能表现为合作、竞争，甚至对抗。在人机互动的谱系中，从单一的工具使用到更深层次的合作伙伴关系，不同层次的互动方式被涵盖。然而，这并不总是指向高度的整合或相互依赖。[1]访谈中发现，受访者对于生成式 AI 的角色有着不同的认识和期待。有 45% 的受访者将生成式 AI 定位为一种工具，它被用以提高工作效率或满足特定的个性化需求。而另外 55% 的受访者则倾向于将生成式 AI 看作

---

[1] 许静，刘欣，蒋雪颖.新闻生产与生成式人工智能人机耦合的实践进路［J］.南昌大学学报（人文社会科学版），2023（05）：114-122.

具有思考能力的合作伙伴，类似于部门同事或专家学者，它能够激发创意思维，或在学习和工作中提供辅助。研究者发现，新闻从业者与生成式 AI 的互动中存在一种动态的角色认知和期待，这不仅反映了技术的工具性价值，也揭示了其在激发人类创造力和学习潜力方面的伙伴性潜力。

1. "工具性"的生成式 AI：提升效率与满足个性化需求

在马克思关于"自动的机器体系"的理论框架下，生成式 AI 技术已经确立了其在当代新闻业中作为劳动工具的重要地位。它标志着新闻生产从传统的"机器自动化生产体系"向"智能自动化生产体系"转变。① 在新闻从业者的日常工作中，生成式 AI 技术的应用已经展现其作为"使用工具"的双重价值：提升效率和满足个性化需求。

一方面，生成式 AI 技术显著提高了工作效率。如经济观察报的一位记者所述："以往准备采访提纲需要耗费数小时，现在通过 ChatGPT 的辅助，我能快速生成提纲并进行修改。此外，Kimi 作为更'高级'的搜索引擎，能迅速帮我找到所需资料的线索，工作效率极大提升了。"（A10）另一方面，生成式 AI 技术能够满足不同新闻从业者的个性化需求。财经记者利用生成式 AI 工具提炼关键财务数据，视频记者则利用生成式 AI 工具生成图像和视频素材以支持内容创作。时代周报的一位记者指出："不同的生成式 AI 工具能够协助我完成不同的任务。Kimi 帮助我撰写提纲和分析长篇采访文本，而 Mid journey 则帮我生成所需的图像。只要我的需求明确，指令准确，生成式 AI 工具所提供的内容质量通常都很高。"（A18）此外，生成式 AI 技术的使用者不仅是工具的使用者，也是其"训练者"。网易新闻的一名编辑比喻说："我就像是驯兽师，而生成式 AI 工具就像需要被驯化的动物，随着时间的推移，它会逐渐适应我的需求。"（A14）

然而，尽管生成式 AI 技术在新闻业中展现出巨大潜力，一些受访者仍将其与新闻从业者的关系限定为"使用者"与"工具"。因为当前的生成式 AI 技术，如 ChatGPT，尚无法解决事实验证的问题，有时会产生虚假信息。央视新闻的一位记者指出："ChatGPT 等大模型是基于生成式 AI 框架的，理论上还无法解决事实验证问题，因此我并不期待它生成的内容。"（A9）

研究者认为，生成式 AI 技术在新闻业中的应用正逐渐深化，同时也面临着挑战和限制。新闻从业者在利用生成式 AI 技术提升工作效率和满足个性化需求的同时，也在积极探索如何更好地训练和利用这些工具，以实现更高效的新闻生产和内容创作。

2. "伙伴性"的生成式 AI：激发创意与知识辅助

智媒时代，人机互动的深度耦合使得技术主体与人类主体之间的界限变得模糊。当技术不再仅仅被视为工具时，生成式 AI 技术便被赋予了类似"人"的属性和意义。

---

① 陈永正.论当代生产工具[J].理论与改革，2014（06）：64-68.

访谈中55%的受访者将生成式AI视为具有思考能力的伙伴，类似于思维活跃的同事或知识渊博的专家。

记者的工作性质不仅限于文字创作，更涉及内容的创造性生成。灵感和创意往往不是现成的，生成式AI技术在此方面展现出其辅助作用。例如，凤凰网的一位记者便提到："在面对不熟悉的领域时，Kimi能帮我构思采访提纲或写作框架。虽然这些框架并非完美，但它们为我提供了宝贵的思路，引导我朝正确的方向思考，它就像我的灵感缪斯。"（A3）此外，生成式AI技术还能够帮助记者快速学习并掌握陌生领域的知识。在专业领域中，众多专业术语对于非专业记者来说可能难以理解。生成式AI技术不仅能够协助记者搜集相关资料，还能用通俗易懂的语言进行解释，帮助记者更好地理解专业内容。一位GQ报道编辑分享了他的经验："在接触医药领域之前，我对许多专业术语都感到陌生。如果直接采访专家，可能会因为缺乏专业性而被拒绝。在正式采访前，我可以利用ChatGPT收集相关信息，快速了解该领域的知识。如果我有不理解的地方，它也能用最简单的语言为我解释，就像一个慷慨传授知识的专家。生成式AI技术让我变得更加出色。"（A5）

尽管生成式AI技术已成为不可忽视的内容创作主体，但它主要融入写作、编辑、制作、分发等新闻生产流程。在创造性思维、情感表达、价值观和伦理判断等方面，生成式AI技术尚无法与人类相媲美。在深度思考方面，生成式AI技术主要停留在整合式生成和线性推断层面，能够替代人类进行短链式思考。然而，对于长链式、多变量的复杂思考，记者本人的参与仍然是不可或缺的。九派新闻的受访者通过比喻说明了这一点："生成式AI技术就像一个高中生，对各个学科都有一定的了解，每门考试都能得至少80分。但如果我需要语文成绩达到100分，生成式AI的局限性就会显现，你不能完全依赖它。"（A4）

研究者认为，生成式AI技术作为思考伙伴，在激发创意和知识辅助方面发挥着重要作用。然而，它在深度思考和复杂判断方面仍存在局限，需要与人类记者的创造力和专业判断相结合，共同推动新闻内容的创新与发展。

（二）生成式AI与新闻业创新的未来：挑战、机遇与职业转型

1993年是人工智能第三次发展浪潮的开端，这一阶段与前两次的泡沫期显著不同，它建立在计算能力提高和算法创新的坚实基础之上，持续推动着人工智能领域的发展。AlphaGo于2016年战胜世界围棋排名第一的棋手，这一事件不仅打破了公众对人工智能仅限于穷举法的刻板印象，也是深度学习算法在处理复杂数据方面的突破性进展。此后，关于人工智能的学术和普及读物如雨后春笋般涌现，其中最为人所关注的议题便是人类是否会被人工智能所取代，以及人工智能未来的发展方向。

1. 生成式 AI 对新闻业的技术冲击与职业适应

OpenAI 的一项研究发现，八成的美国人的工作任务的 10% 将受到 GPT 技术的影响。①此外，约 19% 的职业中，高达 50% 的工作内容在某种程度上将实现 AI 自动化。这种趋势影响着几乎所有行业，包括新闻业。高盛研究报告进一步指出，生成式 AI 可能在全球范围内引起劳动力市场的重组，自动化工作岗位高达 3 亿个，其中美国约 7% 的工作岗位可能被 AI 取代。②这种预测引发了新闻从业者对未来职业安全的担忧。

生成式 AI 作为一种先进的通用型人工智能技术，具备快速生成文本内容、分析处理大量数据以及根据用户需求进行个性化定制的能力。然而，在对新闻从业者的访谈中，全部受访者认为，生成式 AI 技术并不能完全取代人类从业者。以 ChatGPT 为代表的生成式 AI 在深入调查、分析和报道事件方面存在明显局限。记者在报道过程中需要进行现场采访、资料收集和深层次问题挖掘，这些活动要求记者与采访对象建立信任关系，而生成式 AI 目前无法实现这一点。一位受访者指出："尽管 ChatGPT 功能强大，但它无法进行面对面的采访或与人交流沟通。即使它成为一个实体存在，人们为何要信任它？记者的采访工作不仅仅是提问，更重要的是获得采访对象的信任，这是生成式 AI 无法做到的。"（A14）此外，记者需要具备特定领域的专业知识和经验，以便更准确地理解和分析新闻事件。而生成式 AI 技术目前还无法提供这种专业知识的支持。一位界面新闻的受访者提到："我曾尝试用文心一言查询一个专业词汇，但它无法理解，甚至给出了错误解释。我认为，目前这些大模型还无法掌握专业领域的知识。如果未来有专门针对我们领域的生成式 AI 工具，可能会有所帮助。"（A2）

新闻报道还具有主观性和多样性，这受到记者个人经验、价值观和政治立场的影响。生成式 AI 工具无法完全复制人类的主观性和多样性，因为它缺乏自己的价值观、思考方式和情感体验。尽管如此，如果生成式 AI 技术未来确实会取代一部分新闻从业者，受访者普遍认为，首先受影响的将是那些日常工作较为机械、创作力较低的岗位，如小编。在处理突发新闻事件时，生成式 AI 工具可以迅速从网络中获取信息并进行编译，实现快速发布，尤其是在发布重要快讯、政府公告等方面，生成式 AI 能够实现准确、及时甚至同步发布。一些财经类媒体已经开始尝试这种应用。

2. 生成式 AI 技术在新闻创新中的想象

在《ChatGPT 百万富翁：在线赚钱从未如此简单》一书中，作者内尔·达格尔（Neil Dagger）探讨了 ChatGPT 带来的潜在变革，包括无需过多劳动即可创造出引人入

---

① 财新传媒.GPT 革命｜OpenAI：未来 80% 美国人的工作将被 GPT 技术影响［EB/OL］.（2023-03-22）［2024-05-20］. https://www.caixin.com/2023-03-22/102010841.html.
② 高盛：ChatGPT 将影响美国和欧洲 3 亿个工作岗位［EB/OL］.（2023-03-29）［2024-05-20］. https://www.thepaper.cn/newsDetail_forward_22492408.

胜的内容、实现被动收入的自动化产出、迅速交付高标准产品及其在多种场景下的广泛应用。①这些变革预示着新闻业可能正处于一个以 ChatGPT 为代表的"大语言模型时刻",智能技术将深刻影响未来的传播格局。

未来,生成式 AI 技术的发展预计将朝着更加专业化的大模型迈进,它能提升对专业术语和语境的理解能力。这包括通过整合多源数据和重复信息来加强对特定词汇的理解,以及改进对话状态跟踪技术以解决生成式 AI 在对话一致性上的不足。对于新闻从业者而言,这意味着他们需要摆脱传统的语料库依赖,生产出具有深度和独创性的新闻产品,这将推动新闻工作重心从时效性导向转向深度和独创性。同时,鉴于 ChatGPT 等生成式 AI 技术在内容生成上的不确定性,以及所谓的人工智能"幻觉"现象,即错误内容的自行输出,新闻生产中人工把关和内容审查变得尤为重要。例如,中国日报社制定了详细的 ChatGPT 使用规范,强调事实核查与倾向审核的重要性,并实施了严格的"三审三查"制度,确保记者和编辑对事实和版权负责。②一些国外媒体机构也采取了相应措施,如设立 AI 编辑职位,对 AI 生成的内容进行严格核查和必要的人工修改,以降低自动化内容的风险。

这些措施和规范的制定,不仅体现了新闻业对生成式 AI 技术潜力的认可,也反映了该行业在积极适应创新方面的努力。新闻编辑部的专业人士正在积极探索如何将这些技术融入新闻生产流程以提高效率、质量和创新性,同时确保内容的准确性和可靠性。通过这种积极的接纳和技术整合,新闻业有望在 AI 技术的辅助下迎来新的发展机遇和创新突破。

本文系国家社科基金项目"全媒体传播工程实施研究"(项目编号 21BXW002)系列成果。

作者简介:

胡世鑫、漆思杰,中山大学新闻传播学院硕士生;李艳红,中山大学新闻传播学院教授。

---

① DE-LIMA-SANTOS M F, CERON W. Artificial intelligence in news media: current perceptions and future outlook [J]. Journalism and media, 2021 (1): 13-26.
② 方师师,邓章瑜. 对外传播的"ChatGPT 时刻"——以《中国日报》双重内嵌式人工智能新闻生产为例 [J]. 对外传播, 2023 (05): 72-75.

平台智能技术与新闻从业者的再技能化
——基于谷歌对美国新闻从业者培训案例的考察

毛万熙　潘慧玲

摘　要：智能技术在新闻业的应用重塑了新闻生产流程，在短期内将部分新闻从业者置于去技能化的困境。部分学者关注到该现象，提出了人机合作共生的理念。这一美好的构想忽视了技术与人互动过程的复杂性与多变性，也脱离了当前弱人工智能阶段的人机关系情境。本文以谷歌平台与美国新闻业作为案例，探究弱人工智能阶段平台智能技术培训课程如何影响新闻生产的人技关系变化。研究发现，新闻从业者去技能化与再技能化相伴相生，是一个动态演变的过程。技术是去技能化困境的关键变量，技能培训成为智能技术扩散过程中新闻从业者调适角色定位、应对资源分布不均衡、化解工作边界冲突的解决方案。在此过程中，技术与人之间出现责任的双向位移，新闻从业者的职业伦理实践也随之变化。

关键词：谷歌平台　智能技术　新闻从业者　再技能化

一、引言

以算法和数据为核心的智能技术在新闻业的嵌入重塑了传统新闻生产的制作流程与传播模式。人工智能推动新闻传播业态向纵深发展的同时，也冲击了新闻记者的身份认知和角色定位。新闻从业者被迫卷入平台化（platformization）的浪潮，不得不在职业劳动中适应智能技术带来的内容生产变革。这一现象引发了学者们对智能时代新闻从业者与技术之关系的思考与追问，[1][2]他们呼吁记者发挥主体效能，既保持对专业实践和失守的敏锐观察，[3][4]兼备专业素养、人文关怀和高度的自律精神，又要加强对智能

---

[1] 杨保军，孙新.论人主体新闻与智能体新闻的关系[J].新闻界，2022（08）：4-13, 57.
[2] 吴璟薇.新闻生产的控制论：数字智能时代的人机融合[J].全球传媒学刊，2023（05）：141-154.
[3] 张志安，丁超逸.数字新闻实践中的专业变革、失守与重思——2023年中国新闻业年度观察报告[J].新闻界，2024（01）：49-58.
[4] 胡正荣.新闻人的坚守与颠覆[J].新闻与写作，2019（01）：1.

技术和专业知识的学习，积极合理地在新闻工作中应用智能技术。①

作为智能技术的实际接触者和使用者，一线新闻从业者面对多重现实困境。他们受到平台公司对其信息传播和盈利模式的挤压，且公众信任和权威被不断削弱。②理想主义话语许诺技术娴熟的从业者自主的未来，同时2024年以来的裁员潮频频提醒他们传媒行业的危机和职业发展不稳定的现实。

近年来，脸书（Facebook-Meta）、谷歌（Google-Alphabet）、推特（Twitter-X）和抖音（Tik Tok）等平台公司在新闻行业发挥着举足轻重的作用。大多数人工智能新闻项目都依赖谷歌等科技公司，③这些平台公司向新闻行业提供智能技术、产品和服务，包括受众分析、广告交换和收入共享协议等；④平台充当着新闻项目和研究的投资人，为新闻行业的发展倾注资源，其中谷歌在新闻行业的深耕尤其引人注目。

在相对稳定的媒体行业被智能技术冲击后，作为智能技术开发者的平台能够为处于智能化转型职业危机中的新闻从业者做什么？本文围绕谷歌平台为美国新闻从业者开设的智能技术培训的相关案例和文本材料，分析平台智能技术与新闻从业者的再技能化问题，试图为中国的本土化智能新闻生产实践提供参照。

二、文献回顾：智能新闻编辑室中的人技关系

传统新闻生产是指新闻机构及从业者对新闻的选择、加工与传播的单向链条，核心环节包括选题策划、新闻采访与写作以及内容编辑等。⑤当新闻生产进入智能时代，传统的大众传播模式已经落幕，自动化、智能化技术成为新闻生产中与人同等重要的主角，二者的协同运作推动着智能新闻生产的有序运行。

智能新闻又称算法新闻、自动化新闻，指应用智能技术进行新闻生产实践的新闻形态。从人类与机器的互动形态看，人工智能新闻是一种典型的技术导向新闻。⑥智能技术的出现重塑了新闻生产的流程。⑦⑧在信息的选择和核查方面，数据挖掘技术可以

---

① 张静.人工智能冲击下的新闻伦理失范问题与对策[J].传媒，2021（09）：94-96.
② CALSON M, ROBINSON S, LEWIS S C. News After Trump: Journalism's crisis of relevance in a changed media culture [M]. Oxford: Oxford University Press, 2021.
③ DE-LIMA-SANTOS M F, Ceron W. Artificial intelligence in news media: current perceptions and future outlook [J]. Journalism and Media, 2021（1）: 13-26.
④ NIELSEN R K, GANTER S A. The power of platforms: Shaping media and society [M]. Oxford: Oxford University Press, 2022.
⑤ 刘义昆，赵振宇.新媒体时代的新闻生产：理念变革、产品创新与流程再造[J].南京社会科学，2015（02）：103-110.
⑥ 白红义.当新闻业遇上人工智能：一个"劳动—知识—权威"的分析框架[J].中国出版，2018（19）：26-30.
⑦ 吴璟薇，杨鹏成，丁宇涵.技术的追问：对智能新闻生产中人与技术关系的考察[J].新闻与写作，2022（10）：29-42.
⑧ 孟笛，柳静，王雅婧.颠覆与重塑：人工智能时代的新闻生产[J].中国编辑，2021（4）：21-25.

帮助记者发现新闻线索，图像识别等技术便于记者进行事实核查；在新闻制作上，智能技术可以完成内容的翻译、转录、归类以及自动化撰写等。此外，随着智能技术在新闻分发反馈环节的作用日益重要，也有学者将这两个环节纳入新闻生产，关注用户侧的算法推荐机制、个性化服务等功能。①②

随着智能技术在新闻编辑室的扩散，技术成为新闻生产绕不开的新变量。越来越多的学者从技术的本体论出发，关注智能新闻生产中人与技术的关系。人与技术的合作、冲突、彼此规训成为理解当代新闻价值的出发点。③ 技术乐观主义者认为，智能技术进入新闻编辑室可以将记者从繁琐、枯燥的任务中解放出来，将更多的精力用于创意型内容的生产。④ 人工智能与人类记者的关系不是彼此取代的零和游戏关系，而是相互补充、相互配合的合作关系。⑤ 换言之，记者的使命不在于与人工智能竞争新闻生产的效率和专业度，而在于与机器形成一种良性互动的合作关系。

然而，在流量、平台等因素推动下，新闻劳动朝着愈加不稳定、不自主、强竞争和商业化的方向发展，⑥ 新闻界也涌现出悲观主义的"自动化焦虑"⑦。首先，就技术对新闻从业者的职业发展造成的冲击来说，自动化智能技术已经在某些生产实践中取代人类记者或者呈现该种倾向，体育新闻、财经新闻等已经实现自动化、模式化的新闻报道。因而，职业媒体人的生存空间受到挤压，新闻工作的合法性边界正在被持续消解。⑧ 其次，智能技术介入新闻生产场域使得新闻机构围绕新兴的"新闻工作的数字化配置"重塑工作流程，进行新闻编辑室的内部调整，这对记者的职业技能和职业伦理提出了新要求。⑨ 在行业变革和组织重塑的情境下，新闻从业者不得不在新闻专业性话语与创新性技术话语之间进行专业角色调适。⑩ 如今，新闻记者的工作已经超出了新闻业的传统范围，既包括狭义的报道和编辑，也包括采集、分析数据以及各种媒体平台

---

① Beckett C. New powers, new responsibilities: A global survey of journalism and artificial intelligence [EB/OL]. (2019-11-28) [2024-05-25]. https://www.journalismai.info/research/2019-new-powers-new-responsibilities.
② Beckett C, Yaseen M. Generating Change: A global survey of what news organisations are doing with AI. Journalism AI [EB/OL]. (2023-09-20) [2024-05-25]. https://www.journalismai.info/research/2023-generating-change.
③ 吴璟薇，杨鹏成，丁宇涵. 技术的追问：对智能新闻生产中人与技术关系的考察 [J]. 新闻与写作，2022（10）：29-42.
④ 王沛楠. 人工智能与全球新闻编辑室的转型 [J]. 中国编辑，2018（7）：9-13.
⑤ 黄典林，白宇. 人工智能与新闻业变革的技术和文化逻辑 [J]. 新闻与传播评论，2018（06）：31-40.
⑥ 王维佳，周弘. 流量新闻中的"零工记者"：数字劳动转型与西方新闻记者角色的变迁 [J]. 新闻与写作，2021（02）：14-21.
⑦ LINDEN, C.G., Decades of Automation in the Newsroom: Why are there still so many jobs in journalism? Digital Journalism, 2017（2）: 123-140.
⑧ 郑满宁. 人工智能技术下的新闻业：嬗变、转向与应对——基于ChatGPT带来的新思考 [J]. 中国编辑，2023（4）：35-40.
⑨ REESE, S.D. The new geography of journalism research: Levels and spaces [J]. Digital Journalism, 2016（7）: 816-826.
⑩ 王琪，朱巧燕. 算法技术环境下新闻网站从业者的专业角色重塑 [J]. 全球传媒学刊，2022（5）：117-130.

管理。技术进步将新的实践带入新闻编辑室,这需要新的技术技能、新的工作角色去匹配,这种转变是不可避免的。

去技能化(deskilling)和再技能化(reskilling)是劳动研究中常见的一组概念。智能时代的去技能化是指劳动者的传统技能被自动化技术取代,再技能化则是劳动者对现有的、过时的技能进行改造和提升以适应智能技术所提出的新需求。去技能化与再技能化并非是线性的、闭合的排列组合,再技能化本身就是去技能化的一种表现。有学者以技能变迁过程中人与技术的冲突性和融合性为尺度,划分了去技能化到再技能化的非线性的动态演变阶段,包括去技能化、技能停滞(stagnation)、技能提升(upskilling)以及再技能化。①

智能技术不断塑造以采写编为核心技能的传统新闻记者的职业劳动形态,使之呈现阶段性的去技能化与再技能化。一方面,新闻从业者通过掌握智能技术在新闻生产中的应用实现自身的再技能化,如在财经报道、体育新闻等以数据为核心的新闻生产领域,新闻记者借助机器人写稿工具提高工作效率。另一方面,记者对智能工具的过分依赖将可能导致采访、写作等核心技能的退化;并且,由于机器并不能成为新闻职业伦理的主体,在对稿件质量的把关要求下,部分新闻从业者不得不淹没在审核、纠正机器人新闻的重复劳动中,这成为数字工作环境中记者身心疲惫的根源。②由此,新闻从业者的去技能化与再技能化相伴相生。

学者们关于去技能化与再技能化的相关讨论集中在三个方面:一是从技术本体论出发,这类研究缺乏对具体领域的特定分析;二是就新闻工作者劳动再技能化而言,研究者关注记者传统核心技能相对于机器人新闻的竞争力,③这容易陷入人与技术二元对立的窠臼;三是相关讨论往往停留在对人机合作共生的理论建构层面,未能结合记者去技能化与再技能化过程的经验性材料进行分析。

本研究通过收集谷歌平台对美国新闻从业者的技能培训的相关资料并对其进行文本分析,将技术因素与非技术因素(包括人、组织、观念等)纳入考量,探究平台智能技术培训如何调节新闻编辑室的人技关系。本文聚焦以下研究问题:就新闻生产环节而言,平台智能技术培训如何定义新闻从业者的核心技能?即新闻从业者需要将哪些新技能融入新闻生产的工作流程?培训中的新闻从业者和技术呈现何种关系?

---

① 臧雷振,温宇涵,陈浩.数字时代的技术与社会:多维技能变迁的挑战与应对策略[J].人文杂志,2024(01):119-129.
② Bossio D, Holton A E. Burning out and turning off: Journalists' disconnection strategies on social media[J]. Journalism, 2021, 22(10):2475-2492.
③ 姚建华.自动化新闻与新闻劳动的重构:技能变迁的视角[J].福建师范大学学报(哲学社会科学版),2021(01):106-114,170-171.

三、研究对象与资料收集

（一）研究对象：谷歌平台的智能技术

在商业研究、政治经济学和软件研究的基础上，托马斯·波尔（Thomas Poell）等人将平台定义为数据基础设施，它用于促进、聚合、货币化和管理终端用户与内容服务提供商之间的交互。[①]本文的平台概念既包含物质层面的数据基础设施，也关注平台的公司属性，将其作为技术提供者和大型组织的复合概念。

自2002年聚合新闻产品谷歌新闻（Google News）推出以来，谷歌平台专注于为新闻记者提供支持、改进新闻出版商的商业模式以及培育全球性新闻社区，它通过不同形式的投入使自身在新闻业的嵌入程度越来越深。2013年，谷歌推出第一个全球新闻记者培训计划，后推出谷歌新闻实验室，为新闻记者提供新闻生产的新科技。2015年，谷歌启动数字新闻倡议（Digital News Initiative，DNI），旨在通过技术创新和资金赞助推动欧洲新闻业的发展。2018年，谷歌进一步推出全球范围内的谷歌新闻倡议（Google News Initiative，GNI），之前的各类资源和活动都被纳入。源源不断的技术支持与资金投入使得谷歌成为最大的新闻业务支持者之一。

（二）资料收集与分析

本文围绕谷歌新闻倡议对美国新闻从业者的课程培训的主题进行资料收集，在以下三类来源的内容中以智能技术作为关键词进行目的抽样：一是谷歌新闻倡议的官方原文，包括谷歌新闻倡议的首页、智能技术案例资源库、记者课程培训等；二是内嵌的链接，包括对相关工具的介绍和对与合作方联合举办的活动的介绍等；三是合作方发布的与谷歌新闻倡议相关的新闻报道。资料收集截止时间为2024年5月25日，在将视频类材料转录为文本后，总计得到40篇文本材料。在前期资料收集的基础上，本研究采用Nvivo14质性软件辅助文本材料分析，以句子作为分析单元，并结合新闻生产情境进行编码。

四、研究发现

（一）去技能化与再技能化：智能技术进入新闻生产

智能时代的媒体人必须担当技术的价值引领者，实现这一目标的关键在于提升在信息生产和发布中使用算法的思维、观念和能力。[②]平台技能培训的课程集中提升新闻从业者在新闻采集、新闻写作和事实核查三个环节的核心技能。

[①] POELL T, NIEBORG D, VAN DIJCK J. Platformisation [J]. Internet policy review. 2019（4）：1-13.
[②] 陈昌凤，石泽.价值嵌入与算法思维：智能时代如何做新闻[J].新闻与写作，2021（01）：54-59.

1. 从情境化到去情境化：新闻采集的数据化

平台技能培训将新闻采集的主要对象划定为信息，而获取信息的能力本质上又是多渠道检索和整合信息的能力。技能培训课程为新闻从业者提供了多种信息获取方式，新闻从业者可以在谷歌新闻档案库（Google News）中查询过往新闻事件，使用谷歌趋势（Google Trends）检索近期议题的搜索热度，也可以在社交媒体上使用目击者表述方式检索突发事件的相关信息。

除了上述多种获取信息的渠道，记者报道政治新闻时还可以使用谷歌与公共利益新闻非营利组织 ProPublica 合作创建的选举数据机器人。选举数据机器人的核心是 Firehose，它本质是一个数据挖掘和集成中台，可以从各种信息来源中整合与美国选举相关的信息流，搭建出选举信息矩阵。Firehose 从联邦选举委员会（FEC）提取有关竞选财务申报的详细数据，使用赫芬顿邮报民意调查 API 获取民意调查数据，使用 Five Thirty Eight 的选举预测获取获胜概率，使用库克政治报告进行独立、无党派分析，对每场竞选进行评分。

在每隔 15 分钟更新一次的数据矩阵信息流里，记者可以更加便捷地实现比较候选人的种族信息、跟踪竞选人的经济活动、查看竞选捐款的变化情况、跟踪民意调查的数据以及预测竞选获胜概率等多重目的，并在此基础上进行政治新闻的写作和编辑。

传统新闻生产中，记者需要保持对周围环境的敏感性，通过观察社会现象、参与社区活动、与不同人群交流来发现潜在的新闻线索。由此，记者通常会建立和维护一个由专业人士、消息人士和行业专家组成的专业网络，以获取行业内的最新动态和信息。对于政治新闻记者，参加线下的新闻发布会、公共活动等更是获取第一手信息和建立联系的好机会。随着互联网的发展，社交媒体和在线论坛成为获取新闻线索的重要渠道。进入社交媒体时代，记者可以通过实时监控社交平台的讨论和话题趋势来发现新闻故事。

而智能时代的新闻采集则是通过数据挖掘、数据整合直接为记者提供快捷查询的信息渠道。一方面，智能技术使得记者的新闻采集突破了时间和空间限制，[①]比如，智能工具简化了信息获取的流程，提升了新闻采集的效率；另一方面，智能新闻采集排除不能以数据形式呈现的新闻，将记者的新闻采集从实地采访、新闻发布会现场等现实情境和鲜活的信息材料中抽离，记者的专业网络被弱化，取而代之的是实时更新的信息流，新闻从业者的新闻采集建立在每一次敲下电脑键盘、滑动页面所获取的海量信息的基础之上。这种丰富的信息资源也对新闻从业者提出新的要求。智能时代的新闻从业者需要培养对数据的敏锐嗅觉，在源源不断的信息中寻找蛛丝马迹。这种持续

---

① 杜立喜，祁童语，段艳红．智能再造，媒体嬗变格局下的新闻生产［J］．新闻战线，2021（22）：23-25.

的信息定时更新，又进一步延长了新闻记者的工作时间并使之碎片化。

2. 弱人工智能辅助写作：新闻生产的调查倾向

智能技术自出现以来就被寄予提高新闻生产效率的厚望。在一些以数据分析为核心的新闻题材中，机器甚至可以自动生成报道。然而，谷歌的智能技术培训并不提供自动化写作的培训，其课程内容仍集中在如何使用智能工具辅助新闻生产的现有流程。

在新闻生产环节，新闻从业者在技能培训中获得的用智能技术辅助写作的能力，提高了他们处理和分析大量文件的效率。在谷歌技能培训的众多工具中，Pinpoint 智能工具被提及的次数最多。Pinpoint 是谷歌专为新闻从业者开发的一款免费的智能调查工具，它依托谷歌搜索、知识图谱、光学字符识别和语音转文本等智能技术，对 PDF、图像、手写笔记、电子邮件和音频等不同格式的文件进行扫描，将采访、演讲、会议等的音频和视频录音转换为可供搜索的文本文件，自动提取文件中的关键人员、组织和地点等信息。新闻从业者可以在结构化的数据中寻找规律、发现新的新闻线索，快速写作需要的文本。

Pinpoint 近期推出的生成式 AI 功能支持记者通过提问来更好地了解关键点，帮助记者评估文档集合。例如，如果记者正在查看一组历史文档，他们可以向 Pinpoint 提问以更好地了解相关史实，例如关键点和主题，同时记者还可以点击每个回复以查看原始文档中的相应文本。

2021 年 6 月，《波士顿环球报》（以下简称《环球报》）团队的系列报道《盲点》获得第 105 届普利策调查新闻奖。一场因为州政府未及时吊销肇事卡车司机驾照引发的致命事故，让《环球报》记者对全国的事故数据和驾驶员记录展开了为期 11 个月的调查。该团队使用 Pinpoint 对全国范围内的州机动车辆机构的数千份相关文件展开深入分析，发现因政府官员对危险驾驶员疏于审查造成的悲剧每年都在发生。

"Pinpoint 被《环球报》团队成功使用，作为他们获得普利策奖的调查的一部分。团队调查分析并交叉引用了数千个美国得克萨斯州司机的详细信息，研究结果发现了监管方面的巨大漏洞。"①

在新闻生产环节，新闻从业者在培训中所掌握的技能以掌握数据基础设施素养的程度为标准可以分为两类，一类是对如 Pinpoint 等简单集成工具的学习，另一类则是对更为复杂的机器学习技术的掌握。

在培养记者掌握复杂技术的要求方面，谷歌强调使用机器学习的必要性。课程逐步引导记者应用机器学习技术，包括数据准备、训练模型、评估和测试三个阶段。在

---

① Google News Initiative.Pinpoint：A research tool for journalists［EB/OL］.［2024-05-25］. https://newsinitiative. withgoogle.com/resources/trainings/pinpoint-a-research-tool-for-journalists.html.

此，谷歌提供了 AutoML 自动化机器学习服务，旨在简化机器学习模型的开发过程。其中 AutoML Vision 用于图像识别和分类任务，使用者只需上传图片数据集，AutoML Vision 就会自动训练一个定制的图像识别模型。自动化、可定制、易于集成的 AutoML 服务降低了机器学习技术的门槛。使用者可以上传自己的数据集来训练定制模型以满足特定的业务需求，训练好的模型可以被轻松集成到新闻工作流程中。

"经典编程无法完成在大量卫星图像中识别非法琥珀开采示例的任务。计算机需要考虑的视觉元素太多了，我们不可能制定出一套规则来教软件区分。幸运的是，机器学习系统可以很好地解决这个问题。"①

整体而言，新闻从业者在技能培训中所学习的 Pinpoint 使用和机器学习模型的训练均是为调查报道服务的，区别在于 Pinpoint 面向文本以及可以通过转录最终成为文本的文件，而机器学习能够识别标记更为庞大的图像数据库。调查新闻（Investigative Journalism）长期以来被认为是西方民主社会的基石，它旨在揭露真相、促进公众对重要议题的讨论。②调查新闻的主要价值是为公共利益服务，通过揭露式的报道来提高公共机构或人物的透明度，推动完善问责制。埃默里（Michael Emery）等学者指出，调查性报道需要"利用长时间积累起来的足够的消息来源和文件"③。作为一种深度报道形式，调查新闻涉及对复杂问题的深入研究，调查记者通常需要花费大量时间去收集和分析数据。在这个层面，智能技术恰如新闻从业者期待的那样，它将记者从繁琐的数据核对工作中拯救出来，新闻记者公共性的角色定位被强化了。

3. 数据资源的共享性：事实核查的协作化

事实核查浏览器（Fact Check Explorer）是谷歌的记者工具包里另一款具有代表性的智能新闻工具，它使得记者可以在世界各地独立组织调查和发布的事实检查资源库中进行搜索。概括而言，事实核查浏览器是一个专为事实核查设计的搜索引擎，它使用人工智能将图像与广泛的事实检查语料库进行匹配。检索结果包括来源评估的声明、来源名称、事实核查结论、发布日期，原始报告的链接也开放使用。

除了直接在事实核查浏览器中查找事实核查结果，新闻从业者还可以通过应用程序编程接口（Application Programming Interface，以下简称 API）将事实核查资源接入所在新闻机构的应用程序。API 是应用程序提供的接口，允许用户与其他应用程序或网站的数据或服务请求交互或响应，以此创建新的应用程序或网站，构成"Web 作为

---

① Google News Innitiative.Investigating stories with Machine Learning［EB/OL］.［2024-05-25］.https://newsinitiative.withgoogle.com/resources/trainings/investigating-stories-with-machine-learning.html.

② ROSEN J.Getting the connections right：Public journalism and the troubles in the press［M］.New York：Twentieth Century Fund，1996.

③ EMERY E. The press and America：An interpretative history of the mass media［M］.Boston：Allyn Bacon Company，2000：441-442.

平台"概念的基础。① 这些资源被学者称为边界资源（Boundary Resources），它是平台的基础设施网关，通过编制基础设施访问的标准化流程来划定平台边界。② 边界资源具有教学意义，理解和调用边界资源需要新闻从业者有一定的数据基础设施素养。

事实核查浏览器的基础是世界各地新闻组织所发布的事实核查结果，在共享资源的过程中，新闻从业者既是数据资源的受益者，也是数据资源的提供者。但这种资源和技术的局限性也是显而易见的，2024年发布的一项对事实核查浏览器的评估报告中，研究者指出事实核查浏览器的输出结果受到不同论断的影响，并且通过API检索到的结果与用户在事实核查浏览器原生页面的检索结果并不完全一致。③ 由于新闻业普遍缺乏平台所具有的技术资源，API等平台的物质元素（例如工具、服务、硬件、软件）可能会成为约束新闻工作的社会技术条件，这将导致新闻从业者与新闻业被平台的基础设施"捕获"（capture）。④

（二）技术作为解决方案：新闻从业者的角色调适

1. 缓解小型媒体新闻从业者的困境

美联社2022年发布的美国新闻业智能技术调查报告显示，许多小型新闻媒体缺乏技术实验所需的资源或时间，人工智能技术在地方层面并未得到广泛使用。由于智能技术可以让记者解放出来进行更深入的报道、简化生产或提高内容货币化水平，小型媒体的新闻从业者对于智能技术的接纳态度是相当积极的。⑤

小型媒体从业者的困境在技能培训之中似乎有所缓解，一方面是不同社会主体在技能培训中团结一致，另一方面则是谷歌平台所提供的技术基础。由于谷歌与大学机构、新闻组织以及非营利组织等主体建立合作，谷歌新闻提倡将学界和业界前沿的智能新闻生产技术融入培训，以学界和业界的优势资源提升中小型新闻编辑室中新闻从业者的技能。

"应对虚假信息是一项复杂的挑战，需要多位专家和组织采取协同行动。我们正在与新闻编辑室、事实核查人员、民间社会组织和研究人员合作，帮助遏制虚假信息，提高新闻质量，并支持提升人们的媒体素养。"⑥

---

① MURUGESAN S. Understanding Web 2.0 [J]. IT professional, 2007 (4): 34-41.
② Gerlitz C, Helmond A, Nieborg D B, et al. Apps and infrastructures–A research agenda [EB/OL]. (2023-10-07) [2024-05-25]. http://computationalculture.net/apps-and-infrastructures-a-research-agenda/.
③ Yang Q, Christensen T, Gilda S, et al. Are Fact-Checking Tools Reliable? An Evaluation of Google Fact Check [EB/OL]. (2024-04-22) [2024-05-25]. https://arxiv.org/abs/2402.13244.
④ NECHUSHTAI, E. Could digital platforms capture the media through infrastructure? [J]. Journalism, 2018 (8): 1043-1058.
⑤ Rinehart A, Kung E. Artificial Intelligence in Local News: A survey of US newsrooms' AI readiness [EB/OL]. (2022-03-29) [2024-05-25]. https://www.ap.org/media-center/press-releases/2022/ap-releases-new-report-on-ai-in-local-news/.
⑥ Google News Initiative.Advancing the long-term sustainability of journalism and publishing [EB/OL]. (2022-03-29) [2024-05-25]. https://newsinitiative.withgoogle.com/impact/#emerging-technologies.html

在多方行动者的携手下,谷歌新闻倡议得以向新闻从业者持续提供切实可用的学习资源。美国当地的社区新闻从业者可以参加谷歌与西北大学梅迪尔分校合作开展的数据驱动报道项目,学习调查新闻的报道技巧以更好地为社区服务;小型新闻编辑室的记者能够从谷歌新闻倡议与伦敦政治经济学院的 Journalism AI 项目中获得专业化的、精英化的培训。技能培训中的底层技术、集成工具、数据库以及 API 等基础设施成为新闻从业者提升技能的物质性基础。底层技术包括机器学习技术、知识图谱技术、云存储技术等,集成工具通常指的是对多种技术和服务进行封装来降低使用门槛的工具。

"我们利用新闻编辑室的专业知识创建了记者工作室,这是一套以研究为重点的工具组合,它将我们的人工智能、机器学习和搜索技术应用于写作和编辑。"[1]

表 1 谷歌技能培训的物质基础

基础服务	具体类型
底层技术	机器学习技术、知识图谱技术、云存储技术等
集成工具	Pinpoint、Fact Check Explorer 等职业记者工具;也包括 Google Trends、Google Ads 等面向所有内容创作者的工具
数据库搭建	搭建新闻档案库、事实核查资源库、政治选举数据库
API	开放事实核查资源库 API、开放机器学习训练 AutoML Vision 的 API

北卡罗来纳州阿什维尔社区媒体蓝岭公共广播电台(Blue Ridge Public Radio,BPR)的新闻总监劳拉·李(Laura Lee)及其团队对阿什维尔的汽车旅馆施工延误进行深入分析,他们使用 Pinpoint 快速识别数百份法庭记录的来源并连接各个信息要素,为阿什维尔无家可归者声讨未履行承诺的开发商提供帮助。李感慨:"对于一个没有时间筛选大量文档的小团队,这种搜索大量文档的能力确实非常有用。"Pinpoint 免去了李所说的"旧世界"记录人名的人工流程,为社区新闻编辑室节省了宝贵的报道时间,使得他们拥有更多深入社区构筑信任的时间。

"如果你能够使用这些工具,你就可以节省下时间去社区、会见消息人士、与人们互动,这些是人工智能不会做的事情。这是一种利用人工智能来节省我们的时间去做只有人类能做的事情的方法。"[2]

2. 弥合新闻编辑室内的角色冲突

由于技术与新闻价值观的结合在操作上总是存在各种困难,技术人员的加入容易

---

[1] Google News Innitiative.Journalist Studio [EB/OL].(2023-03-21)[2024-05-25]. https://journaliststudio.google.com.

[2] Google News Innitiative.Using AI to Keep Communities Informed [EB/OL].(2023-01-19)[2024-05-25]. https://newsinitiative.withgoogle.com/zh-tw/resources/stories/using-ai-to-keep-communities-informed.html.

使得新闻编辑室内部产生技术需求冲突、生产理念冲突和内外部立场之间的冲突。① 现有的新闻编辑室智能新闻产品的开发大致存在两种模式，第一种模式是通过传统记者和产品经理、程序员之间的合作，将新闻生产的实际需求、价值规范与技术相融合，生产适用于新闻编辑室的工具。传统上，以技术为中心的角色被视为媒体组织中的支持角色，它们能够保持计算机和网站正常运行，被以各种方式描述为新闻的"局外人"和"闯入者"②，这一比喻暗示了曾经相对封闭的媒体行业的排他性。第二种模式的核心角色则是程序员记者（Programmer-journalists），这些混合型程序员兼记者也被称为交互式记者（Interactive Journalists），他们在新闻编辑室中占据重要位置。③④ 这些混合型记者兼具记者和程序员双重身份，既具备专业新闻素养，又具备技术素养。

处于智能化转型矛盾重重之中的新闻编辑室正需要这类混合型记者。平台技能培训（如机器学习技术）所面向的群体正是混合型记者及正在向混合型记者转型的传统记者。记者的底层技术优势避免了新闻编辑室多种角色在沟通中的冲突，这加速了技术进入新闻生产实践的进程。

（三）责任的双向位移：新职业伦理的建构

新闻生产中新闻从业者与技术的关系可以理解为智能主体和人类主体的关系，在技能培训中智能技术主体和人类主体的伦理责任呈现双向位移：原先由新闻从业者所承担的新闻报道风险与责任由技术和平台分担；平台试图将对技术偏见的审查责任移交给新闻从业者。

平台技能培训将人工智能技术的作用描述为"提升""协助"和"补充"，反对技术乌托邦的炒作。这一基于当前弱人工智能发展阶段的描述弱化了智能技术的未来发展势头，同时也将新闻生产中的关键角色归还给新闻从业者。但是在一些涉及揭露社会真相、抨击权威机构的调查新闻中，新闻从业者往往面临许多挑战，包括经济压力、法律风险、资源限制和政治压力等。平台技术和工具的介入增加了责任分担的主体，为在重重阻碍的现实环境中求生存的调查报道提供更多保障。⑤

技术并非是孤立的主体，技术的产生无一例外会受到公司以及开发者的影响。谷

---

① 肖鳕桐，方洁. 内容与技术如何协作？——行动者网络理论视角下的新闻生产创新研究 [J]. 国际新闻界，2020（11）：99-118.
② HOLTON A E., BELAIR-GAGNON V. Strangers to the game? Interlopers, intralopers, and shifting news production [J]. Media and Communication, 2018（4）：70-78.
③ PARASIE S, DAGIRAL E. Data-driven journalism and the public good: "Computer-assisted-reporters" and "programmer-journalists" in Chicago [J]. New media & society, 2013（6）：853-871.
④ KOSTERICH A, MATTHEW S W. Transformation of a modern newsroom workforce: A case study of NYC journalist network histories from 2011 to 2015 [J]. Journalism Practice, 2019（4）：431-457.
⑤ 张志安. 新闻生产的变革：从组织化向社会化——以微博如何影响调查性报道为视角的研究 [J]. 新闻记者，2011（03）：42-47.

歌强调警惕自身对社会偏见的加剧、对用户隐私的侵犯等问题，制定了指导技术设计和使用的道德原则，包括对社会有益、避免制造或强化不公平的偏见、进行安全构建和测试、对人负责、纳入隐私设计原则等。但就智能技术应用于新闻从业者的新闻生产而言，伦理的终极主体依然是作为终端使用者的新闻从业者。平台并未就技术本身进行训练和更新，并未将偏见审查的需要嵌入代码，而是通过让记者掌握复杂技术来转移偏见审查的责任。

表2 谷歌的技术观念

技术原则	具体内涵
公平性	弥合大型媒体和小型媒体之间的技术鸿沟
公益性	坚持技术对社会有益的原则
安全性	进行安全构建和测试，对人负责
高标准	坚持科学卓越的高标准

谷歌技能培训的主要目的之一是帮助记者掌握智能技术的核心——机器学习技术。在掌握这项复杂技术后，新闻从业者获得了技术的需求者和提供者的双重身份。相应地，新闻从业者需要在机器学习模型的数据准备环节识别机器学习的偏见来源，并直接对数据进行清洗。这种对于数据来源的接触也打破了技术的黑匣子，使得新闻制作更加透明化，但它同时也将技术公司的审查责任转移给新闻从业者，由此建构出新闻从业者的新职业伦理。

"为了识别潜在的偏见，您可能需要提出一些具体问题，包括收集数据的目的是什么？数据是如何收集的？使用这组数据和这个特定算法的目的是什么？数据来源是如何评估的？""作为一名记者，抵御偏见的第一道防线就是你的能力范围，你每天在职业中应用的相同价值观和道德原则应该延伸到评估你使用的任何新技术的公平性中。"①

表3 新型职业伦理的实现方式

新闻从业者职业伦理	内 涵
识别潜在偏见	在数据准备环节评估、确认数据来源，保证每个群体都有足够数据，尽可能防止种族歧视、性别歧视等偏见的出现
尊重用户隐私	不披露敏感信息，避免对个体生活产生负面影响
目的透明	考虑数据收集的目的、方式；保证数据分析的过程和目的标准化、透明化
强化民主瞭望者角色	平台智能工具分担调查报道风险，揭露社会真相，履行民主监督职责

---

① Google News Inititative.Bias in Machine Learning［EB/OL］.（2023-01-21）［2024-05-25］.https://newsinitiative.withgoogle.com/resources/trainings/bias-in-machine-learning.html

五、结论与讨论

通过考察谷歌平台为美国新闻从业者提供的智能技术培训文本，本文探究了谷歌平台对新闻从业者技能提升所起到的作用，它为智能化转型时代的新闻生产提供了新闻从业者再技能化的路径。总体来说，谷歌智能技术培训仍停留在技术辅助记者的阶段，在规模和程度上仍处于起步阶段。而在这一阶段，平台公司与技术的介入已经使得新闻生产的伦理责任出现双向位移。谷歌平台的技能培训缩小了大型媒体和小型媒体新闻从业者间的技术资源差异，为小型媒体新闻从业者创造了向程序员记者转变的条件，对于化解新闻编辑室内的部分角色冲突起到重要作用。

在谈及平台与新闻业的关系时，现有研究往往将平台在新闻生产和分发中的作用描述为数据"加工厂""数据霸权"的操控者，[①②]本文跳出了这一新闻业与平台竞争论的洪流，转而在劳动者的技能变迁层面提供了一种平台与新闻业合作共生的路径。当然，这并不是说新闻从业者无须警惕新闻生产平台化过程中话语权和新闻权威的丧失，在此情境之下，他们更应坚守新闻记者的职责。在智能时代，我们仍须重申人类记者的使命："一方面记者应充分掌握人工智能和算法技术的知识和技能，从而更好地驾驭它们；另一方面记者要扬长避短，充分发挥人类在对新闻事实进行语境化意义阐释和价值赋予方面所具有的创造性优势。"[③]此外，尽管学界对于平台的讨论已经相当多元，但对结构层面过度关注使之忽视了技术物质性的一面，也忽视了微观层面作为新闻生产实践主体的新闻从业者的主观能动性，同时，现有研究缺乏平台介入新闻业具体规模以及程度的经验性材料。

在实践层面，对于新闻从业者在智能新闻生产时代的去技能化困境，学者们就跨界合作达成共识，帮助记者提升技术素养需要新闻组织、新闻从业者、新闻学院携手同行。本文提供了一种由平台作为核心行动者进行联结的方案。平台通过多种渠道在新闻行业人工智能的开发和应用中发挥着越来越重要的作用。

当前的智能新闻生产处于弱人工智能阶段，机器只是增强记者工作的一种方式，人机合作共生的协作阶段并未达到，也与研究者们期待的"人机融合"的理想阶段相距甚远。作为一项就平台对新闻从业者职业技能影响的初步探索性研究，本文的文本材料来源于谷歌自己所建设的网站，材料本身不免带有"公关活动"色彩。未来研究

---

① 韩晓宁，耿晓梦，周恩泽. 人机共生与价值共创：智媒时代新闻从业者与人工智能的关系重塑 [J]. 中国编辑，2023（03）：9-14.
② 姬德强，佘浩东，蒋效妹. 作为流量的新闻：平台时代的新闻权威性困局 [J]. 新闻与写作，2024（03）：29-37.
③ 黄典林，白宇. 人工智能与新闻业变革的技术和文化逻辑 [J]. 新闻与传播评论，2018（06）：31-40.

可以深入新闻生产场域,对这一研究话题进行深度探析,获取更多关于平台与新闻业关系的经验性材料,持续关注智能技术在新闻编辑室内的应用及其对新闻从业者技能变迁的影响。

作者简介:

毛万熙,中山大学新闻传播学院助理教授;潘慧玲,中山大学新闻传播学院硕士研究生。

智能媒介对新闻叙事的重塑趋势分析

杨 柳 经 镆

摘 要：本文结合文本分析，尝试从技术、传媒规范和从业者三个角度来思考智能媒介对新闻叙事方式的影响与重塑。具体而言，本文通过对主流媒体的新媒体客户端以及主要的智能生产平台的新闻报道进行文本分析，结合技术的模态可供性和主体可供性两个视角总结出六类智能媒介叙事模式。其中，模态可供性下的叙事模式包括交互式、酷炫式和临场式三类，主体可供性下的叙事模式可分为轻智能、负责任和共享式三类。从模态可供性下的三类叙事模式可看出，传统新闻价值中的趣味性要素在技术的影响下被强化，主体可供性下的三类叙事模式则显示传媒从业者的"把关人"角色被加强。总的来说，主流媒体和新闻内容生产平台的智能媒介叙事模式依然尝试遵循新闻业的专业性准则，传媒从业者在媒介叙事中占主导地位。

关键词：智能媒介　模态可供性　主体可供性　叙事模式　文本分析

一、引言

自语言诞生以来，人们就通过故事来理解世界，叙述我们的经历以了解过去、现在和未来。[①] 人类经验中的很多事物都可以通过故事或叙事来理解。[②] 媒体在我们的社会环境中承担着讲故事的责任。然而近年来，无人机摄影、自动化新闻撰写、虚拟现实沉浸报道和算法推荐等智能技术正越来越广泛地被应用于新闻生产的各个阶段，包括信息收集、内容生成、呈现和分发等流程。[③]

传统新闻机构已经在新闻编辑的流程中纳入 AI 辅助生成的技术应用，例如《纽约时报》(NYT)、《华盛顿邮报》和 PA 通讯社均开发了 AI 辅助写作新闻的功能。[④] 借助

[①] MEAD G H. Mind, Self, and Society: From the Standpoint of a Social Behaviorist [M]. Chicago: University of Chicago Press, 1959.
[②] MCADAMS D P, GUO J. Narrating the self in the 21st century [J]. Psychological Inquiry, 2015 (4): 317-324.
[③] CODDINGTON M. Clarifying journalism's quantitative turn: A typology for evaluating data journalism, computational journalism, and computer-assisted reporting [J]. Digital journalism, 2015 (3): 331-348.
[④] CHAN-OLMSTED S M. A review of artificial intelligence adoptions in the media industry [J]. International journal on media management, 2019 (3-4): 193-215.

这项技术，PA通讯社为英国和爱尔兰地区的媒体提供了由机器人生成的3万条本地新闻。[①]2017年，《华盛顿邮报》利用自家的写稿机器人写作了多达850篇新闻报道。国内主流媒体也将智能技术广泛地应用于新闻生产，例如新华社的"快笔小新"、今日头条的"小明"、百度的智能写作机器人（Writing-bots）等。在2016年里约奥运会期间，"小明"甚至达到了每2秒生成一篇新闻稿件的水平。

技术的变化引起了新闻生产领域的重大转变。[②]智能媒介技术彻底改变了信息收集的方式和内容分发的模式，自动化写作改革了内容创作流程，虚拟现实/增强现实技术重新定义了信息的呈现方式。这些发展都预示着传统新闻的叙事模式和机制被不断重塑。[③]同时，学界和业界也面临着前所未有的挑战，甚至有西方学者指出，在人工智能的影响下新闻业将面临"故事危机"[④]。在智能媒介的影响下，主流媒体的新媒体客户端以及重要的互联网媒体平台是如何进行新闻生产和媒介叙事的成为值得关注的重要议题。

二、智能媒介对新闻生产的影响

在信息流通日益顺畅的时代，智能媒介对新闻工作者的重要性日益凸显。[⑤]智能媒介不仅为新闻生产和传播带来了新的工具和讲故事的方式，还深刻地改变着新闻工作的方方面面。[⑥]本文认为，智能媒介对新闻工作者的影响主要表现在对新闻叙事模式的影响，这种影响是基于技术的模态可供性和主体可供性的。

智能媒介的模态可供性是指媒介形式为叙事方式带来的改变。随着智能媒介的发展，新闻生产的模态多样性显著增强。[⑦]智能媒介的特点包括多模态内容的整合，如文字、图像、视频、音频和互动元素的结合。[⑧]这些模态可供性使新闻叙事变得更加丰富和立体。数据新闻和可视化技术就是模态可供性的体现，如机器人记者能够快速生成新闻稿件，特别是在体育赛事和金融市场等需要实时报道的领域。这种技术的应用提高了新闻生产的速度，增强了新闻的时效性。[⑨]同时，通过使用数据分析和可视化工具，

---

① 梅晓敏，吴晨倩."智媒"时代新闻业态的再造与重构[J].新闻战线，2018（23）：125-127.
② 戴榆.数字技术时代中国传媒产业发展的制度转型：版权体系的重构[D].上海：上海大学，2010.
③ 屈济荣.故事化新闻的叙事策略与技巧研究[D].四川：四川大学，2007.
④ MORAN R E, SHAIKH S J. Robots in the news and newsrooms: Unpacking meta-journalistic discourse on the use of artificial intelligence in journalism[J]. Digital journalism, 2022（10）：1756-1774.
⑤ Noain-Sánchez, A. Addressing the Impact of Artificial Intelligence on Journalism: the perception of experts, journalists and academics[J]. Communication & Society, 2022（3）：105-121.
⑥ Guenduez A A, Mettler T. Strategically constructed narratives on artificial intelligence: What stories are told in governmental artificial intelligence policies?[J]. Government Information Quarterly, 2023（1）：115-121.
⑦ SUNDAR S S. The MAIN model: A heuristic approach to understanding technology effects on credibility[M]. Cambridge, MA: MacArthur Foundation Digital Media and Learning Initiative, 2008：73-100.
⑧ 于瑞华.数字融媒赋能文化交流多模态路径探索[J].辽宁工业大学学报（社会科学版），2023（5）：79-82.
⑨ CARLSON M. Introduction: The many boundaries of journalism[M]. New York: Routledge, 2015：1-18.

新闻报道能够更加直观地展示复杂的信息和趋势。这种数据驱动的新闻生产方式使得新闻的叙事逻辑更加科学和有据可循，新闻的透明度和可信度提高了。

例如，网易新闻《大象北上》系列报道通过视频、照片、文字、互动图表等形式和沉浸式的数字化技术，讲述了亚洲象从云南一路北上的故事。报道包含了大量的现场视频、无人机航拍画面以及互动地图，展示了象群的迁徙路线和所遇到的挑战。国外的媒体也会通过类似的数字化技术增强报道的可视化、可读性和参与性，如美国《纽约时报》的报道《雪崩：特纳尔溪事故》(Snow Fall：The Avalanche at Tunnel Creek)就结合了文字、照片、视频、互动图表和动画等表现形式，以多媒体叙事的方式介绍了2012年华盛顿州雪崩事件。① 这种创新的叙事方式吸引了大量读者，展示了智能媒介在新闻生产中的巨大潜力。

主体可供性是指技术为新闻从业者带来的改变，这些改变进而影响内容的呈现方式和叙事规范。智能媒介为新闻从业者提供了新的工具和平台，改变了他们的工作流程和职业角色。② 这些新兴技术工具不仅提高了新闻生产的效率，还赋予了新闻从业者更大的创作自由和叙事空间，使新闻从业者能够探索新的叙事规范和方式。

例如《人民日报》的《中国经济新意浓、活力足》借助数据可视化方式向读者呈现2019年上半年中国经济的发展情况与未来趋势，③ 而腾讯新闻的《互联网隐私保护》借助数据可视化、互动时间轴和个人故事视频的方式揭示个人信息泄露、数据滥用等问题及其社会影响。国外主流媒体也关注智能媒介在新闻叙事中的作用，如英国《卫报》的一篇与移民相关的报道即是通过数据可视化、互动时间轴和个人故事视频等多种技术手段，叙述英国政府在处理Windrush移民问题时采取的错误做法。④ 通过这些创新的叙事方式，媒体能够提供互动的形式让受众深入了解事件的细节和复杂性。这种多维度的叙事方法有效地增强了新闻的冲击力，引发了受众的情感共鸣，体现了智能媒介在推动新闻叙事变革中的关键作用。

除了唤起读者情感共鸣，智能媒介的主体可供性还可以让新闻从业者采用更加沉浸式的方式讲故事，如美国新闻记者曾经利用多媒体叙事手段深入探讨退伍军人的心理创伤问题。⑤ 相关报道不仅依赖传统的文字叙述，而且结合了视频采访、音频剪辑、照片和互动链接等多种形式，使读者能够多层次、多感官地了解退伍军人所经历的心理和情感创伤。记者通过深入采访退伍军人及其家庭，结合他们的真实声音和影

---

① BRANCH J. Snow Fall：The Avalanche at Tunnel Creek [N]. The New York Times, 2012-12-20.
② MIROSHNICHENKO A. AI to bypass creativity. Will robots replace journalists?（The answer is "yes"）[J]. Information, 2018（7）：183.
③ 于子青，曾伟.中国经济新意浓、活力足 [N].人民日报海外版，2019-8-12（001）.
④ HEWITT G. The Windrush scandal：An insider's reflection [J]. Caribbean Quarterly, 2020（1）：108-128.
⑤ 安德鲁·霍斯金斯，李红涛.连结性转向之后的媒介、战争与记忆 [J].探索与争鸣，2015（07）：106-114.

像，营造了一个沉浸式的叙事环境，使读者能够更深刻地感受和理解这些士兵的经历和痛苦。

上述的研究和新闻实践大多从模态可供性和主体可供性的角度思考了智能媒介如何改变记者的叙事模式、如何丰富记者的叙事手段的问题。这种多媒体叙事模式不仅增加了报道的深度和广度，而且提升了受众的参与感，引发了他们的情感共鸣。通过这些技术，从业者能够更有效地讲述复杂和深刻的故事，重新定义新闻叙事，推动新闻报道向更丰富和互动的方向发展。

总而言之，模态可供性丰富了新闻的叙事方式，它使新闻内容更具多样性和互动性；主体可供性则改变了新闻从业者的工作方式和角色，推动了新闻叙事规范的发展。目前，关于智能媒介叙事如何在中国的社会文化背景下进行在地化实践的研究还比较少，智能媒介对新闻从业者叙事的重塑趋势也缺少一个整体性的介绍。本文结合对智能媒介生产的新闻作品的文本分析，从模态可供性和主体可供性的视角尝试探讨智能媒介对新闻叙事的影响及发展趋势。

三、研究方法

文本分析是一种通过文本中的语言和话语结构来理解和解释文本数据的方法。研究人员可借助它从大量的文本材料中提取有意义的信息和模式，来深入地理解文本背后的含义和结构。在新闻传播领域，研究人员通常通过系统化的步骤来收集、整理和分析文本。文本数据可包括书籍、报纸、采访记录或电视新闻等。研究者通过阅读文本，并根据预先定义的分类系统对文本进行标注，包括关键词、主题、作者意图和情感倾向等，借此分析文本的叙事倾向与模式。

本文所关注的文本类型是智能媒介直接生成或者辅助生成的新闻文本，它代表着一种特定的媒介叙事类型。智能媒介文本具有其独特性和复杂性，文本分析的内容也需要考虑更多要素。针对智能媒介中的新闻叙事，文本分析需要采用综合和多层次的方法以揭示其特点。

本文将智能媒介生成的新闻文本分为智能媒介直接生成的新闻文本和包含智能媒介生成素材的新闻文本两种。其中，对智能媒介直接生成的文本信息的分析和处理相对简单。研究者只需对这些文本进行标准的文本分析，包括数据收集、预处理、主题识别和语义分析等就能够揭示其中隐含的信息和叙事方式。然而，对于包含智能媒介生成素材的新闻文本，由于其既有人工撰写的内容，又有智能媒介生成的部分，研究者需要采取更为复杂的分析方法。这不仅包括对人工和智能生成内容的区分和标注，还需要进行跨模态分析，通过文本、图像、视频等多种媒介形式之间的互动和整体叙事效果的分析，来全面解析这些复杂的新闻文本。

具体而言，本文从传统主流媒体的客户端及有代表性的互联网平台中检索智能媒介生成的新闻文本。具体来说，包括新华社、人民日报和央视新闻的新媒体客户端，以及今日头条、腾讯新闻和网易新闻等互联网平台。之所以选择这些新闻媒体和平台，是因为他们分别代表了主流媒体和新媒体的叙事视角，对利用智能媒介进行新闻生产也较为关注和支持，适合进行智能媒介叙事模式的分析。

智能媒介（Intelligent Media）指的是运用人工智能技术（AI）、数据分析、机器学习和其他先进技术的媒体形式和工具。具体包括自动化内容生成、数据驱动分析、虚拟现实、增强现实等近年来学界和业界热议的媒介技术。在新闻文本的筛选中，作者采用"AI创作""智能生成""AI播报""VR新闻"等能提示信源和媒介呈现形式的关键词来检索新闻，最终获得293个符合条件的样本。在此基础上，本文试图探索如下问题：智能传播环境下，新闻叙事模式呈现哪些不同的面向？这背后有着怎样的规律？智能媒介对如何讲故事提供了哪些启示与思考？

四、技术可供性与媒介叙事模式

在对文本素材进行分析与总结的基础上，研究发现，上述新闻媒体或平台中新闻文本的媒介叙事模式受到媒介模态可供性和主体可供性的影响而呈现不同样态。其中，模态可供性主要聚焦信息技术的形式特点对新闻生产的影响，通过数据分析可以发现，模态可供性下的叙事模式有酷炫式叙事、交互式叙事和临场式叙事。主体可供性强调智能媒介对叙事主体即传媒从业者的影响，使得新闻文本的叙事模式表现为轻智能叙事、负责任叙事和共享式叙事三种。

表1 可供性视角下智能媒介的叙事模式

类别	叙事模式	释义
模态可供性	酷炫式叙事	强调创新、视觉冲击力和体验感
模态可供性	交互式叙事	通过参与并影响故事发展的方式来呈现内容
模态可供性	临场式叙事	通过多种技术手段，使观众身临其境
主体可供性	轻智能叙事	智能媒介作为生产内容的工具，未本质改变传统的叙事规范
主体可供性	负责任叙事	对内容的真实、准确等进行把关
主体可供性	共享式叙事	意义共同体的建构

（一）模态可供性叙事模式

模态可供性叙事模式（Modality-based Narrative）是一种强调媒体技术及其提供的互动功能如何影响和塑造用户体验的叙事模式。模态指的是媒介如何通过不同的感官渠道（如视觉、听觉、触觉等）呈现内容。在这种叙事模式下，媒体通过多种模态

（如文本、图像、视频、音频、VR等）提供信息，使得用户能够通过多感官的方式体验故事。例如，虚拟现实（VR）技术能够通过视觉与听觉的结合，让用户犹如身临其境地参与故事情节。这种多模态的呈现方式增强了叙事的沉浸感和互动性。结合对本文研究数据的分析，模态可供性为新闻的内容生产提供了酷炫式、交互式和临场式的叙事模式。

1. 酷炫式叙事

酷炫式叙事是指媒体从业者在新闻生产中通过视觉、听觉等多种感官以及技术手段，创造出引人入胜、富有冲击力的故事体验。这种叙事方式运用智能技术和创意设计吸引观众的注意力，并带来强烈的感官体验。例如，新华社AR新闻《中国空间站》、央视新闻《"空天兔"和长征八号聊了啥》的科普报道案例就展示了技术带来的酷炫感在新闻叙事中的多样化应用。

今日头条使用人工智能技术创建了小明智能主播（Xiaomingbot），通过这个系统自动生成体育新闻报道。小明可以实时处理和分析数据，生成简洁准确的新闻报道。这种方式不仅增强了报道时效性，还能够覆盖更多的体育项目的报道。2016年里约奥运会上小明首次亮相，在奥运期间每天撰写30篇以上的消息简讯与赛事报道，包括乒乓球、网球等多个项目。在电视直播的同时，小明就可撰写并发布稿件，速度极快。

相关的智能技术也被用于报道一些环境问题和社会议题，其生成的报道创造了沉浸式的新闻体验。新华网曾使用虚拟现实（VR）技术和全息投影技术，通过全息图像展示污染的严重程度，增强视觉冲击力和观众的情感共鸣。2020年，在《"美丽中国，我是行动者"》的6·5环境日特别策划中，记者通过VR技术让观众身临其境感受环境污染的危害和生态保护的重要性。这种沉浸式新闻报道不仅提供了逼真的视觉体验，还通过互动设计让观众更加深入了解环境问题的复杂性和紧迫性，增强报道的视觉冲击力和情感共鸣，从而提高公众的环保意识和行动力。

智能技术同时也被用于报道一些历史文化传统，它带来了沉浸式的新闻体验。例如，腾讯网在其报道《"云上故宫"：数字故宫带来全新游览体验》中，采用了虚拟现实（VR）和增强现实（AR）技术，通过三维建模和全息投影等手段，生动展示故宫的历史文化和建筑细节。在报道中，观众可以通过数字故宫平台，虚拟游览故宫的各个角落，甚至可以探索平时不对外开放的区域。该平台利用全息投影技术重现故宫的古建筑和珍贵文物，观众不仅能通过VR设备"走进"故宫，近距离观赏文物，还可以通过AR技术与数字文物进行互动，了解其历史背景和文化内涵。

这种沉浸式新闻报道不仅提供了逼真的视觉体验，还通过互动设计让观众更加深入地了解故宫的历史和文化，从而增强对传统文化的兴趣和认同感。同样的叙事方式和呈现模式在西方主流媒体的新闻报道中较为常见，例如，BBC使用互动媒介技术，推出了多部互动新闻故事。*Rome's Invisible City*使用3D扫描技术和互动图形展示古罗马地下的秘密建筑和遗迹,观众可以通过互动图形深入了解这些历史遗迹的细节。

这些案例展示了酷炫式叙事在新闻领域的多样化应用。通过虚拟现实、增强现实、互动媒体、多媒体融合、人工智能和全息投影等技术,新闻机构不仅提供了更为丰富和沉浸的新闻体验,还增强了报道的深度和互动性,使观众能够更加深入地理解和参与新闻报道。

2. 交互式叙事

交互式叙事模式是一种通过允许用户参与和影响故事发展的方式来呈现内容的叙事形式。这种模式与传统的线性叙事不同,读者在体验过程中可以作出选择,这些选择会对故事的发展产生影响。交互式叙事模式已被广泛应用于多种媒介和平台,包括电子游戏、互动电影、教育软件和虚拟现实体验。具体到智能媒体的新闻范畴中,传媒从业者会用类似游戏的可参与的交互式方式吸引用户沉浸式体验新闻。

2016年,在切尔诺贝利核电站事故30周年之际,网易新闻制作了一个交互式新闻《不要惊慌,没有辐射》。该新闻介绍了切尔诺贝利事件的全过程、生活在事故发生地附近的居民现状、前苏联政府对灾难的隐瞒与补救,以及当前乌克兰政府的一系列措施。除了灾难与争议,新闻也向读者呈现了切尔诺贝利的另一面——希望与重生。亲身经历灾难的人们、乌克兰的其他公众与核电专家,都在回望历史的过程中积累经验,汲取前行的力量。

读者点击新闻链接进入叙事场景,可以进行角色扮演和沉浸式体验,可以选择分支路径;根据用户的选择,故事可能有多个不同的结局。读者可以扮演故事中的角色,通过角色的视角体验故事。这种方式增强了读者的代入感和参与感。在《不要惊慌,没有辐射》中,用户会以切尔诺贝利核电站事故救援行动参与者瓦西里的身份重返核辐射禁区。报道采用了虚拟现实(VR)技术,为读者提供身临其境的互动体验。故事中还设有多个选择点,用户可以在这些节点作出决定,从而影响故事的走向和结局。不同的选择会引导用户进入不同的情节分支,产生多种可能的故事线。例如,在参观过程中,用户可以选择"是否和安置区居民打招呼",若选择"打招呼",则会观看安置区居民亚历山大·普利谢普卡及其家人的生活状况;若选择"不打招呼",则会遇到村长,从宏观上了解该村村民的生活及就业情况。

在参观切尔诺贝利时,每一次参观路线的选择,用户都可以立即看到选择带来的后续剧情。有些交互式叙事平台允许用户参与内容创作和故事情节。最后,读者会与乌克兰核安全专家探讨核电安全问题,并参观前苏联为安置核电站工作人员所建设的新城——斯拉夫蒂奇。在这座象征重生的城市,读者会看到核电专家与公众对切尔诺贝利事件的看法,"任何新事物都有风险。我们应该从切尔诺贝利学习经验,而不只是害怕。"

在智能媒介技术的支持下，读者通过参与和选择，创造了更为丰富和个性化的故事体验。同时，智能媒介技术也促使读者从被动的观众转变为新闻议题的积极参与者。这种转变不仅提升了新闻的互动性和沉浸感，也使新闻报道更加多元和有深度。通过智能媒介，读者能够更深入地参与和理解新闻事件，这成为当代新闻叙事中不可或缺的一环。

3. 临场式叙事

临场式叙事是一种通过多种技术手段和创意设计使观众仿佛置身故事情节的叙事方式。这种叙事方式不仅强调视觉和听觉的体验，还通过互动和沉浸感，使观众更深地参与故事情节、体会故事情感。例如，新闻报道中虚拟现实（VR）、增强现实（AR）和360°视频等技术的使用，使观众可以从多角度、多感官来体验新闻。会议新闻是一种较为常见的临场式叙事报道类型，记者会通过向观众展示一个全方位的虚拟环境，使观众感觉自己身处会场。

在报道会议新闻时，记者通过多种技术手段和创意设计增强读者的参与感。2021年北京两会，北京广播电视台首次将"5G+VR"技术用于移动新闻直播，采用"线上报道＋线下体验"的融合报道形式，为观众带来身临其境的体验。观众可以通过线上客户端实现720°全景观看，自由观看会议的不同角落和细节。读者不仅能看到发言者，还能观察与会者的反应和会议氛围。同时，记者还制作了VR切片视频合集与完整的VR会议回放，让无法实时参与的观众可以事后体验会议的每一个细节。除了线上直播，电视台还设置了线下体验展台，为观众提供VR眼镜等专业设备，使其沉浸式体验两会，近距离了解代表委员们的发言情况和直播访谈。

会议新闻报道可以通过使用制作AR会议指南和AR重点标注将重要信息和互动内容叠加在现实世界中。如在2019年全国两会期间，人民网在其移动客户端推出了AR报道，用户使用智能手机扫描《人民日报》两会报道的相关配图，即可在手机上看到会议的现场实况、相关详细信息补充与背景资料、可视化数据等更全面深入的内容。

网易新闻等新媒体平台在两会的报道中也嵌入了AR功能，用户可以通过智能手机扫描会议场地平面图，获取详细的会议安排、演讲者信息和会场导航。在会议现场照片或视频中，用户还可以点击查看详细信息和背景资料，关注重要的发言者、数据图表或重要环节。同时，用户可以实时提交问题或评论，与会议主办方和其他用户互动。

借助多种智能媒介技术，如VR、AR、互动媒体、多媒体融合、实时翻译和AI技术，会议新闻报道可以为观众带来全新体验。这种报道方式不仅增强了读者的参与感和沉浸感，还提升了信息传递的深度和互动性，使读者能够更全面、更深入地理解会议内容。通过这些先进技术，新闻机构可以为读者提供更加生动、全面和个性化的会议报道。

（二）主体可供性叙事模式

主体可供性叙事模式（Agency-based Narrative）是指智能媒介通过增强传媒从业者的方式重塑媒介叙事模式。与模态可供性叙事模式不同的是，主体可供性强调技术对传媒从业者带来的影响，即他们面对这样的媒介形态会生产出怎样的叙事方式。从作者收集的文本数据可以看出，作为新闻生产的主体，生产者利用智能媒介生产并且发布的新闻报道分为轻智能叙事、负责任叙事和共享式叙事三种模式。

1. 轻智能叙事

智能媒介让记者更容易获得新闻报道的素材，甚至让他们不再局限于传统的文字报道，可以通过生成视频、音频、互动图表等多种形式进行报道。然而，作者通过深入的文本分析可以发现，智能媒介提升了报道的多样性和吸引力，提升了受众的视听体验，但是这更多是形式的创新，在具体的内容层面，存在着轻智能叙事的倾向，即智能媒介仅是表象，内容的叙事和呈现符合传统主流媒体的从业规范。

如上文提到的智能主播小明，分析小明发布的新闻就会发现，它写出的赛事短消息比较符合传统新闻业对新闻价值要素的基本要求，即回答了谁（who）、在什么时候（when）、什么地点（where）、发生了什么（what）、发生的原因（why）等问题。小明对2023年英超、意甲、德甲等足球赛的一系列报道都采用这样的写作规范，先交代比赛名称、时间、地点、参赛队伍，再描述比分变化过程，并在报道中强调比赛中的意外事件（如乌龙球、犯规等）。从文本、用词和写作方式上看，这与传统新闻报道并没有本质上的不同。

智能媒介在其他应用场景中也存在类似的情况，即虽然采用了先进的技术，但其核心叙事模式与传统媒体并无根本区别。例如，新华社在报道重大新闻事件时，使用了AI主播"新小智"。这位AI主播能够自动生成新闻播报，并且可以在多种场合进行实时新闻报道。然而，尽管这些AI主播的稿件看起来十分酷炫，但它们仍然遵循传统的新闻叙事框架，即"某事件在某地发生，某人对此发表了某种看法"。

同样，人民日报在其新闻客户端上推出的用于日常新闻播报的AI主播"小智"也采取传统的新闻报道模式。尽管"小智"可以24小时不间断地播报新闻，但其内容生成却依赖传统的新闻撰写方式，即按照事件发生、发展和结果的逻辑进行描述。可见，尽管智能技术和AI主播在新闻报道中被广泛应用，并且在形式上显得十分先进和酷炫，但在实际的新闻叙事中它们并没有突破传统的新闻报道模式。智能媒介在一定程度上提高了新闻生产的效率，但其生成的内容仍然受到传统新闻叙事框架的制约。智能媒介生成的文本信息在叙事模式上出现轻智能的倾向，这是技术的主体可供性对传媒从业者主体性的增强而不是替代。

值得关注的是，这些 AI 主播在处理某些复杂的新闻事件时显得较为程式化，灵活性欠缺，因为它们的语言生成和情感表达能力有限，无法像人类记者那样进行深入分析和报道。例如，在一些新闻中，智能媒介生成的文本存在常识性错误，如小明在里约奥运会的报道中曾写出"失败女神朝其抛出了橄榄枝"的句子。总的来说，智能媒介在新闻报道的媒介叙事中并没有被过度使用，而是呈现"轻智能化"倾向。主体可供性为记者的叙事带来了更大的创作空间和创新可能性，使记者能够以更多样化、更富有创意的方式进行报道，这提升了报道的可读性和趣味性。但是它同时也需要记者更深入的参与，以使叙事更加生动和精确。

2. 负责任叙事

媒介承担着讲故事的责任，帮助我们理解和认识现实世界。[①]因此，负责任地讲故事是新闻业的伦理规范之一。近年来，人工智能在新闻业的应用也激起了一些关于伦理的讨论，并逐渐延伸到与负责任叙事相关的思考。[②]作者对新闻素材进行分析时发现，智能媒介为传媒业带来较大的影响，但相关新闻文本的呈现在某种程度上仍传递出新闻从业者内容生产的专业性。

记者更倾向于选择让智能媒介生成那些相对简单和容易实现的报道类型，而不是完全依赖它进行深度报道。如央视的数字人主播"AI 王冠"的《"冠"察两会》节目，数字人只负责主持串场，而采访、评论等内容均由王冠本人完成。在这里，智能媒介似乎仅仅是传媒从业者用来吸引受众、获取流量的噱头，或者是生产者为了明确版权而做出的标志。在具体的内容生产层面，传媒从业者在文本的呈现中依然遵循规范性标准，这一点在人工智能生成的文本和视频新闻中都较为显著。

智能技术提供了丰富的创作工具和形式，但在实际的写作中，智能媒介提供的更多是便利性的支持。例如，在 2022 年冬奥会期间，人民网利用技术快速生成关于冬奥会的视频报道，推出了 AI 机器人"小冰"，但真人记者仍然在报道中扮演了至关重要的角色。例如，人民网的记者会负责收集、整理和核实各项赛事数据及背景信息，并确保这些信息的准确性和及时性。此外，记者还负责在 AI 生成的视频中添加分析和评论。他们可能会对运动员的表现进行深入分析，提供背景故事或者赛事策略的详细解读，从而使视频报道更具深度和专业性，最大化提高新闻报道的效率和质量，同时保持传统新闻价值和报道深度的平衡。

除了体育赛事报道，还有许多其他类型的新闻报道，如与环境和天气相关的自然

---

① MILNE G. Smoke & Mirrors：how hype obscures the future and how to see past it [M]. Russell Square：Robinson, 2020.
② COECKELBERG M. Narrative responsibility and artificial intelligence：How AI challenges human responsibility and sense-making [J]. AI & SOCIETY, 2023（6）：2437-2450.

灾害类新闻报道也常将 AI 技术作为辅助性工具。在处理重大自然灾害（如台风、洪水或干旱）信息时，智能媒介往往具有较大的优势，传媒从业者可以借此快速分析大量的气象数据，生成详细的天气变化趋势和预测模型。这些数据可以用于制作即时的天气预警和灾害风险评估，以及为公众提供必要的应对建议。例如，新华社在台风登陆前后通常会发布相关的灾害风险评估和台风影响预测报告。智能媒介生成的可视化信息可以为新闻稿件的快速更新和发布提供支持，但记者们仍须深入分析和报道其背后的社会影响和环境因素，以确保新闻报道的全面性和准确性。

现有数据中，另一类将智能媒介生成的内容视为重要辅助材料和数据的典型新闻类型为财经新闻。在这类报道中，记者通常需要快速处理大量的财经数据、公司报告和市场分析报告。智能媒介可以通过自动化生成报告摘要、分析数据趋势以及提供市场预测，这极大地提高了新闻稿件的撰写效率。记者们以智能媒介生成的内容为基础，进一步补充深度报道所需的专业分析和背景调查，以确保报道的全面性、专业性和权威性。

随着智能媒介的发展，尤其是在 Sora 出现之后，人工智能生成如何被用于新闻生产成了新闻业日渐关注的话题，甚至出现了"可怕的机器人"之类的担忧。[①②] 但是，记者作为"把关人"的主体性地位在新闻报道中依然牢不可破。作者分析 AI 生成的视频类新闻时发现，它们多被用于辅助类的支持性文本，从业者更多地将其视为便利性的呈现方式，内容的广度和深度依然需要记者进行挖掘。

3. 共享式叙事

分析数据发现，轻智能和负责任的叙事模式都是智能媒介生成式文本对记者采编素材进行补充或不完全替代。在完全将智能媒介生成的文本视为新闻的主体素材的新闻文本中，作者又总结出了一类共享式叙事模式。相较轻智能的叙事模式，共享式叙事多为视频形式且故事更为复杂，也更具有想象力。

依照学者 Chubb 等的界定，共享式叙事是通过塑造一个叙事社区，使成员之间可以通过互动和分享共同的意义和故事而形成紧密联系的共同体。[③] 构建共享式叙事的方法涉及三个层面的意义建构：（1）向受众讲述一个共同体式的故事；（2）探索故事背后的经验；（3）启发个体共同参与叙事。共享式叙事强调的是共同体的意识和认同，在这种叙事中，故事的主题、情节和角色往往与特定民族的历史、文化、传统和价值观

---

① CAVE S, DIHAL K. Hopes and fears for intelligent machines in fiction and reality [J]. Nature machine intelligence, 2019（2）：74-78.
② CAVE S, DIHAL K, Dillon S, eds. AI narratives: A history of imaginative thinking about intelligent machines [M]. New York: Oxford University Press, 2020.
③ Chubb J, Reed D, Cowling P. Expert views about missing AI narratives: is there an AI story crisis? [J]. AI & society, 2024（3）：1107-1126.

息息相关。这种叙事形式不仅仅是为了讲述一个故事，更是为了弘扬和传承民族文化，增强民族认同感，促进民族团结和凝聚。

智能媒介在进行中华民族的共享式叙事方面具有优势。它能够融合文字、图片、视频、音频等多种形式，为中华民族的共享式叙事提供更加丰富多样的表现方式。多媒体的融合可以使叙事更加生动、具有感染力，有助于激发受众的共鸣和参与欲望。

例如人民网曾报道过一则关于智能媒介的生成技术在传统文化传承中的创新应用的新闻。该报道详细介绍了中国古代神话故事如何与现代科技相融合，并且通过结合先进的文生技术（文本生成）、图像合成和语音合成技术，重新演绎了诸如《白蛇传》和《封神演义》等经典神话故事。在这个报道中，智能媒介生成的视频文件不仅展示了神话人物的虚拟形象和宏大场景，还能根据观众的互动实时调整剧情和对话，参与感和沉浸感被增强了。例如，观众可以通过手机应用或 VR 设备，与虚拟化的神话人物进行互动，探索神话故事背后的文化价值和智慧，宣扬中国的传统文化，打造中华民族文化共同体。

值得关注的是，智能媒介所生成的具有想象空间的文本或者视频素材不仅被应用于新闻报道，更被应用于适合网络传播的视频文本的制作。如央视频发布的系列微短剧《中国神话》，就采用文生图、文生视频、文生音乐、文生配音全流程 AI 制作，讲述了多个家喻户晓的神话故事，同时将古典神话与现代理念相结合。比如逐日的夸父与"夸父一号"共同代表着人们对太阳、对宇宙的探索；精卫填海的故事激励人们不断探索大海的奥秘，而精卫也看到了中国工程师利用先进填海技术建设的机场。AI 技术能够轻松制作神话故事里极具想象力的宏大场景，也可以提供古典神话人物与现代人物共处一室的画面。利用先进技术将神话中历代传承的文化、精神与现代人倡导的价值观结合，不仅有利于文化传承，而且也能为观众带来沉浸感，激起观众的民族认同感。

这符合 Halverson 等学者所阐释的，叙事不仅是讲述一个故事，也是创建一个故事系统。① 换句话说，叙事是具有连贯主题且相互关联的故事系统或者意义集合。在这个定义中，事件是叙事动作的基本单位，涉及人物和实体的行为。上述 AI 智能媒介生成的视频故事就是这个叙事系统的一部分，这些故事反映了特定民族的历史、文化、传统和价值观。这些事件不仅是孤立的故事，而且是在一个共同的主题或意义下相互关联，共同构成了民族故事的整体框架。通过民族故事，人们可以了解特定民族的传统、价值观和信仰，增强对民族文化的认同感和理解力。诚如 Chubb 等学者所言，人

---

① HALVERSON K L. A narrative approach to understanding the experience of becoming and being a nurse：Professional identity formation among new nurses［D］. Canada：Queen's University，2020.

工智能可被视为增进文化认同的东西，它有助于营造场所以及将社区中的人们聚集在一起。①

五、结论与讨论

本文通过对智能媒介直接生成或辅助生成的新闻进行文本分析发现，智能媒介存在着模态可供性和主体可供性两类不同的支持方式，因此相应的新闻文本也呈现不同的叙事模式，并且影响了内容呈现和从业者的角色。通过深入分析可以发现，模态可供性对新闻文本叙事的影响主要体现在呈现方式的创新及其所带来的酷炫、新颖感，它强化了传统新闻价值中的趣味性。主体可供性则更侧重传媒从业者的角色创新，内容生产者依然重要，且从业者的把关人角色在智能媒介的影响下进一步被强化。总的来说，尽管智能媒介为新闻业的内容呈现和叙事模式带来巨大的变革，但是其在某种程度上依然遵循新闻生产的基本规律，传媒从业者依然具有主体性地位。

智能媒介的模态可供性强化了传统新闻生产和新闻价值的趣味性。借助多样化的媒介形式，如视频、互动图表等，从业者可以丰富新闻内容的叙事方式。这种创新和趣味性不仅丰富了叙事的层次，也提升了新闻报道的可视化水平和感染力。这种趋势使得新闻报道能够更加生动地呈现复杂的事件和信息，吸引更广泛的受众参与。

主体可供性强化了传媒从业者在内容生产中的"把关人"角色，媒体进一步从内容生产者转变为信息"把关人"。传统上，媒体主要扮演内容的生产者角色，而智能媒介技术的广泛应用使得媒体从业者更多地扮演信息的把关人角色。通过智能技术的支持，媒体可以更加高效地筛选、分析和处理信息，确保报道的准确性和客观性，提升新闻报道的信誉度和质量。这种趋势不仅使得新闻生产过程更加精细化和透明化，也增强了媒体在信息时代的影响力。

本文的分析数据还显示，尽管智能媒介对新闻业带来了巨大的冲击，甚至引起了"可怕的机器人"之类的担忧，②但是主流媒体及平台新闻文本的叙事模式依然遵循新闻业的专业性标准，强调事实准确性、客观性和公正性。记者们利用智能媒介工具时，仍然需要承担信息筛选、编辑和审查的责任，确保生成的内容符合新闻伦理标准。这种专业性的叙事模式不仅有助于维护新闻报道的信誉，也是传统新闻价值观在智能媒介时代的延续。

不可否认，技术在新闻叙事中发挥重要作用，但也存在一些问题和挑战。其中，

---

① Chubb J, Reed D, Cowling P. Expert views about missing AI narratives: is there an AI story crisis? [J]. AI & society, 2024（3）：1107-1126.
② CAVE S, DIHAL K. Hopes and fears for intelligent machines in fiction and reality [J]. Nature machine intelligence, 2019（2）：74-78.

信息的准确性是一个关键问题。智能媒介虽然能够迅速生成大量内容，但在处理复杂或不确定的情况时，其准确性和可靠性仍然需要把关。此外，技术叙事还可能导致不当偏见或误导。智能媒介的算法程序可能会在信息的选择和呈现过程中产生偏见，影响报道的客观性。因此，在应用过程中，我们必须认识到其潜在的问题和局限性。只有在记者和编辑的严密把关下，技术才能更好地为新闻叙事服务，并最大程度地发挥其潜力，确保新闻报道的质量和可信度。这就需要传媒从业者在对媒介技术进行想象时，将智能媒介对公众的影响考虑在内，以敦促人工智能叙事能够做到更真实、准确和积极。[1] 这也符合智能媒介叙述研究学者 Coeckelbergh 对负责任叙事的探讨和思考。[2]

本文对智能媒介叙事的思考仍存在局限。首先，研究基于文本分析法，聚焦主流媒体和内容生产平台，缺乏对多元化信源的检验，也缺少对传媒从业者的实地访谈和深入讨论。更多的文本分析结合访谈可以提供更深层次的理解和见解。其次，本文较少涉及智能媒介生成的虚假信息文本，这些内容对于理解智能媒介在新闻生产中的真实性至关重要。再次，研究缺乏系统的定量统计分析，例如对智能媒介生成内容的数量、质量和传播效果进行量化评估。最后，智能媒介对新闻生产的影响是本文讨论的重点，但其对公众的具体影响未进行深入研究。未来的研究可以通过补充实地访谈、更广泛的数据收集和定量分析，以及深入探讨智能媒介叙事对公众态度、信任度和行为的影响，进一步丰富和拓展本文的研究视角。

本文系"智媒时代国际传播机制创新研究"（项目编号：17000-31610001）阶段性研究成果。

作者简介：
杨柳，中山大学新闻传播学院副教授；经铗，中山大学新闻传播学院硕士研究生。

---

[1] CAVE S, DIAHL K, DILLON S, eds. AI narratives: A history of imaginative thinking about intelligent machines[M]. New York: Oxford University Press, 2020.
[2] COECKELBERGH, M. Narrative responsibility and artificial intelligence: How AI challenges human responsibility and sense-making[J]. AI & SOCIETY, 2023（6）: 2437-2450.

国内外新闻机构 AI 发展的比较政策分析

刘颂杰　胡欣妍

摘　要：2023 年是以生成式人工智能为代表的 AI 技术元年，新闻机构进入智能化快速发展新时代。本文将分别从微观、中观和宏观视角出发，以新闻机构及传媒行业的 AI 政策或行动计划、政府围绕 AI 发展而制定的公共政策为研究对象，尝试从政策工具、政策主题特征和媒介体制等方面比较国内外与新闻传媒相关的 AI 政策，分析产生差异的原因，从而为 AI 在新闻传播领域的发展提供参考。研究发现，在新闻机构和传媒行业的层面，AI 政策呈现较强的"同质性"，都强调对 AI 的审慎应用和人工监管，以此维护新闻从业者的主体性和独立性。但在政府公共政策层面，国家之间的 AI 政策差异较大，部分原因是各国的经济、社会发展水平以及媒介体制不同，政府/政党、市场/商业和传媒的关系不同。

关键词：人工智能　媒体融合　比较政策分析

从全球范围看，2023 年是以生成式人工智能为代表的 AI 技术元年，新闻机构也随之进入智能化快速发展新时代。美联社（The Associated Press）发布关于 AI 使用的指导方针，将其用于处理和整合新闻摘要等琐碎任务；《卫报》（The Guardian）称将重点关注 AI 如何协助记者访问大数据集并修正错误，以及如何减少因流程耗时而附加的工作量。AI 撰写新闻、转录音视频、事实核查等应用已全方位渗入以新闻收集、制作和分发为主的新闻业务流程，并影响新闻业的组织结构和商业模式。

在国内，2023 年是习近平总书记作出"加快传统媒体和新兴媒体融合发展"重要指示 10 周年。根据人民网《2023 内容科技发展报告》，AIGC 将成为内容生产的基础设施，催生内容产业领域的新应用、新服务。在此背景下，主流媒体积极拥抱大语言模型、虚拟数字人、虚拟现实、混合现实、元宇宙等技术赋能内容创作、风险控制和平台运营升级，产业边界不断拓展。①

随着 AI 广泛应用于社会、经济、安全等诸多领域，政策制定者意识到有必要发布

---

① 人民网研究院. 2023 内容科技发展报告［EB/OL］.（2023-04-08）［2024-07-13］. http://yjy.people.com.cn/n1/2024/0408/c458741-40211694.html.

关于 AI 的指导方针和政策框架。① 各国政府正在积极引导企业和社会应用 AI，然而学界对 AI 政策的相关研究非常有限，尤其缺乏政府对 AI 采取的措施、对其所带来的机遇和挑战的态度等方面的研究。② 政策分析是战略实施的起点，政策文件和报告往往内含指导未来发展方向和重点的要素。因此，研究有关 AI 发展和部署的政策，可以深入了解 AI 在传媒业的发展战略和总体趋势，分析政策制定和实施过程中利益相关方之间的关系，从而为政策评估和改进提供坚实的基础。③

本文采用比较政策分析（Comparative Policy Analysis）的方法，分别从微观、中观和宏观视角出发，以新闻机构及传媒行业的 AI 政策或行动计划、政府围绕 AI 发展而制定的公共政策为研究对象，尝试从政策工具、政策主题特征和媒介体制等方面比较国内外与新闻传媒相关的 AI 政策，分析产生差异的原因，为未来 AI 在新闻传播领域的发展提供参考。

一、新闻机构的 AI 政策：呈现较强的"同质性"

（一）在技术应用上围绕"新闻采编智能化"，将外部合作与自主研发相结合

西方主流媒体应用 AI 技术的时间较早且持续推进，促使传媒业不断获得新工具和新能力。2013 年，美联社与 Automated Insights 达成协议，借助该公司的自然语言生成平台 Wordsmith，首次使用 AI 制作新闻。《纽约时报》（*The New York Times*）研发团队将 AI 视为重点关注对象，该团队的创新成果"Editor"便是专注于简化新闻创作过程的 AI 试验项目。汤森路透集团（Thomson Reuters）作为一家专业信息提供商，近几年将 AI 作为关键领域，通过与智能应用程序的交互改变了专业人员访问和使用信息的方式，冲到技术研发的最前沿。

当前，世界主流媒体普遍将"采编流程智能化"作为新闻业与 AI 技术相结合的重要切口。路透社自研的两款 AI 工具——Reuters News Tracer 和 Lynx Insights 在快速收集并梳理社交媒体上的可靠信息源和素材等方面应用广泛。Reuters News Tracer 是一款社交媒体监测工具，可用于发现 X（原 Twitter）上的突发事件，并根据新闻性和真实度评分，帮助记者和编辑聚焦真正重要的新闻。Lynx Insights 则可以协助记者搜集和分析数据，撰写模式化报道，根据人和机器各自擅长的领域重新划分新闻编辑工作，例

---

① GILPIN L H, BAU D, YUAN B Z, et al. Explaining explanations: An overview of interpretability of machine learning [C] //2018 IEEE 5th International Conference on Data Science and Advanced Analytics (DSAA). IEEE, 2018: 80-89.

② DWIVEDI Y K, HUGHES L, ISMAGILOVA E, et al. Artificial Intelligence (AI): Multidisciplinary perspectives on emerging challenges, opportunities, and agenda for research, practice and policy [J]. International Journal of Information Management, 2021 (57): Article 101994.

③ WEIBLE C M, SABATIE P A. A guide to the advocacy coalition framework [M]. In: Fischer F, Miller G J, Sidney M S. eds. Handbook of Public Policy Analysis. New York: Routledge, 2007.

如由机器完成数据处理、模式识别以及新闻价值的初步判断。BBC研发的Juicer也具有代表性，它可以抓取报道线索并从中提取精华内容。作为新闻聚合和内容抽取系统，Juicer能够监控全球近850个新闻发布源，通过AI算法分拣、提取和整合数据，为其分配相应的语义标签。美国有线电视新闻网（CNN）注重AI交互，除了每天向用户推送头条新闻，CNN的聊天机器人还在界面下方设置了朗读新闻、了解新闻梗概以及向机器人提问3个选项，致力于增强机器人识别文本和语义的能力，以提升机器人与用户交互的流畅度。

在国内，智能化新技术和新产品不断涌现。《人民日报》、新华社、中央广播电视总台以及多家中央和地方媒体积极迎接智能时代，整合各方资源，创新体制机制，新闻生产力被进一步释放。2019年9月，《人民日报》智慧媒体研究院成立。融合了主流算法的《人民日报》客户端7.0版、短视频客户端"人民日报+"、AI媒体实验室、全媒体智慧云和融媒体创新产品研发与孵化项目也正式亮相。央视网加大与顶级AI技术机构的合作，加快建设"AI编辑部"，包括集智能创作、智能加工、智能运营、智能推荐、智能审核"五智"于一体的AI集成服务平台，构建全媒体传播体系的"智慧中枢"，为用户提供智能化的多场景服务。AI科技公司"新华智云"由新华社和阿里巴巴集团共同投资成立，其研发的突发事件识别机器人系统能够自动识别突发新闻，提高突发事件的报道时效，是记者们应对突发事件时的得力助手。面对众多新闻素材，突发事件识别机器人会自动识别属于突发事件的线索，提醒编辑优先处理。此外，机器人还能自动识别有价值的新闻片段并高亮批注，例如火灾、爆炸、交通事故等。

总体而言，国内外主流媒体在应用AI方面多采用外部合作与自主研发相结合的方式。在AI发展初期，由于存在技术壁垒，主流媒体倾向于与科技公司合作，诸如Facebook、Google、X、Apple和Tik Tok等科技公司成为有影响力的新闻传播参与者。这些科技公司为新闻行业提供重要服务，包括云存储和计算、受众分析、应用程序开发、广告交换和收入共享协议等多个方面。其中自动化转录是AI技术融入新闻制作的最重要方式之一，许多新闻机构使用平台预训练的AI模型来帮助调查大型文档或图像。例如《华盛顿邮报》（The Washington Post）在进行调查报道时，会使用具备高级光学字符识别功能（OCR）的Amazon Textract，来提取电子扫描文件中的文本和数据信息。[①] 同样受到欢迎的还有Google的视觉服务、Amazon的Rekognition Image和

---

① Amazon Textract，Text-to-Speech AI［EB/OL］.（2024-02-06）［2024-07-13］. https://aws.amazon.com/textract/customers/.

Microsoft 的 Azure AI Vision。① 而当掌握一定技术后，主流媒体则开始自主研发 AI 新闻产品，以提高智能化新闻生产全流程的效率和质量。但在自研比例上，国外主流媒体比国内主流媒体更高。目前国内主流媒体主要采取采购成品、定购定制产品和联合开发的方式，主要的合作对象包括新华智云、腾讯科技、阿里、百度、华为、科大讯飞等，自研比例较低。② 除主流媒体外，国内外规模较小的地方媒体更多选择采购智能技术或者入驻大型平台。随着技术迭代，自动化新闻的制作速度和效率不断提高，这给规模较小的新闻编辑室带来挑战，因为它们通常无法访问大型数据集和超级 AI 系统。③

（二）AI 政策关键词：监管、透明、责任

政策方面，2022 年之前，全球仅有少数几家新闻编辑室制定了关于记者和编辑如何使用 AI 数字工具的指导方针和政策。2023 年以来，大多数有影响力的国际主流媒体新闻编辑室都陆续发布与 AI 相关的正式文件。有的新闻机构成立特别工作组或跨职能团队来制定 AI 政策；有的新闻机构更新了新闻规范和伦理手册，加入了与 AI 新闻相关的内容。这些变化昭示着 AI 已深度嵌入新闻传播行业，新闻机构纷纷抱拥智能化转型的浪潮。

以《纽约时报》为例，2023 年 12 月，该报新设立了一个开创性的岗位——人工智能项目编辑总监（Editorial Director of Artificial Intelligence Initiatives），担任该职务的是科技媒体 Quartz 的创始总编辑 Zach Seward。2024 年年初，该报又建立了一个小型的人工智能新闻项目团队（Newsroom Team）。除 Seward 之外，还有一位副总监，他是该报评论部门出身，之前专注于内容产品开发，以及两位机器学习（ML）工程师和一位资深的设计编辑。团队的初始任务聚焦机器辅助的报道技术和用户体验，并着手开发 AI 工具。

已有一些研究对全球各新闻机构的 AI 政策进行了比较分析。有研究者指出，从文本结构来看，这些政策有着相似的组成部分：引言、政策声明、政策范围、技术适用性和技术运用的责任制等。④ 虽然具体结构因组织而异，但相关政策通常包含一些核心

---

① SIMON F M. Artificial Intelligence in the News: How AI Retools, Rationalizes, and Reshapes Journalism and the Public Arena [EB/OL]. (2024-02-06) [2024-07-13]. Columbia Journalism Review https://www.cjr.org/tow_center_reports/artificial-intelligence-in-the-news.php.
② 中国传媒大学媒体研究院，新浪 AI 媒体研究院. 2021 中国智能媒体发展报告 [EB/OL]. (2022-04-08) [2024-07-13]. https://www.cuc.edu.cn/2022/0408/c1382a192258/pagem.htm.
③ HELBERGER N, ESKENS S J, VAN DRUNEN M Z. et al. Implications of AI-driven tools in the media for freedom of expression [C] //Artificial Intelligence–Intelligent Politics: Challenges and Opportunities for Media and Democracy. Council of Europe, 2020.
④ PATTERSON J. Media organizations grapple with developing AI policies [EB/OL]. (2023-06-28) [2024-07-13]. https://digitalcontentnext.org/blog/2023/06/28/media-organizations-grapple-with-developing-ai-policies/.

原则，常见的关键词包括：人工监管（human oversight）、透明度（transparency）、问责与责任（accountability and responsibility）、隐私与保密（privacy and confidentiality）、安全性（safety）等。除了核心原则，比较常见的政策内容还包括具体的AI使用原则，即可以和不可以使用AI的场景（banned and allowed use）①。

1. 强调对AI的人工监管

鉴于新闻机构在新闻生产和信息传播中的主体地位，当AI应用带来风险时，新闻机构会直接制定政策去约束相关行为，强调对AI的人工监管。例如，AI被用于媒体和通信部门中的"情感侦测"（Emotion Detection）就存在一定的风险。在检测用户的情绪变化时，AI可能会出现操纵用户行为的情况，在不同的场景中应用带有偏见的模型和数据系统，推测群体的态度和信念，鼓励表达或隐藏部分情绪，这或将导致对弱势群体的偏见。②算法内容分发可以限制对信息的访问，并产生"过滤气泡"，例如在线平台推荐系统倾向于放大活跃用户的内容，而其他用户内容的可见性则逐渐降低，进而导致"回音室"效应。③有学者通过研究21个新闻编辑室公开可用的AI指南，发现这些指导方针大多强调需要加强对AI的人工监管。④

2024年3月，《纽约时报》发布了编辑部的AI使用原则，其核心内容包括三点，其中之一就是"要在人工指导和审查下使用人工智能"⑤。这一政策指出，《纽约时报》记者的专业知识和判断力是机器无法比拟的竞争优势，这在人工智能时代将变得更加重要。"生成式人工智能有时可以帮助我们完成部分流程，但新闻工作应该始终由记者管理和负责。无论生产方式如何，我们应始终对报道的内容负责。在新闻编辑室中，任何对生成式人工智能的使用都必须从记者核查过的事实信息开始，并且与时报制作的其他内容一样，必须经过编辑审查。"⑥

---

① COOLS H, DIAKOPOULO N. Towards Guidelines for Guidelines on the use of Generative AI in Newsrooms［EB/OL］.（2023-10-07）［2024-07-13］https://generative-ai-newsroom.com/towards-guidelines-for-guidelines-on-the-use-of-generative-ai-in-newsrooms-55b0c2c1d960.

② MELE C, SPENA T R, KAARTEMO V, et al. Smart nudging: How cognitive technologies enable choice architectures for value co-creation［J］. Journal of Business Research, 2021（129）: 949-960.

③ PAPAKYRIAKOPOULOS O, SERRANO J C M, Hegelich S. Political communication on social media: A tale of hyperactive users and bias in recommender systems［J］. Online Social Networks and Media, 2020（15）: 58-100.

④ SIMON F M, BECKER K B, CRUM C. Policies in parallel? A comparative study of journalistic AI policies in 52 global news organisations［EB/OL］.（2023-10-06）［2024-07-13］. https://ora.ox.ac.uk/objects/uuid: b527b298-a12b-4f0d-bf77-543e3375cdf7.

⑤ THE NEW YORK TIMES COMPANY. Principles for Using Generative AI in The Times's Newsroom［EB/OL］.（2023-05-09）［2024-07-13］. https://www.nytco.com/press/principles-for-using-generative-a%E2%80%A4i%E2%80%A4-in-the-timess-newsroom/.

⑥ THE NEW YORK TIMES COMPANY. Principles for Using Generative AI in The Times's Newsroom［EB/OL］.（2023-05-09）［2024-07-13］. https://www.nytco.com/press/principles-for-using-generative-a%E2%80%A4i%E2%80%A4-in-the-timess-newsroom/.

2. 强调 AI 的使用必须是透明和合乎伦理的

《纽约时报》指出，当涉及机器时，新闻业的首要原则也应该同样适用；读者必须相信，呈现给他们的任何信息都是准确的，符合《纽约时报》的高标准，并遵循新闻伦理手册。(《标准与伦理》(Standards and Ethics)、《新闻伦理指南》(Ethical Journalism Guidebook))

新闻机构都非常清楚技术使用的"透明"对于自身公信力的重要意义。以 AI 新闻的版权问题为例，媒体担忧 AI 文本生成图像存在侵权，特别是 AI 图像生成器，例如 Stable Diffusion、Dall-E 和 Midjourney 从网络上抓取图像的做法存在侵权风险。媒体对此采取了不同的措施，Getty Images 2022 年开始直接禁止 AI 生成的内容，而加拿大全国性报刊《环球邮报》(The Globe and Mail)则表示 AI 图像和视频工具不会被用于该媒体新闻摄影，如果图像是由 Midjourney 或 DALL-E 制作的，"应被标记为'AI 生成的图像'或'AI 生成的插图'。"①

3. AI 是实现传媒机构"新闻使命"的工具

有研究发现，新闻机构的 AI 政策文件中有 70% 以上会提到"新闻价值观"(Journalistic Values)五个方面（公共服务、客观性、自主性、及时性和伦理）的一个或者多个。②这说明多数新闻机构在制定 AI 政策时会非常强调新闻业的主体性。

比如，《纽约时报》明确提出，"我们认为这项技术不是什么神奇的解决方案，而是一种强大的工具，就像之前许多技术进步一样，它可以为我们的使命服务。"生成式人工智能可以帮助记者揭开真相，帮助更多的人了解这个世界。机器学习已经帮助该报报道了用其他方式无法报道的故事，而生成式人工智能则可能进一步增强其新闻能力。同样，《纽约时报》还将通过数字配音报道、多语种翻译以及开发新的生成式人工智能等，让新闻报道触达更广泛的受众。

4. 鼓励谨慎尝试，但明确"可为""不可为"之界限

美联社的 AI 政策是在 2023 年 8 月制定的，相比更晚提出有关政策的诸如《纽约时报》等媒体机构，美联社的政策更聚焦操作性原则，即可以做什么、不可以做什么。比如，美联社与 OpenAI 签订了许可协议，鼓励员工谨慎地尝试 ChatGPT，但不会直接使用它来创作可发布的内容。在美联社看来，生成式 AI 工具的任何产出都是未公开的信源材料，编辑记者必须依据美联社的信源标准来判断是否可以使用它们。

---

① PATTERSON J. Media organizations grapple with developing AI policies [EB/OL]. (2023-06-28) [2024-07-13]. https://digitalcontentnext.org/blog/2023/06/28/media-organizations-grapple-with-developing-ai-policies/.
② SIMON F M, BECKER K B, CRUM C. Policies in parallel? A comparative study of journalistic AI policies in 52 global news organisations [EB/OL]. (2023-10-06) [2024-07-13]. https://ora.ox.ac.uk/objects/uuid: b527b298-a12b-4f0d-bf77-543e3375cdf7.

此外，美联社还要求：不更改照片、视频或音频的任何元素，不允许使用生成式AI添加或减去任何元素；不传输任何被怀疑或被证明是对现实虚假描述的AI生成图像——但如果AI生成的插图或艺术作品呈现了新闻报道的主题，只要在图片说明中明确标注，就可以使用；不能将机密或敏感信息放入AI工具；保持谨慎和尽责的态度，以确保美联社从其他信源获得的素材也不含AI生成的内容。简而言之，"如果记者对材料的真实性有任何怀疑，就应该禁止使用它们。"①

总体而言，在新闻机构应用AI和制定相关政策时体现了较强的"同质性"。除了经济发展程度不同导致的AI技术水平差异，微观层面的差异更多体现在新闻机构的规模大小。主流媒体往往拥有更丰富的资源和自主权，能够与科技公司开展合作或自主研发，而地方或者另类媒体则需要依附科技公司提供的技术渠道，在智能化新闻生产中受限较多。此外，由于新闻机构经济属性的差异（市场化的私营机构、国家/政党控制的公有公营机构），其AI政策在不同任务上的优先顺序也不同。

二、传媒行业：协同行动，维护新闻业的独立性

相较于微观层面的新闻机构直接发布政策规定，行业层面的组织如各种新闻业协会等，大多秉持一种审慎的态度，尝试通过一些指导原则来确立AI新闻的发展边界。

AI有助于加强新闻机构作为信息环境"看门人"的地位，促进"为人们提供相对准确、可访问、多样化、相关和及时的信息"目标的实现，新闻机构也必须使用AI来优化业务运营、提高产出质量和改变服务公众的方式。然而，对AI的高度依赖也可能使得AI及其背后的平台公司加强对传媒行业的控制，进而削弱传媒行业自身的立足之基。

平台公司塑造供用户观看的网络景观，尤其是通过AI对其社交平台和搜索引擎进行排名、策划、创建和过滤信息，这可能导致新闻工作者的功能被大幅削弱，他们仅仅扮演社交媒体上的信息提供者。少数几家科技巨头公司对AI的集中控制令人担忧，无论是老牌互联网平台公司还是生成式AI的初创企业，在关切媒体和公众的担忧方面都有所欠缺。然而，这些不断提高信息处理效率以获得更多商业机会、赚取更大利益的公司所做的决定，例如谁可以访问AI技术、授予何种访问权限的条件等又至关重要。鉴于科技平台公司对AI的控制权，媒体行业对AI的结构性依赖或将削弱其自主权，破坏其商业模式，降低长期生存能力，这将导致许多新闻机构重组，以更趋近平

---

① BARRETT A. Standards around generative AI［EB/OL］.（2023-08-16）［2024-07-13］. https://blog.ap.org/standards-around-generative-ai.

台公司和技术部门的生产和经营逻辑。①

（一）确定行业的 AI 应用伦理和规范

基于上述共识，一些新闻传媒行业的国际组织也试图确立一些新闻业应对 AI 的行动框架和纲领。其中，由 16 个国际新闻组织共同制定的《巴黎宪章》（The Paris Charter on AI and Journalism）就是新闻行业在这一领域的首个重要尝试。和单个新闻机构的 AI 政策类似，宪章界定了全球记者、新闻编辑室和媒体机构在工作中使用 AI 的一些关键伦理和原则，这体现出对伦理和规范的重视。

宪章提出的 10 条原则包括：应由新闻伦理原则来指导媒体和记者使用技术的方式；媒体应把人的能动性置于优先位置；新闻业使用的 AI 系统应经过事先的独立评估；媒体机构始终要对发表的内容负责；媒体在使用 AI 系统时应保持透明度；媒体机构应确保内容来源和可追溯性；新闻业在真实内容和合成内容之间应划分明确的界线；AI 驱动的内容个性化和推荐应保持信息的多样性和完整性；记者、媒体和新闻的支持团体应参与 AI 治理；新闻业在与 AI 组织的接触中应坚持其伦理和经济原则。②

（二）通过行业培训为新闻机构提供支持

AI 技术的发展对媒体行业的岗位设置和人才培养产生了巨大的影响。一方面，AI 应用催生新职位、引进新力量。为加强在 AI 领域的发展，专门负责该领域职责的职位应运而生。美联社任命了第一位新闻自动化编辑，其职责是开发软件来适应自动化新闻编辑部的工作流程，这彰显了该通讯社对 AI 驱动的重视。AI 时代，新闻编辑部的人力资源构成也在发生重大变化，一些新职位崭露头角并逐步占据重要地位。《纽约时报》计划投入大量资源，让更多有编程技能的记者进入新闻编辑部。这种趋势对那些不懂技术的传统记者而言或将成为威胁。然而，单靠 AI 无法完成有思想、有高度的调查性报道和解释性报道，采编人员在新闻内容生产方面依然起主导作用，传统记者应加快适应 AI 技术，尽快实现智能化采编的转型。

另一方面，员工招聘和培训面临新的重大挑战。2019 年 7 月，美国新闻记者协会（The Society of Professional Journalists）在领英刊登一则招聘启事，寻找有经验的数字记者或培训师，对 3,800 多名记者使用 Facebook 平台的最新产品和工具进行培训。这个案例说明，记者学习使用高科技公司的产品和工具十分重要。媒体行业需要对员工进行培训，引导他们向科技驱动型人才转变，以适应正在被技术颠覆的工作。

---

① SIMON F M. Artificial Intelligence in the News：How AI Retools, Rationalizes, and Reshapes Journalism and the Public Arena ［EB/OL］.（2024-02-06）［2024-07-13］. https://www.cjr.org/tow_center_reports/artificial-intelligence-in-the-news.php.
② EUROPEAN FEDERATION OF JOURNALISTS. EFJ and 16 partners support Paris Charter on AI and journalism ［EB/OL］.（2023-11-14）［2024-07-13］. https://europeanjournalists.org/blog/2023/11/14/efj-and-16-partners-support-paris-charter-on-ai-and-journalism/.

为此，不少新闻行业组织积极协助传媒机构应对AI冲击。全球最大的数字新闻组织——"在线新闻协会"（Online News Association，简称ONA）在2024年年初启动了"新闻业AI行动计划"（AI in Journalism Initiative），项目获得了Microsoft的资助，这将帮助新闻编辑室和新闻从业者应对瞬息万变的AI挑战，掌握最新的AI知识和技能。国际新闻媒体协会（International News Media Association，简称INMA）也在2024年推出"生成式人工智能行动计划"（Generative AI Initiative），项目为期一年，其目的是帮助包括新闻编辑部、广告和营销部门在内的机构完成AI从理论到实践的关键转型。

国内传媒行业也在积极谋求全球传媒行业的协作。2024年4月，由中央广播电视总台主办的第三届全球媒体创新论坛发布了《AI治理媒体行动倡议》，该倡议是由中央广播电视总台与亚洲—太平洋广播联盟、阿拉伯国家广播联盟、非洲广播联盟、欧洲新闻交换联盟、拉美新闻联盟等国际媒体组织联合发起的倡议，强调关注发展，信守以人为本，引导智能向善；拥抱变革，促进技术赋能，提升媒体效能；防范风险，坚持伦理先行，维护媒体公信；规范应用，完善行业监管，统筹安全发展；深化合作，弥合发展鸿沟，共担安危责任。①

随着AI在人类社会各领域、各行业应用场景的不断完善与深化拓展，媒介环境将被重塑，这将推动人类信息传播过程中数据流动形式、信息获取状态、人机合作模式的三重革新。②国内外新闻行业在AI的冲击下，一方面积极适应规模性变化，加快媒介融合速度，另一方面则尝试培育走向协同、成为"多面手"的新时代新闻工作者，并借助行业交流合作来凝聚共识。

三、公共政策比较分析：政府承担了多重角色

（一）各国AI政策有较大差异和分歧

近年来，各国政府纷纷将AI发展视为国家战略的重要组成部分，竞相出台了一系列规划、战略和政策措施，以期在这场科技竞赛中占据领先地位。据统计，自2016年起，美国、德国、日本等主要发达国家已发布多项AI专项政策，全球范围内已有超过10个国家制定了20余项相关政策，③数量逐年增多，涵盖领域广泛，从基础研究到产业应用，从技术创新到人才培养，全面布局AI发展的各个方面。

我国政府也敏锐地把握住这一时代趋势，出台了一系列政策文件，为AI产业的快速发展提供了坚实的政策保障。从《"互联网+"人工智能三年行动实施方案》到《新

---

① 央视新闻. 智能向善　责任共担！第三届全球媒体创新论坛在京举行［EB/OL］.（2024-04-30）［2024-07-13］. https://news.cnr.cn/native/gd/20240430/t20240430_526688488.shtml.
② 匡野, 向如平. 媒介环境学视域下生成式AI的社会影响与规制路径［J］. 中国编辑, 2023（10）：37-44.
③ ULLMAN R H. Redefining security［J］. International security, 1983（1）：129-153.

一代人工智能发展规划》，再到《2018年政府工作报告》，均强调AI在医疗、教育、养老等领域的广泛应用，我国AI政策体系日益完善，发展目标明确，任务具体，措施有力。①此外，我国地方政府积极响应中央号召，结合各自区域特点和发展实际，制定了一系列具有地方特色的AI发展政策，上下联动、协同推进的良好局面形成了。这些政策的出台，不仅彰显了我国政府对AI发展的高度重视和坚定决心，也为我国在全球AI竞争中抢占先机、赢得主动权提供了有力支撑。

1. 现有政策较少直接涉及新闻与传播领域

虽然全球AI政策文件接连涌现，但目前出台的政策文件较少直接涉及新闻与传播领域。以欧盟的《人工智能白皮书》为例，尽管AI在传媒业已出现诸如深度伪造技术下虚假信息泛滥等争议性事件和失范现象，但这些文件既没有说明AI潜在的"高风险"问题，也没有提到媒体、创意或文化产业的任何使用示例。传媒业界和学界专家在很大程度上缺席了欧洲AI政策的倡议和决定，更多是由计算、电信和数字平台跨国公司、贸易机构和研究人员主导相关的政策措施，专家委员会在所涉利益相关方的多样性上相当"薄弱"。②这些政策将AI作为一种工具或技术，忽视了在数字通信基础设施中使用AI所产生的权力失衡问题。例如使用AI自动化数据捕获和处理技术会加剧该行业运营商的垄断，进一步威胁文化多样性和通信权力。目前，欧盟出台的《通用数据保护条例》（General Data Protection Regulation）等政策未能解决这些问题。AI技术发展的速度之快和规模之大，以及数据和广告基础设施的复杂性和不透明性，正在削弱媒体公司提供信息和用户接收信息的能力。现有的宪章和立法无法充分用于处理复杂的"社会—技术"（Social-technical）或大数据化系统，既有系统是由掌握技术、经济和政治权力的少数国家和大型商业跨国公司建立的，这对于保护基本权利、自由和公共价值并没有很好的助益。③

2023年11月，欧洲理事会媒体与资讯社会政府间指导委员会（The Steering Committee on Media and Information Society）发布了 Guidelines on the responsible implementation of artificial intelligence systems in journalism（《关于新闻业负责任地应用人工智能系统指南》），这是全球范围内政府针对AI在新闻业中的应用出台较早的政策。该指南为媒体组织及各国政府、技术提供者与互联网平台等提供指引，阐述如何负责任地运用人工智能系统协助新闻生产。

---

① 李明，曹海军. 中国央地政府人工智能政策比较研究——一个三维分析框架［J］. 情报杂志，2020（6）：96-103，53.

② RAYMOND M，DENARDIS L. Multistakeholderism：Anatomy of an inchoate global institution［J］. International Theory，2015（3）：572-616.

③ PIERSON J，KERR A，ROBINSON S C. et al. Governing artificial intelligence in the media and communications sector［J］. Internet policy review，2023（1）：28-28.

2. AI 监管策略差异性较大

各国政府对 AI 的监管策略各有不同，从严格的政府直接干预到灵活的行业自律机制，不一而足。如中俄等国政府或直接或间接地控制 AI 发展，而有些国家则试图通过让各种利益相关者参与来促进创新，还有政府积极寻求 AI 监管技术，保护公民免受 AI 应用带来的风险。

在监管路径的选择上，各国根据自身国情与战略目标采取了不同的策略。宽松监管模式强调技术创新与市场活力，但可能忽视潜在风险；全面加强监管虽注重风险控制与规范发展，却可能抑制创新动力。例如，欧盟虽有其优势，但也可能因过度干预而阻碍技术发展；而美英的宽松模式虽鼓励创新，却须警惕失控风险。如何在保障公共利益、维护社会稳定与促进科技创新之间找到平衡点，成为各国面临的共同难题。鉴于这些系统的复杂性和该领域的创新速度，专家们呼吁提供个性化的规定，而非一刀切的应对措施。利益相关方应广泛参与建立 AI 立法，尤其是考虑容易遭受 AI 影响的边缘和弱势群体的利益。①

各国在人工智能基础概念、价值理念及路径策略选择上的诸多分歧，成为构建全球协同监管体系的重大障碍。AI 技术的快速发展超越了传统法律与政策的框架，导致各国在基础概念的界定上难以达成共识。从"人工智能"的广义与狭义之争，到"负责任""可信赖"等概念的模糊边界，这些分歧不仅影响了监管的覆盖范围与深度，还直接关系到行业标准的制定与法律法规的出台。②在人工智能监管的价值取向上，西方发达国家试图将"共同的民主价值观"作为合作基础，这不仅体现了强烈的意识形态色彩，也存在将发展中国家边缘化的风险。③有中国学者指出，发达国家间的监管协调机制往往忽视发展中国家的关切与利益，这会加剧全球科技治理的不平等性。④此外，部分国家将国际法规和标准的制定作为工具，进行大国博弈，这进一步加深了全球人工智能监管体系的碎片化与冲突。

3. 区域性不平衡特点明显

从上述英美、欧洲国家和中国等在 AI 政策的创新实践不难发现，这些地区的 AI 媒体政策不仅反映了该国 AI 技术的发展水平，也为全球媒体行业的智能化转型树立了

---

① JOURNALIST'S RESOURCE. Generative AI policies in newsrooms［EB/OL］.（2023-12-12）［2024-07-13］. https://journalistsresource.org/home/generative-ai-policies-newsrooms/.
② 陈凤仙，连雨璐，王娜. 欧美人工智能监管模式及政策启示［J］. 中国行政管理，2024（1）：77-88.
③ THE WHITE HOUSE. Statement by NSC Spokesperson Emily Horne Announcing the Inaugural U.S.-EU Trade and Technology Council Meeting［EB/OL］.（2021-09-09）［2024-07-13］. https://www.whitehouse.gov/briefing-room/statements-releases/2021/09/09/statement-by-nsc-spokesperson-emily-horne-announcing-the-inaugural-u-s-eu-trade-and-technology-council-meeting/.
④ 郁建兴，刘宇轩，吴超. 人工智能大模型的变革与治理［J］. 中国行政管理，2023（04）：6-13.

标杆。然而，当我们将视野拓展至更广阔的地域，尤其是中东、白俄罗斯、俄罗斯以及拉美等地区时，一个更为复杂的区域性不平衡图景逐渐浮现。虽然拉美和中东欧的媒体正在使用新的智能化工具，AI 使用不局限于大型企业和媒体，但总体看来，只有少数新闻机构在内部使用机器学习，尤其是阿根廷、秘鲁和墨西哥等国，大多数新闻机构或通过供应商或通过第三方渠道来使用 AI 技术，几乎没有一家新闻机构将其作为长期规划的一部分。中东欧地区的国家基本没有独立新闻，白俄罗斯和俄罗斯等国虽然存在独立新闻但受到严重压制。在这两个国家的媒体中，白俄罗斯的 Tut.by 和专注于俄罗斯市场的 Meduza 都面临来自当局政府的生存威胁。Tut.by 成立于 2000 年，目标是创建"白俄罗斯版雅虎"，它是该国最大的数字播放器，拥有超过 65% 的互联网用户。然而，在 2021 年 5 月，政府封锁了该网站。同月，俄罗斯最大的 AI/ML 领域的领跑者 Meduza 被贴上了外国代理人的标签，其业务和运营模式遭受严重打击。[①]

由上可知，这些地区虽同样在传媒业中积极探索 AI 技术的应用，但受限于较低的经济和科技发展水平以及新闻自由匮乏，它们在创造有利于 AI 媒体发展的环境时面临重重危机。这些危机不仅考验这些国家和地区自身的创新能力与决策智慧，也无形中加大了全球范围就 AI 立法和监管达成共识的难度，对构建全球统一的 AI 媒体治理框架提出了新的挑战。

（二）比较政策分析

正如社会学家马太·杜甘（Mattei Dogan）所言，"只有将你所在的国家同其他国家相比较，才有可能体悟到本国的独特性、结构以及运作方式。"[②] 比较的方法已成为公共政策研究的重要方法，在既有的对公共政策的比较研究中，学者采用了多元的比较框架。例如，张志安等对全球的平台监管政策、平台反垄断政策等进行了比较分析。[③] 张勇进与王璟璇从战略规划、技术能力提升、应用与管理三个层面分别对美国、澳大利亚、英国、法国等主要发达国家的大数据政策进行比较研究，分析各国在大数据领域的战略规划方向、技术提升的政策措施以及应用与管理的具体实践，总结其共性特征并指出各国政策的独特之处。[④] 蔺洁等人则从政策主体、政策工具和政策目标等视角对中美地方政府的创新政策展开比较研究，构建了一个包含政策主体、政策工具和政策目标三个维度的创新政策比较分析框架，并利用该框架对江苏省和美国加州政府出

---

① COOK C. The next wave of disruption: Emerging market media use of artificial intelligence and machine learning[M]. Centro Latinoamericano de Investigacion Periodistica（CLIP），2021.
② 杜甘.国家的比较：为什么比较，如何比较，拿什么比较[M].文强，译.北京：社会科学文献出版社，2010.
③ 张志安，冉桢.国家介入、平台依赖与新闻业可持续发展——欧盟与澳大利亚平台监管政策的比较及其启示[J].新闻与写作，2021（12）：64-70.
④ 张勇进，王璟璇.主要发达国家大数据政策比较研究[J].中国行政管理，2014（12）：113-117.

台的创新政策进行了深入分析。①

在对 AI 政策的比较分析中，李明和曹海军提出了政策外部结构、政策工具和政策主题特征的三维框架。②其中，政策外部结构是指对 AI 政策的政策形式、政策主体与政策层级的探讨；在政策工具维度上，他们将我国 AI 政策细分为供给型、环境型和需求型三种政策工具，分别对应促进、支持和转化 AI 技术的具体措施；政策主题特征方面，通过对政策文本的分词、主题词和语义网络分析，揭示我国 AI 政策的热点与趋势，明确政策的主要着力点和潜在改进空间。同时，也有不少学者指出，政府在人工智能的政策制定中可能扮演多个角色，包括监管者（Regulator）、关键推动者（Key Enabler）、领导者（Leader）等。本文的比较政策分析参照了上述两种思路，但本文研究的政策不涉及层级之分，且政策形式、层级等差异亦非研究目的，因此不将政策外部结构纳入当前分析框架，而是加入媒介体制维度，以政策工具、政策主题特征和媒介体制为框架，对国内外 AI 政策进行比较分析，旨在梳理其发展现状，预测未来趋势，为政策制定提供有价值的参考。

1. 政策工具

AI 政策工具可以分为供给型、环境型和需求型三种，这些政策工具在推动 AI 技术与传媒业融合发展的过程中起到重要作用，这不仅体现了政府在宏观层面的战略部署，也深刻影响了新闻机构与科技公司的合作方式及创新成果的实际应用。

供给型政策工具强调政策对 AI 发展的直接促进作用，涵盖基础设施、资金投入、人才培养及公共服务等多个方面。一方面，政府作为领导者（leader），积极参与基于 AI 的应用程序的研发，在某些领域，如网络防御、城市化、灾害管理中发挥领导作用，并通过与研究人员、实验室、初创公司甚至大公司合作，扩展到政府"经典管辖权"之外的领域。③在美国，"AI 未来"计划（Future of AI）得到了 12 亿美元的联邦资金用以支持相关的研究和培训项目。④

另一方面，制定供给型政策工具的政府也是关键推动者（Key Enabler）⑤，可以最大程度地减少潜在的障碍和限制，促进 AI 的使用和传播。习近平总书记曾指出："要探索

---

① 蔺洁，陈凯华，秦海波，等.中美地方政府创新政策比较研究——以中国江苏省和美国加州为例［J］.科学学研究，2015（07）：999-1007.

② 李明，曹海军.中国央地政府人工智能政策比较研究——一个三维分析框架［J］.情报杂志，2020（6）：96-103，53.

③ CHEN Y N K, WEN C H R. Impacts of attitudes toward government and corporations on public trust in artificial intelligence［J］. Communication Studies，2021（1）：115-131.

④ HOLDREN J P, BRUCE A, FELTEN E, et al. Preparing for the future of artificial intelligence［EB/OL］.（2016-10-12）［2024-07-13］. https://obamawhitehouse.archives.gov/sites/default/files/whitehouse_files/microsites/ostp/NSTC/preparing_for_the_future_of_ai.pdf.

⑤ LIU F, SIMON D F, SUN Y, et al. China's innovation policies: Evolution, institutional structure, and trajectory［J］. Research Policy，2011（7）：917-931.

将 AI 运用在新闻采集、生产、分发、接收、反馈中，全面提高舆论引导能力。"①2019年8月13日，中宣部、广电总局等六部委印发了《关于促进文化和科技深度融合的指导意见》的通知，对新闻单位媒体深度融合方向作出了指导。2020年以来，习近平总书记曾多次提出加快5G网络、数据中心等新型基础设施建设进度，从顶层设计层面为新型基础设施建设按下"快进键"，这势必将为媒体智能化升级转型提供更加完备的"新基建"底座。2020年，科技部、工业和信息化部、网信办、广电总局、文化和旅游部等各大部委均出台了 AI 相关发展政策，这极大助推了 AI 和传媒业、文旅、教育培训等垂直行业的融合，同时也为今年智媒强力"出圈"赋能其他行业提供了政策基础。②

环境型政策工具通常指的是政府制定的各种监管法案，此时政府起到监管者（regulator）的作用，以减少可能的风险和危害。③ 以欧盟为代表，这一政策工具强调通过制定各种监管法案来减少 AI 技术在传媒业应用中的风险和危害。在有关传媒业的 AI 政策中，欧洲委员会发布关于 AI 系统开发、设计和应用的框架公约，其中第 10 条涉及通信技术的使用，这些 AI 系统可以有效地部署在整个新闻价值链中，从研究和数据分析到新闻的制作和传播以及与受众的互动，有助于记者更好地为社会服务。④ 第 10 条赋予新闻媒体和记者权利、义务和责任，包括以符合人权和公共价值观的方式使用 AI 系统的义务，促进社会在知情方面的利益，以及媒体作为公共话语论坛和重要公共监督机构的职能。其他重要权利还包括隐私权（《公约》第 8 条）、人的尊严和思想自由权（《条约》第 9 条）和禁止歧视（《议定书》第 14 条）等，不能将公民以及记者和媒体组织行使人权的能力与其他行为者，如科技公司和信息中介机构，对媒体生态系统以及信息的创造、传播和使用的影响分开看待。欧洲部长委员会还向成员国提出关于在数字时代为高质量发展创设有利环境的建议，明确鼓励媒体组织抓住包括 AI 系统在内的数字技术的机遇。很多国家致力于在现有著作权法体系框架内，通过完善法律解释，将 AI 生成物纳入著作权客体保护范围，明确其归属，并通过已有的著作权法来应对 AI 技术在编创过程中可能出现的新问题。

需求型政策工具旨在切实转化 AI 技术的社会与经济价值，其策略涵盖多个方面，

---

① 习近平. 加快推动媒体融合发展构建全媒体传播格局［EB/OL］.（2019-03-15）［2024-07-13］. http://www.qstheory.cn/dukan/qs/2019-03/15/c_1124239254.htm.
② 中国传媒大学媒体研究院，新浪 AI 媒体研究院. 2021中国智能媒体发展报告［EB/OL］.（2022-04-08）［2024-07-13］. https://www.cuc.edu.cn/2022/0408/c1382a192258/pagem.html.
③ FATIMA S, DESOUZA K C, DAWSON G S. National strategic artificial intelligence plans: A multi-dimensional analysis［J］. Economic Analysis and Policy, 2020（67）：178-194.
④ PIERSON J, KERR A, ROBINSON S C, et al. Governing artificial intelligence in the media and communications sector［J］. Internet policy review, 2023（1）：28-28.

包括推广技术应用、促进企业合作、政府采购、行业监管等。① 纵观全球AI政策文件，国家政府层面并未就新闻机构与科技公司合作、将创新成果转化为实际应用等作出明确指示。但在微观层面上，新闻机构已经出现这一趋势，主要表现为他们更加积极主动地与科技公司合作或自主研发技术，以应对行业变革和市场需求，实现智能化转型和升级等，这体现出新闻机构在政策框架下具备一定的自主性。

2. 政策主题特征

政策主题特征指的是通过对政策文本进行深入分析所揭示的一系列关键性、核心性的内容特征。这一过程通常涉及分词处理、主题词提取以及语义网络分析等技术手段。通过这些方法，我们能够直观地了解政策文本所围绕的中心议题，进而把握政策的主要内容和政策制定的关注点。政策主题特征不仅揭示了当前政策制定的热点与趋势，还反映了政策制定者对于特定问题或领域的重视程度和政策导向。同时，通过对政策主题特征的分析，我们还能识别政策制定中可能存在的薄弱环节，为政策的进一步完善和优化提供方向。

Guenduez和Mettler曾对各国政府在制定AI政策中的叙事进行分析，并归纳出六种叙事类型：叙事一"构建AI市场"（Building an AI Marketplace）、叙事二"反对'赢者通吃'"（Counteracting the Winner-takes-all Practice）、叙事三"参与AI研发的战略合作"（Engaging in Strategic Collaboration for AI R&D）、叙事四"创造合乎道德和值得信赖的AI"（Creating Ethical and Trustworthy AI）、叙事五"培养AI专业人士"（Educating AI Professionals）和叙事六"推进AI在实践中的部署"（Advancing the Deployment of AI in Practice）。②

在这六种叙事类型中，叙事三"参与AI研发的战略合作"最为常见。合作是为了追求共同的利益和应对共同的挑战，它可以是超国家层面的合作和联盟，如欧盟或经合组织，也可以是现有的双边伙伴关系。这一叙事试图将这些现有合作扩展、补充和深化到AI领域，这表明了世界各国或地区对AI战略的重视，希望通过战略方法和协同努力来发挥AI的潜力并解决共同的问题。

然而，共性之外的差异性值得关注。以叙事四"创造合乎道德和值得信赖的AI"为例，该叙事认为，AI挑战了基本人权、适用法规和核心国家原则，如身心完整、个人层面和文化意义上的认同以及满足公众的基本需求。叙事四在奥地利、法国、德国、意大利、立陶宛、马耳他、荷兰、挪威、西班牙、瑞典和乌拉圭等欧洲国家的流行程

---

① 李明，曹海军. 中国央地政府人工智能政策比较研究——一个三维分析框架[J]. 情报杂志，2020（6）：96-103，53.
② GUENDUEZ A A, METTLER T. Strategically constructed narratives on artificial intelligence: What stories are told in governmental artificial intelligence policies?[J]. Government Information Quarterly，2023（1）：118-131.

度很高，可能的原因是1981年1月28日欧洲委员会制定了关于个人数据保护的公约。迄今为止，共有47个国家批准通过了 Automatic Processing of Personal Data 公约。而在加拿大、中国、爱沙尼亚、沙特阿拉伯、新加坡、韩国、中国台湾、阿拉伯联合酋长国、英国和美国的AI政策中，有道德和值得信赖的AI叙事少有被提及。

叙事一"构建AI市场"突出了国内AI市场对国家在全球AI竞赛中的重要性，国家寻求通过投资创造富有成效的条件，吸引AI领域的创新公司和初创公司，从而在全球AI环境中获得竞争优势，这类叙事在英国、澳大利亚、芬兰和新加坡等国非常明显。叙事一侧重本国市场和所在地的吸引力，这表明这些国家努力成为专门从事AI研发公司的"商业中心"，创造就业机会，增加经济价值，对国家经济发展产生积极影响。

叙事六"推进AI在实践中的部署"强调AI是第四次工业革命背后的关键驱动力，AI技术必须在各个领域相互联系和融合，才能增强一个国家的产业竞争力。如果要走在智能AI系统的研究、开发和应用的最前沿，就需要IT公司、研究机构、行业和政府的通力合作。该叙事流行于中国、韩国、中国台湾、日本、阿拉伯联合酋长国和美国等国家或地区，这些国家希望技术进步能在增强国家硬实力上发挥关键作用，努力在AI应用方面取得地区甚至全球的领导地位。然而，在比利时、捷克共和国、爱沙尼亚、瑞典或英国等欧洲国家，叙事六并不普遍。这也解释了为何叙事二"反对'赢者通吃'"，即抵制科技巨头垄断的叙事在大公司利用大数据开展业务的国家的AI政策中，例如Google、Meta或Byte Dance所在地的美国和中国都几乎没有被提及。

四、进一步讨论

综合上述分析，在新闻机构和传媒行业的层面上，AI政策呈现一定的"同质性"，他们强调对AI的审慎应用和人工监管，以此维护新闻业本身的主体性和独立性。并且政策文本也出现了"制度同形"（Isomorphism）的情况，即先行者的制度创新被后来者模仿借鉴。[①] 在人工智能技术带来极大不确定性的情况下，新闻机构倾向于参考借鉴先行者的成功经验。

但在政府公共政策层面，各国之间的AI政策差异性较大，部分原因是国家的经济社会发展水平不同，导致政府在AI与新闻传媒行业的管治上有先后；此外，在不同媒介体制下，政府/政党、市场/商业和传媒的关系不同。

应当指出的是，无论是新闻机构和传媒行业的AI应用和规范政策，还是政府为

---

① SIMON F M, BECKER K B, CRUM C. Policies in parallel? A comparative study of journalistic AI policies in 52 global news organisations[EB/OL].（2023-10-06）[2024-07-13]. https://osf.io/preprints/socarxiv/c4af9.

AI制定的公共管治政策，都存在诸多不足，各国应在AI产业的迅猛发展中不断地进行调适。《纽约时报》在一篇报道中指出，各国的AI政策实际上远落后于技术的发展速度。①

对于新闻传媒机构而言，在制定AI政策时可参考前述案例的一些经验，比如，组建跨部门的AI行动团队，让不同领域（新闻、技术和设计）的专业人士集思广益；基于新闻机构自身比较成熟的新闻伦理规范手册，来更新包括人工智能在内的技术采纳和应对政策；建立对技术风险的分析、评估和管理流程，同时鼓励在媒体组织内积极而审慎地应用人工智能技术。

而在宏观层面，未来努力的方向应聚焦解决数据权力不对称问题，通过降低风险的制度设计为行动者赋权，以及制定明确不同参与主体责任范围的管理制度。②

首先，政策需要引入新的透明化监管系统，在自动化决策中保证知情同意，让少数掌握先进技术的商业公司占据主导地位。AI系统制作的内容往往没有向用户标记，这破坏了透明性原则。制定预期数据管理政策应成为未来立法的优先事项，媒体部门和相关企业在征求个人数据时应获得用户同意。

其次，关于如何降低风险以更好地赋予公民权利和保障公共利益的合理化运作，建议从优化AI算法的注册和审计机制、加强培养公民的智能媒体素养、明确因AI侵权而获得公正赔偿的途径等方面着手。尤其是在算法方面，政策应强化对算法过程性规范和监管的研究，例如禁止算法偏向或放大爆炸性新闻（Sensational News）来避免可能产生的暴力效果。同时，还应开展针对各利益相关方关于AI教育和培训的项目，通过在线课程或将AI认知与使用素养纳入高等教育体系，提供必要的材料和工具，以便从业者更好地理解各国对AI的基本原则并参与相关行动。

再次，在参与主体的责任制度中，相关政策有必要从对诸如民间社会（用户、消费者群体）、公共和私营公司（平台、技术和内容生产者、广告和数据服务提供商）以及政府等多方利益相关者的行动倡议转向新的合作和问责制度。这种类型的"合作责任"要求数字媒体平台、政策制定者、用户和其他参与者根据其在公共价值观中的作用，分别制定管理责任。③虽然各国在建立一个基于AI使用原则和价值的治理框架方面已达成一定程度的共识，但目前仍然欠缺一个部门或机构来主导该政策议程的发展。整合各行业专家意见建议的工作则需由政府部门牵头，任何政府系统也应与已成立的

---

① SATARIANO A, KANG C. How nations are losing a global race to tackle A.I.'s harms. [EB/OL]. (2023-12-06) [2024-07-19]. https://www.nytimes.com/2023/12/06/technology/ai-regulation-policies.html.

② PIERSON J, KERR A, ROBINSON S C, et al. Governing artificial intelligence in the media and communications sector [J]. Internet policy review, 2023 (1): 28-28.

③ VAN DIJCK J, POELL T, DE WAAL M. The platform society: Public values in a connective world [M]. Oxford university press, 2018.

工会（如全国记者工会）合作，培训和教育记者。

最后，随着新闻内容在 AI 系统培训中的作用日益成为监管和政策辩论的核心议题，对 AI 发展的回应可能需要考虑对独立新闻媒体的保护。这适用于关于数字内容版权和合理使用条款现代化的政策辩论，以及出版商与技术开发公司之间的集体谈判守则和其他形式的经济支持。

本文系广东省哲学社会科学规划 2023 年度一般项目"广东省传媒产业扶持政策及成效研究"（项目批准号：GD23CXW03）的研究成果。

作者简介：
刘颂杰，中山大学新闻传播学院副教授；胡欣妍，中山大学新闻传播学院硕士研究生。

主流媒体事实核查应对 AIGC 的问题分析与路径探索

林嘉琳　师　文

摘　要：ChatGPT 的出现启动了人工智能从分析式 AI 向生成式 AI 转变的进程，全面冲击了传统新闻事实核查模式。本文基于对智能传播领域的观察，从主体、技术、认知结构三个角度，探讨了生成式人工智能内容生产（AIGC）对主流媒体开展事实核查的主体冲击，以及主流媒体应用 AIGC 进行事实核查的技术壁垒和工具局限。本文提出构建智能化的新型把关体系、组建专业化的事实核查队伍、完善规范化的行业自治制度，以期实现算法向善，促进事实核查和新闻传播行业整体的良性发展。

关键词：事实核查　主流媒体　人工智能　内容生产

事实核查（Fact-checking）指对报道对象的事实性进行核实、确认的行为，包括事前核查和事后核查。事前核查是指基于新闻业对真实性与客观性的追求，在新闻报道发表前，由新闻记者对所报道事实的真实性进行确认与把关的行为，是传统媒体进行新闻报道的必要环节。事后核查是数字化时代背景的产物，指对已然出现的、真实性存疑或存有争议性的信息，通过多方取证、交叉核实并将核实后的信息向公众公开的行为。[①]

如今人们谈及事实核查时，更多地指事后核查。学界普遍认为事后事实核查兴起于美国 21 世纪初的政治新闻实践，由专业新闻媒体机构组织专业的记者、编辑，对政客在新闻报道中提出的实质性主张的准确性展开评估。[②] 数字时代越来越多的虚假新闻带来的负面影响催生了对事实核查更大的需求，由此，事实核查的主体逐渐辐射至其他专业媒体机构、互联网平台、高等院校乃至民间组织和个体，事实核查的对象也从时事政治类新闻拓展至更为广泛的新闻类型。

[①] 闫文捷，刘于思，周睿鸣. 事实核查：专业新闻生产者可为的创新实践——一项在线实验的启示［J］. 新闻记者，2023（02）：46-59.

[②] GRAVES L, NYHAN B, REIFLER J. Understanding innovations in journalistic practice：A field experiment examining motivations for fact-checking［J］. Journal of communication，2016（1）：102-138.

2022年11月30日，Open AI 推出 ChatGPT，这意味着人工智能内容生产自此打破了先前由分析式人工智能主导的用户生产内容模式，实现了人工智能从基于算法预测的辅助工具向一个能够根据决策作出判断、生成内容的决策模型的转变。[①]生成式 AI 的出现，在主体层面、技术层面、核查对象层面为主流媒体进行人工智能事实核查带来了新的挑战，也创造了事实核查作为新闻业的新生事物而蓬勃发展的机遇。

一、主体冲击：多主体事实核查对主流媒体专业自主性的挑战

事实核查源自专业新闻媒体机构的业内自我纠偏的行业实践，在市场需求的催化之下独立出专门的部门，乃至成立专业的机构、表现为专业化的职业，由专门机构和主要新闻工作者（Leading Journalists）负责，[②]例如《华盛顿邮报》(The Washington Post)成立的 Fact Checker、澎湃新闻成立的全球事实核查平台"澎湃明查"等。时至今日，美国几乎每一家全国性新闻媒体都提供某种形式的事实核查服务，事实核查机构不仅设立在《纽约时报》和《华盛顿邮报》这类印刷媒体，也覆盖了 CNN、ABC 等广播公司。

主流媒体主导的事实核查工作沿袭了传统媒体的新闻调查模式，它是一种通过实地调查、采访获得多角度的证据资料后，将线上线下资料充分整合比对，最终得出结论的人工事实核查机制。这一过程极度依赖核查人员、核查机构的知识水平、技能水平、专业水平，往往需要足够的人力、物力、财力作为支撑，也因而形成了一定的行业准入门槛。

虽然主流媒体因此占据了事实核查的主导地位，但其纠偏效果始终是有限的。面对新闻报道中的事实纠偏，受众存在一种明显的抵抗情绪，用以对抗与自己固有观念相悖的纠偏信息。[③]新闻报道中的纠偏信息不仅无法减少误解，有时反而会强化最有可能持有这些误解的意识形态群体的误解。而传统主流媒体常用的事实核查发布方式是正统的新闻报道。在这样的情况下，主流媒体的事实核查往往只能呈现信息的变化，无法真正触及公众内心对于事实的认知偏向，故无法达到预期的纠偏效果，反之，还可能会触发他们对传播澄清信息的主体的抵触情绪。实验结果表明，这种抵触情绪在互联网环境中尤为明显。当受众参与相关话题的互联网讨论时，他们会被诱导对新闻信息进行更深层次的认知处理，这一过程可能会形成他们对传统主流媒体的负面

[①] 陈永伟. 超越 ChatGPT：生成式 AI 的机遇、风险与挑战［J］. 山东大学学报（哲学社会科学版），2023（03）：127-143.

[②] GRAVES L, NYHAN B, REIFLER J. Understanding innovations in journalistic practice: A field experiment examining motivations for fact-checking［J］. Journal of communication, 2016（1）：102-138.

[③] NYHAN B, REIFLER J. When corrections fail: The persistence of political misperceptions［J］. Political Behavior, 2010（2）：303-330.

态度。①

此时，若有另一机构以非主流媒体的身份向公众传递相反的信息，该信息将更容易被公众接受，传播该信息的主体也将迅速获得公众情感上的偏向和共情。这就为非主流媒体机构进入事实核查领域营造了空间。同时，人工智能技术的飞速发展，打破了早期人工事实核查机制的专业壁垒，为非专业媒体机构与个体从事事实核查工作提供便捷的工具。近年来，高校及各类教育机构、研究机构也逐渐成为成立事实核查机构的主体，其中，由宾夕法尼亚大学安纳伯格公共政策中心成立的 FactCheck.org、由波因特媒体研究学院成立的 PolitiFact 在全美的事实核查机构中都具有较高的权威。

相较于欧美国家，中国的事实核查更多地呈现主体的多元性，事实核查甚至发展为一种民间的信息纠偏行为，多由平台发起、伴随用户参与，事实核查的话语权更具分散性。②除了如"澎湃明查"这类由专业媒体机构派生的事实核查平台，主导事实核查的主体还包括高等院校和互联网平台，例如由南京大学新闻传播学院启动的事实核查项目"NJU核真录"、由腾讯新闻主导搭建的事实查证平台"较真"、由新浪依托自主社交媒体平台微博设立的"微博辟谣"官方账号，这些机构在事实核查领域都具有一定的影响力。

尽管就人工智能是否会取代媒体从业人员这一问题，学界仍未有定论，但显而易见，AIGC 确实对媒体从业人员在事实核查领域的专业自主性产生了冲击。生成式 AI 在事实核查领域的应用，成为主流媒体之外的多元主体进入事实核查领域的有力工具，他们由此能够迅速实现在线信息的获取和整合，在事实核查领域获得与主流媒体同等、甚至超越主流媒体的话语权。

二、技术冲击：深度伪造快速发展与检测技术滞后的冲突

在技术维度，AIGC 对事实核查的冲击主要体现在两个层面。第一个层面是人工智能技术赋能的新闻事实核查对早期人工事实核查机制的冲击，AIGC 将人工智能整合与生成内容的质量提高到了又一个等级，这使得传统人工事实核查的方式在铺天盖地、快速更迭的虚假信息面前显得力不从心，对事实核查主体的技术水平提出了要求。

然而实际上，不论是传统的互联网时代、分析式 AI 时代还是如今的生成式 AI 时代，深度伪造检测技术的开发始终具有滞后性。这也是 AIGC 在技术维度对事实核查的第二个层面的冲击，即 AIGC 在虚假信息生产领域的广泛应用与快速发展对于相比

---

① HO S S, CHUAH A S F, KIM N, et al. Fake news, real risks: How online discussion and sources of fact-check influence public risk perceptions toward nuclear energy [J].Risk analysis, 2022（11）：2569-2583.
② 闫文捷，刘于思，周睿鸣.事实核查：专业新闻生产者可为的创新实践——一项在线实验的启示 [J].新闻记者，2023（02）：46-59.

之下更新缓慢的深度伪造检测技术的冲击。

自2016年美国总统大选以来，人工智能技术多次被发现用于时事政治类虚假信息的生产和互联网舆论的制造。其中，由算法操纵、可以一定程度模拟人类行为并介入公众讨论的社交机器人已然成为社交媒体平台上虚假信息生产和散播的主要工具。作为应对手段，关于识别和检测社交机器人的学术研究也同比增长，只不过，就现阶段的技术水平而言，检测技术存在的局限性依然十分明显。

从现有研究结果来看，当前对于社交机器人的检测可大致分为追踪推文发布的源平台和通过账户身份建构和信息行为特征进行检测两种思路。追踪推文发布的源平台（Post Source Platform）是一种简单可靠的机器人账户检测方法，如果一个账号的推文都是通过自动化平台发布的，那么系统就能够直接判定该账号是一个机器人。①

但并非所有的机器人账号都通过第三方自动化平台发布内容，相当一部分的机器人账号可以在自动化脚本的驱动下基于标准客户端运行。因此，更大一部分关于社交机器人检测的文章试图从账号身份信息建构和内容发布、分享、点赞等信息行为的角度，找到社交机器人区别于人类用户的一般规律。多个研究结果证实，当前的社交机器人检测程序同时存在"假阳性"和"假阴性"的判定错误，即将人类账号误标记为社交机器人账号、将社交机器人账号误标记为人类账号。②据统计，社交机器人检测中的假阳性和假阴性判定共占数据总量的26%左右，其中假阳性约占11%，假阴性约占15%。③

相较于专业生产内容（PGC）和用户生产内容（UGC），AIGC拥有更高的产出效率、更为稳定的内容质量、更低的产出成本、更强的内容可拓展性，④这也使得本就滞后的社交机器人的检测与虚假信息的识别技术面对快速迭代的AIGC时显得更为捉襟见肘。这些都是主流媒体在应用AIGC进行事实核查以及应对AIGC生产的虚假信息时不得不面对的问题。

三、认知冲击：人工智能生成内容作为事实核查工具的局限

事实核查所纠偏的对象不仅包括事实性信息，也包括观点性信息。主流媒体在进

---

① BOLSOVER G, HOWARD P. Chinese computational propaganda: Automation, algorithms and the manipulation of information about Chinese politics on Twitter and Weibo [J]. Information, communication & society, 2019 (14): 2063-2080.

② BASTORS M, MERCEA D. The public accountability of social platforms: Lessons from a study on bots and trolls in the Brexit campaign [EB/OL]. (2018-10-06) [2024-07-13]. https://royalsocietypublishing.org/doi/full/10.1098/rsta.2018.0003.

③ VAROL O, FERRARA E, DAVIS C, et al. Online human-bot interactions: Detection, estimation, and characterization [C] //Proceedings of the international AAAI conference on web and social media.2017 (1): 280-289.

④ 陈永伟.超越ChatGPT：生成式AI的机遇、风险与挑战 [J]. 山东大学学报（哲学社会科学版），2023（03）：127-143.

行事实核查时，往往着重对事实性信息的纠偏。有研究证明，由权威机构发表的事实纠偏能够有效实现公众对事实性信息的认知改变。Howell 和 West 做的一项从政治学视角切入的研究发现，直接向受试者提供与事件相关的信息能够改变受众对于一个事件的表层事实性认知。① 这也使得主流媒体在进行事实核查与澄清时，时常基于对公众"不知情"的假设，换句话说，主流媒体总是假设公众之所以对事实产生误解，是因为他们受到了错误信息的干扰，因而一旦主流媒体以核查或澄清的形式，向公众传递真实的事实性知识，舆论理所当然的就会被纠正。②

互联网世界存在大量闭环的虚假信息，它们生成且扩散于线上环境，对这类虚假信息进行事实性纠偏是 AIGC 运用于事实核查的主要方式。然而仅仅向公众提供他们缺失的信息或者纠正公众在认知层面的错误并不意味着公众的认知就能够同步改变。公众接触了纠偏的信息，并不意味着就天然接受了这一信息所承载的事实与想要传达的观点。③ 公众可能只是接收了对虚假新闻的澄清信息，并没有从认知上真正接受这一信息对于已有观念的纠偏，甚至在抵触心理的作用下并未对接收的信息进行认知层面的处理。即便公众接收关于某个事件的事实性澄清，他们最终是否接受对这一事实或事实的澄清，却与其原本的认知偏好有着紧密的关联。Kull 等学者在美国入侵伊拉克后做了一项民意调查，结果显示，公民对于伊拉克在美国入侵之前拥有大规模杀伤性武器的认知与他们对布什总统的支持态度密切相关。④ 此时，即便这部分公众接收了关于"伊拉克在美国入侵之前并不持有大规模杀伤性武器"的信息，也并不意味着他们能够接受这一澄清，更不意味着这一事实核查的结果能够改变他们支持布什总统的态度。

虽然事实核查主体通过加强算法对新闻数据质量的判断和对生成内容的严密筛选，以生成式 AI 作为核查工具，应对部分假新闻同时具有理论和现实上的可行性，但其所生成的纠偏内容无法突破事实性信息的局限，致使将 AIGC 运用于事实核查工具时，依然无法越过从接收信息到扭转观念的认知壁垒，因而其所能发挥的作用十分有限。此外，作为虚假信息的制造工具，AIGC 加速了深度伪造技术的升级，使得虚假信息的生成和传播都变得更加容易，这导致了互联网环境中虚假信息在数量层面的增长和难

---

① HOWELL W G, WEST M R. Educating the public: how information affects Americans' support for school spending and charter schools [J].Education Next, 2009（3）: 40-48.
② KUKLINSKI J H, QUIRK P J. Reconsidering the rational public: Cognition, heuristics, and mass opinion [J]. Elements of reason: Cognition, choice, and the bounds of rationality, 2000（4）: 153-182.
③ SCHEUFELE D A, KRAUSE N M. Science audiences, misinformation, and fake news [J]. Proceedings of the National Academy of Sciences, 2019（16）: 7662-7669.
④ KULL S, RAMSAY C, LEWIS E. Misperceptions, the media, and the Iraq war [J]. Political science quarterly, 2003（4）: 569-598.

以识别性的增加，也直接影响了用户实现认知建构所需的外部信息环境。

四、启发与机遇：AIGC 时代主流媒体事实核查的路径探索

近几年，伴随着社交平台上出现大量的虚假信息，社会各界对事实核查的关注度也越来越高，体现出新闻的传者与受者对客观、真实的新闻业的共同需要，反映了人类对于"求真"的价值追求的坚守。国内外皆有学者探讨过将事实核查视为专业新闻生产领域的创新实践，挖掘新闻专业在这一新的实践领域的发展潜力。人工智能技术背景下，主流媒体通过 AIGC 实现事实核查向善发展具有必要性与可能性。

（一）构建智能化的新型把关体系

面对信息爆炸的互联网环境，作为信息受众的新闻消费者需要权威、可靠的事实核查渠道，以便迅速甄别真实有效的信息；面对大量且快速传播的假新闻、伪新闻、谣言、误导信息、恶意信息，主流媒体急需行之有效的应对策略以挽回公信力。这就对更加智能化的把关体系构建提出了要求。

智能传播时代，算法已经全面介入内容生产与分发的全流程。在主流媒体向智能化生产的过渡中，生成式 AI 对内容生产技术的更新为探索更为智能化的事实核查模式、建构更为智能化的新型把关体系提供了可能。一方面，主流媒体利用 AIGC 辅助互联网数据层面的信息整合与写作，在事实核查工作中的资源布局能够得到优化；另一方面，主流媒体如果善用 AIGC 根据用户的偏好生成并推送相应的核查内容，因公众的抵触情绪导致的无效信息纠偏能够被避免。

与此同时，主流媒体通过建设智能化的把关体系向受众提供准确的信息，也可以实现在数字时代的公信力和权威性的身份建构。

（二）组建专业化的事实核查队伍

尽管从 UGC（用户生产内容）到 AIGC，事实核查的构成主体、技术手段、核查对象都发生了巨大的变化，但不可否认的是，现有的人工智能技术依旧处于弱人工智能阶段。在人工智能真正实现人类对于强人工智能的想象之前，专业的新闻从业人员以及专业化的新闻事实核查依然不可取代。

AIGC 兼具正面与负面、有意与无意、短期与长期、赋能与限制的效应，但与此同时，其作用水平也存在技术局限，例如，AIGC 在内容生产层面缺乏复杂沟通和专家思维，从而无法突破结构化写作的框架等。[①] 我们想要最大限度实现 AIGC 在事实核查层面的功能，仍需要新闻事实核查的从业者以相应的专业素养、作为信息受者的社会大众以相应的媒介素养相配合。因此，主流媒体在事实核查工作的布局中，应当有意识

---

① 蒋俏蕾，陈宗海，张雅迪. 可供性视角下的人工智能生成内容［J］. 青年记者，2023（30）：84-86.

地开展人才培养，组建专业化的事实核查团队，以应对飞速发展的人工智能技术对传媒业的影响。

（三）完善规范化的行业自治制度

事实核查既是作为信息消费者的受众的需求，也是作为新闻事实供应方的新闻媒体与新闻记者实现对自身职业价值观的坚守以及对自身行业影响力的维系的必由之路。然而就目前而言，在媒介伦理道德的领域，对于事实核查的规范建设仍处于缺位状态。

如今编辑和记者正越来越多地利用互联网技术进行事实核查，并将其作为监督手段，对同行开展行之有效的行业监督，其中，行业地位高、议程设置能力强的新闻机构能够起到的作用尤为明显。① 几项针对中国媒体的比较研究证明，在众多的媒体类型中，《人民日报》、新华社等传统主流新闻媒体能够从新闻消费者处获得高于其他媒体平台、民营企业、组织机构、个人意见领袖的整体性信任。② 在对虚假新闻进行事实核查与信息纠偏的过程中，即便公众对传统主流新闻媒体的信任度呈下降趋势，由政府主导的事实核查机构所发布的纠偏信息也能有效降低网民由于假新闻而产生的错误认知。③

由此可见，即便是在多主体争夺话语权、信息舆论环境纷繁复杂的当下，主流媒体依然拥有无可替代的权威地位。作为主流媒体，应当充分利用这一优势，主动引导建设规范化的行业自治，凝聚新闻行业的价值共识以及从业人员的职业价值观，直面AIGC带来的挑战，促进AIGC辅助下的事实核查高效、透明、向善发展。

作者简介：

林嘉琳，中山大学新闻传播学院助理教授、硕士生导师；师文，暨南大学新闻与传播学院副教授、硕士生导师。

本文原载《青年记者》2023年第23期，经作者授权转载。

---

① GRAVES L, NYHAN B, REIFLER J. Understanding innovations in journalistic practice: A field experiment examining motivations for fact-checking [J]. Journal of communication, 2016（1）: 102-138.
② 闫文捷,刘于思,周睿鸣.事实核查：专业新闻生产者可为的创新实践——一项在线实验的启示[J].新闻记者,2023（02）: 46-59.
③ HO S S, CHUAH A S F, KIM N, et al. Fake news, real risks: How online discussion and sources of fact-check influence public risk perceptions toward nuclear energy [J]. Risk Analysis, 2022（11）: 2569-2583.

从公共传播到智能传播：新闻实践及实务教学的范式变革

张志安　李欣颖　贺涵甫

摘　要：深度学习的算法技术有望带来传媒生态颠覆性变革，以ChatGPT为代表的生成式人工智能与用户形成新的交互关系，互联网平台由于拥有优越计算能力而更善于争夺用户注意力。平台算法机制全面介入新闻生产和商业运作，生成式人工智能在传媒领域的加速应用，使新闻实践及新闻实务教学经历了两次范式变革：第一次变革是由新闻传播转向公共传播，新闻传播的主体去中心化和再中心化，多元行动者涌入互联网平台从事信息采集和分发；第二次变革是由新闻传播转向智能传播，技术革命造就人机共生、人机协作时代，PGC、UGC和AIGC等因媒介技术变革而产生的协同内容生产格局初步形成。为此，可从三个方面回应挑战，创新新闻实务教育路径，探索传播人才培养新模式：多元主体在新闻生产过程中要协同坚守信息把关责任；更加强调创新思维，实现人机功能互补价值匹配；立足新闻业的公共性目标，强化媒体专业传播价值。

关键词：新闻实务教学　公共传播　智能传播　数字新闻　ChatGPT

一、导言

随着2022年年末ChatGPT问世，人工智能进入"人工智能自动生成内容"（AIGC）新阶段，AIGC成为继专业生产内容（PGC）和用户生产内容（UGC）之后，利用人工智能技术自动生成内容的新型生产方式。目前，人工智能技术已经开始由理论的实验阶段逐渐走向商业应用阶段，并逐渐开始产业化，这意味着从内容采写到渠道发布，一系列流程均可由人工智能所代替。机器人记者可以通过机器学习和深度学习算法，从海量的数据和信息中提取新闻价值，并自动生成高质量、独立的新闻报道和分析文章。[①]

---

① 史安斌，刘勇亮．从媒介融合到人机协同：AI赋能新闻生产的历史、现状与愿景［J］．传媒观察，2023（06）：36-43．

就内容生产而言，机器人新闻写作带来全方位、全环节的变革。例如，伦敦政治经济学院的项目"Journalism AI 计划"在 2023 年 4 月至 7 月，对来自 46 个国家的 100 多家新闻机构进行调查，结果显示，超过 73% 的新闻机构认为 ChatGPT 为新闻业带来新机遇，另有记者、技术人员和新闻机构管理人员等 85% 的受访者，至少尝试过使用生成式人工智能进行编写程式、生成图像和撰写摘要。美联社在 2023 年 7 月与 OpenAI 公司签订授权协议，成为美国第一家与大型人工智能平台达成收费协议的主流媒体，涉及新闻资料库的授权和 AI 技术的合作。与美联社形成对比的是，路透社、彭博社、CNN、《卫报》、《纽约时报》等外媒近期在其网站的根目录配置文件中禁止 ChatGPT 等生成式 AI 爬取其网页内容，旨在解决内容被违规使用及滥用的问题。作为回应，ChatGPT 的母公司 OpenAI 表示接受新闻网站的屏蔽行为，不再爬取新闻网站内容文本，但也声称不会删除之前所获得的数据。在中国，新华社、腾讯财经、第一财经以及今日头条等自 2015 年起先后推出自动化写作业务，聚焦财经、体育领域的简单消息写作，2023 年，澎湃新闻开播全天直播频道"真人＋数字人主持"，推出"AI+4K 高清"等形式。

  人工智能技术在精确高效生成规格化新闻资讯、通过语料库进行智能化学习以适应不同群体表达风格外，还能通过对大数据和碎片化文本的总体性处理，形成结构性的分析观点，将单独看来意义不大的数据和文本的社会价值挖掘出来，给人以总体性的全新视角。① 从人机对话、人机协作到人机一体，深度学习的算法技术令智能传播对新闻传播业再格式化。② 在未来的新闻业，避免使用生成式人工智能相当于舍弃计算机、抛弃互联网，记者的身份很可能在人工智能技术之下被逐渐淡化，生成式人工智能有望改变包括新闻媒体在内的大多数行业的游戏规则。

  相对的，不少学者对新闻业的发展并不抱持乐观态度。技术专家设定算法程序后，如何设计叙事结构的任务就落在了记者身上。③ 记者为了训练机器，不得以须像机器一样思考：通过不同场景训练新闻写作程序和模板，而这类模板却也让他们感到束手束脚甚至沮丧。④ 相对于"机器人同行"，人类记者更强调自身的创造力、个性和语言的复杂性，自动化新闻（Automatic Journalism）应当被视为让新闻报道更加人性化的机

---

① 喻国明．"机器新闻写作"时代传媒发展的新变局［J］．中国报业，2015（23）：22-23．
② 陈龙．"后新闻"生产模式：生成式 AI 对新闻传播业的再格式化［J］．传媒观察，2023（03）：18-24．
③ CELESTE L.Automation in the newsroom.Nieman Reports［EB/OL］.（2015-09-14）［2023-12-25］.https://niemanreports.org/articles/automation-in-the-newsroom/.
④ THURMAN N, DORR K, & KUNERT, J.When reporters get hands-on with robo-writing［J］.Digital Journalism，2017（10）：1240-1259.

会。[1]站在人机传播（Human-Machine Communication）的角度，技术正凸显其作为新闻传播者（communicator）而非单纯的媒介（mediator）的角色，这种趋势对新闻"以人为中心"的根本假设提出挑战，也要求研究者衡量在多大程度上允许技术呈现与人相同的作用。[2]人工智能从诞生、应用到维护的过程尚难离开"人"的把控，在未来的新闻业中，人能够在多大程度上参与新闻工作则是值得进一步探讨的话题。[3]

西方新闻理论中的"新闻"包含news和journalism两重含义，作为news的新闻意为日常生活世界中的新鲜资讯，作为journalism的新闻则代表专业范畴的新闻，后者源自制度化的社会实践，最终以某些特定形式的文本面世。大体而言，这种社会实践由掌握丰厚资源的专业机构内部受过专职培训的专业人士完成。这些专业人士同时发展出一套价值和理念对自己的新闻传播活动进行指导和规范，以确保这项活动的正当性和专业性。[4]新闻传播者处于信息传播链条的第一环，是传播活动的发起人，是传播内容的发出者，决定着传播过程的发展。[5]新闻报道的重要性在于它形塑人们的行动并要求外界对此作出回应，新闻记者通过对外界事物的表述而拥有象征性权力，围绕问题或事件进行议程设置，聚集受众注意力，并框定人们对这些问题的理解方式。[6]因此，这种由媒体主导传播活动的过程被称为新闻传播。

新闻传播时期，专业新闻学一直围绕报纸、广播、电视这三大传统媒介展开，其核心课程也主要是面向三类媒介的新闻报道。随着新媒体将大众所拥有的传播权利转化为传播权力，受众地位水涨船高，用户成为社交媒体主角，面向社会的信息传播从专业实践变成泛社会化实践。新闻学研究也在此过程中"从小新闻走向大传播"，实现了以"公共传播"为核心概念，以社会交往、沟通、传播为范畴的新闻学研究的转型。[7]由此可见，新闻业一直都在被动地适应社会、文化和技术的快速变革。[8]当传统媒体不再具备原本核心的信息优势，新闻传播加速走向公共传播。

公共传播在20世纪80年代被正式引作媒介研究的重要理论，探寻公众如何接近

---

[1] VAN DALEN A.The Algorithms behind the Headlines：How machine-written news redefines the core skills of human journalists［J］.Journalism Practice，2012（5-6）：648-658.

[2] LEWIS S C, GUZMAN A L, & SCHMIDT T R.Automation, journalism, and human–machine communication：Rethinking roles and relationships of humans and machines in news［J］.Digital Journalism，2019（4）：409-427.

[3] MORAN R E, SHAIKH S J.Robots in the news and newsrooms：Unpacking meta-journalistic discourse on the use of artificial intelligence in journalism［J］.Digital Journalism，2022（10）：1756-1774.

[4] 刘鹏.用户新闻学：新传播格局下新闻学开启的另一扇门［J］.新闻与传播研究，2019（02）：5-18，126.

[5] 隋岩.群体传播时代：信息生产方式的变革与影响［J］.中国社会科学，2018（11）：114-134，204-205.

[6] CARLSON M.What do we do when journalism stops working？［J］.Political Communication，2020（4）：582-584.

[7] 李良荣.中国新闻学学科发展面临的挑战及重构路径［J］.浙江传媒学院学报，2016（06）：2-5.

[8] LEWIS S C, Usher N.Trading zones, boundary objects, and the pursuit of news innovation：A case study of journalists and programmers［J］.Convergence，2016（5）：543-560.

及使用媒体，公共信息和知识该如何传播和扩散。①大众传播视域下的公共传播提倡传播权、倾听的责任与媒介接近权，②强调传播内容的公开性与公共性，即个体不受时空限制地作为信息的生产者、传播者和消费者，与主流媒体在公共信息体系（A Body of Public Information）互为补充又彼此竞争。③中国互联网络信息中心（CNNIC）的数据显示，截至2023年6月，中国短视频用户规模达10.44亿人，用户使用率超过95%。④快手已有近400种类型直播，其中助农扶农、科普教学等直播最受用户欢迎。2022年6月，视频号月活用户达8亿，抖音月活用户6.8亿，快手月活用户超过3.9亿。⑤平台社会的用户数据，印证着新闻传播向公共传播变革的转化过程，也在重新定义"攸关普通公众利益的重要时事信息"。⑥因此，当新闻研究视野扩展到政治、经济、技术和文化等方方面面，其两两关系进入重构时期，公共价值和公共利益的实现方式需要在新的权力与权利形态中加以讨论。

在公共传播时代，新闻传播主体拓展至职业新闻传播主体之外的多元行动者，包括民众个体传播主体和非职业、非民众个体的组织（群体）传播主体，实现"共享"新闻资源、"共产"新闻文本、"共绘"新闻图景的目标。⑦数字传播技术可以生成"数字共通"的假设，从"通"的角度思考公共领域，呈现杂合的多元参与者共在的场景，每个流动、活跃、异质的行动者实现连接，却并未真正的联系和同质化，他们共在、共鸣于网络空间，却又呈现独立、开放和流动的状态，使得公共领域在承认差异和矛盾的前提下众声喧哗。⑧

多重社会条件的急剧变化所造成的新闻业诸多元素关系的转变，使传统新闻业在市场份额、观念话语等方面出现重大挑战。⑨以现实现象筑就的新闻学边界也因此发生变化，依据研究对象而立的新闻传播也须进行重新认识和理解。⑩从新闻传播到公共传

---

① 李京丽.社会救助公益传播模式研究［M］.成都：四川大学出版社，2020.
② HUSBAND C.The right to be understood：Conceiving the multi-ethnic public sphere［J］.Innovation：The European Journal of Social Science Research，1996（2）：205-215.
③ STAPPERS JG.Mass Communication as public communication［J］.Journal of Communication，1983（3）：141-145.
④ 央视新闻客户端.我国网民规模达10.79亿人互联网普及率达76.4%［EB/OL］.（2023-08-28）［2024-10-19］.https://content-static.cctvnews.cctv.com/snow-book/index.html?&toc_style_id=feeds_default&share_to=qq&item_id=14524384465511376037&track_id=E91A39FB-C997-4EE9-8294-6997EC1F8BA2_714896370541.
⑤ 36氪.8亿月活赶超抖音，微信视频号也想在买量上掺一脚［EB/OL］.（2022-09-26）［2023-12-25］.https://36kr.com/p/1932011851844226.
⑥ 舒德森.新闻社会学［M］.徐桂权，译.北京：华夏出版社，2010：13.
⑦ 刘鹏.用户新闻学：新传播格局下新闻学开启的另一扇门［J］.新闻与传播研究，2019（2）：5-18，126.
⑧ 吴飞，傅正科."数字共通"：理解数字时代社会交往的新假设［J］.新闻与传播研究，2023（06）：22-35，126-127.
⑨ 王辰瑶.反观诸己：美国"新闻业危机"的三种话语［J］.国际新闻界，2018（08）：25-45.
⑩ 李泓江.走向生活世界的新闻学［J］.国际新闻界，2022（02）：20-36.

播、智能传播，如何确保原创、品质、可信等新闻业价值得以延续，同时持续创新新闻传播实践，是考察新闻实践及新闻实务教学变革时须把握的关键问题。新闻传播的主体从主流媒体拓展至多元主体，以及人机协同催生全新的新闻运作机制，传播主体呈现从人类到非人类的变化趋势，新闻传播、公共传播、智能传播三种传播语境并非替代关系，而是交织重叠关系。本文以对新闻业的经验观察为基础，分析新闻传播在公共传播、智能传播两次范式变革下的新闻实践及新闻实务教学的变迁，继而探讨传统新闻记者如何有效、有目标地进行角色转变、重塑自身价值。

二、第一次范式更新：从新闻传播走向公共传播

范式（Paradigm）概念由美国物理学家、哲学家托马斯·库恩提出，通常指公认的科学成就，它们在一段时间里为实践共同体提供典型的问题和解答。[①] 范式更新，是指科学学科的基本概念和实验实践的根本性变化，对理论和研究的核心问题，以及经验现实的应用均有广泛影响。新闻传播领域的范式更新，主要是对被认为是"旧"的大众传播范式的一些关键特征的拒绝或逆转。[②]

（一）传播去中心化，"随机新闻行动"改变边缘与中心关系

技术革新降低了公共传播的门槛，当相关技术积累到一定程度，一种媒介形态便会形成，这种媒介形态一旦形成，则会在历史过程中随着技术的发明不断更新自身的形态和功能。[③] 人的认知能力、表达能力、交往能力因媒介在日常生活中的渗透得到充分附着，并被充分运用于新闻生产与传播等活动。[④]

公共传播语境下，新闻行动者的边界日益模糊、角色更加多元，不同的新闻行动者以专业化媒体报道和社会化传播交织的方式，在当下媒体生态中进行角色流动与多元节点的新闻实践，"随机新闻行动"可能从边缘走向中心。[⑤] "随机新闻行动"的主体大多是面向特定机构或特定行业、提供行业资讯的垂直机构媒体，长期观察所在行业动态发展，挖掘诸如社会救助体系、大学生求职与传销、疫苗、保健品等宏大的社会议题，在报道手法上聚焦偶发性事件，从个体视角展开叙事，强化个人命运与社会治理的关系，以明确价值指向形成网络舆论。

当信息的获取和传递不再只依赖大众传媒，大众传媒长期占据的"中心"位置面临边缘化风险，主流媒体的内容分发渠道逐渐被互联网平台所主导，大量自媒体、机

---

① 库恩.科学革命的结构[M].金吾伦,胡新和,译.北京：北京大学出版社,2023.
② 巢乃鹏,黄文森.范式转型与科学意识：计算传播学的新思考[J].新闻与写作,2020(05)：13-18.
③ 杨保军.扬弃：新闻媒介形态演变的基本规律[J].新闻大学,2019(01)：1-14,116.
④ 李泓江.走向生活世界的新闻学[J].国际新闻界,2022(2)：20-36.
⑤ 张志安,王惠玲.机构媒体、随机新闻行动与新闻业的角色流动[J].新闻与写作,2019(05)：64-73.

构媒体和平台媒体均参与其中，互联网成为信息集散地、舆情发酵池。大量第一现场由当事人、目击者等普通网络用户发布，而非来自专业记者的独家报道，具有新闻属性的报道也不再是主流媒体的主导优势，传播权利由专业媒体迁移到互联网平台，传播生态的构成要素由专业媒体的单一行动者转为基于互联网平台的，由国家、媒体与用户组成的多重行动者。①

不同类型的新闻行动者之间也并非完全隔离，而是存在角色流动现象，例如，垂直机构媒体在同一事件中呈现专业媒体和自媒体的角色特征，既发挥社会动员和舆论监督功能，也可以扮演自媒体为普通人发声的角色，帮助个体摆脱发声无门的困境，使之得以在公共空间针对公共议题、公共利害展开社会交往和多元对话。②在数字新闻业语境下，新闻业的中心和边缘得以重构，新闻活动呈现职业与非职业实践共生，新闻行动者必备技能由强调以传者为中心的"演讲"能力转向传者与受众之间的"对话"能力，新闻教育更加重视培养知识创新能力和反思批判精神。

（二）把关机制转向算法，互联网平台传播权力显著提升

新技术打破新闻传播的专业壁垒，一种旨在组织各类第三方用户之间交互的可编程的数字体系结构——"平台"面世，它成为一个把第三方行动者联系起来的开放和互动的数字空间。③④ 其中，平台型媒体（Platisher）建构起社会化的传播网络，个人、组织和专业新闻机构在网络中被高度节点化，成为信息的连接点，传统媒体不再是信息传播的中心，其地位降至与个体相同，成为错综复杂的网络中的节点。所有信息节点的技术地位是平等的，可以连接一切，⑤各种沟通模式被整合进一个互动式网络，诸多网络所交织形成的"关系"成为新闻研究的根本。⑥

以大数据为核心的人工智能技术在信息分发和新闻把关中的应用具体表现为算法推荐，基于每个用户内容消费的行为数据、个体属性数据与社交关系数据进行大数据计算与分析，⑦传统新闻内容生产思维和流程被重构，简单的在线互动板块无法迎合用户个性化需求，缺乏深度和连续性的内容亦难再实现商业变现。在算法把关机制的主导下，一方面用户偏好的信息在不断增多和细分，另一方面被用户忽视的资讯也大量

---

① 张志安.新新闻生态系统结构重塑与实践变化［M］.北京：中国传媒大学出版社，2021：52.
② 胡百精.公共协商与偏好转换：作为国家和社会治理实验的公共传播［J］.新闻与传播研究，2020（04）：21-38，126.
③ DIJCK JV.Datafication, dataism and dataveillance: Big data between scientific paradigm and ideology［J］. Surveillance & Society, 2014（12）：197-208.
④ 张志安，李辉.平台社会语境下中国网络国际传播的战略和路径［J］.青年探索，2021（04）：15-27.
⑤ 喻国明.未来之路："入口级信息平台＋垂直型信息服务"——关于未来媒介融合发展主流模式的思考［J］.新闻与写作，2015（08）：39-41
⑥ 黄旦.重造新闻学——网络化关系的视角［J］.国际新闻界，2015（01）：75-88.
⑦ 张志安，汤敏.论算法推荐对主流意识形态传播的影响［J］.社会科学战线，2018（10）：174-182，2.

涌现。信息内容的呈现与用户的口味日益契合，针对新闻的态度和观点则更加分散。基于互联网平台的差异性，不同平台上的用户群体亦有不同的信息和情感需求。

在算法推荐机制的影响下，哪些新闻内容能够进入传播渠道、用户阅读什么样的内容，都由用户兴趣和算法推荐所决定。由于每个接收主体的认知受限于自身经验、经历、立场、价值观，具有主观化、私人化的特征，他们在平台全面介入新闻生产、发行及商业化各环节的传播语境中依然非常容易陷入盲目、偏狭的信息茧房。再加上算法缺乏主体性，当信息的可见性权力被移交给机器、算法，用户看似对所消费内容有了更多的选择权，实质是专业媒体话语权逐渐让渡给平台从而将新闻接触和消费的定义权归于用户。由此，编辑对新闻专业价值判断的自主意识逐渐消磨，用户被转换为字符和数据，被反复试验、比对、划分、定类，其个性被消弭在一次次的协同过滤中。①

（三）对流量和数据的过度推崇导致专业失范现象加剧

从经济学的角度观察，现代社会可以分为"生产社会"和"消费社会"。近年来随着不少领域的产能扩大及过大，许多产品出现产能过剩现象，以消费拉动生产和消费的新型逻辑出现，这一现象的直接后果是消费者的主体地位得到提升。②产能过剩现象蔓延至新闻传播领域，意味着新闻传播领域的消费者即"用户"成为这一领域的核心资源。当流量深度嵌入新闻传播的各个环节③，传播竞争的关键由抢占传播渠道转变为抢夺用户注意力。就如韦伯斯特所描述的，用户为注意力经济提供动力，媒体为得到公众的注意力竭尽所能与公众进行持续互动，他们测量、评估用户的媒介依赖程度并据此调整自我。④用户通过平台分享信息时，又再次对新闻进行过滤和选择，这进一步加剧了无限内容和有限注意力之间的矛盾。⑤

新技术在提供空前丰富的表达渠道、给予普通人表达自由的同时，也令新闻编辑因为新闻渠道的增加而面临把关难度增加的重大挑战。⑥对于多数互联网平台来说，新闻内容带来的流量比质量更重要，以点击、转发、评论等数据来评判文章价值的指标系统容易忽略文章本身的社会意义。例如，在Facebook上发布可爱的动物视频、新的舞蹈、令人诧异的杂耍或者语出惊人，可以获得大量关注，甚至成为热点事件。美通

---

① 毛湛文,孙曌闻.从"算法神话"到"算法调节"：新闻透明性原则在算法分发平台的实践限度研究[J].国际新闻界,2020（07）：6-25.
② 鲍曼.全球化——人类的后果[M].郭国良,徐建华,译.北京：商务印书馆,2001.
③ TANDOC, EC, & VOS, TP. The Journalist is Marketing the News: Social Media in the Gatekeeping Process[J]. Journalism Practice, 2016（8）：950-966.
④ 韦伯斯特.注意力市场：如何吸引数字时代的受众[M].郭石磊,译.北京：中国人民大学出版社,2017.
⑤ 刘燕南.数字时代的受众分析——《注意力市场》的解读与思考[J].国际新闻界,2017（03）：167-176.
⑥ BRUNS A.Gatekeeping, gatewatching, real-time feedback: new challenges for journalism[J]. Brazilian Journalism Research, 2011（2）：117-136.

社母公司Cision 2023年下半年推出的《全球媒体调查报告》显示，在受访的全球3,132名记者中，约44%的受访者表示会使用社交媒体以捕捉趋势性话题。同时，超过半数（52%）的记者使用社交媒体来监测新闻、关键词和竞争媒体等相关要素。①平台的流量逻辑正在深刻影响专业媒体的价值判断和内容偏好，这可能导致新闻实践促进公共利益的功能弱化，使专业价值让位于商业价值。

当前，互联网平台已采用人机结合的方式进行内容审查，如Facebook曾开发一套人工智能系统来监测Facebook Live和Messenger中的不良有害信息，今日头条、微信等平台也通过算法进行假新闻、谣言的甄别，不断完善内容核查机制。但是，在大跨度的复杂变量及微妙情感关系的处理和表达方面，尤其是在价值规则的制定和参照框架的选择方面，算法推荐无法解决内容品质的严格把关问题。平台推送内容中仍存在大量低俗内容，专业媒体部分报道也呈现煽情偏向，专业权威和社会公信力亦受到更大挑战。

三、第二次范式更新：从公共传播迈向智能传播

随着数字化浪潮翻卷，社会新形态不断交织演变，"一种新媒介的长处，将导致一种新文明的产生"②，社会通常能够适应技术的变化，并出现新的机会。马歇尔·麦克卢汉在《理解媒介》中曾预言："我们正在迅速逼近人类延伸的最后一个阶段——从技术上模拟意识阶段。"③生成式人工智能（AIGC）的技术应用，使传统以人为主体的新闻生产快速迭代至人机交互、协作乃至共生的新闻生产，伴随着从公共传播迈向智能传播新阶段的到来，新闻实践及实务教学面临着第二次更加深刻的范式更新。

（一）智能新闻生产使编辑部运作效率倍速升级

2012年起，智能机器人在全球各大知名新闻机构初露锋芒，它可以通过学习数据中的联合概率分布，归纳已有数据后辨别问题，进行模仿式、缝合式创作，在财经、体育等行业生成全新的内容。④以ChatGPT为代表的生成式人工智能通过超强的自然语言理解能力和生成算法，以深度学习的方式生成更加符合人类逻辑风格的内容，有效增强新闻叙事深度和多样性，不仅灵活应用于多种场景中，而且效率更高。对新闻业而言，ChatGPT能够满足新闻业对事实严谨性和真实性的要求，包括捕捉人类故事的细微差别和复杂性，这种能力既可将原本因人工和资源限制被抛弃的"长尾"新闻重

---

① Cision. 2023 全球媒体调查［EB/OL］.（2023-06-01）［2023-12-25］. https://www.itopmarketing.com/uploads/soft/20230614/1686719615.
② 伊尼斯. 传播的偏向［M］. 何道宽，译. 北京：中国人民大学出版社，2003.
③ 麦克卢汉. 理解媒介：论人的延伸［M］. 何道宽，译. 北京：商务印书馆，2000.
④ 高菲，王晴川. 人工智能聊天机器人ChatGPT的媒介属性、影响与局限［J］. 新闻爱好者，2023（04）：36-39.

新拉回大众视野，又可以无限降低个性化和长尾需求的边际成本。

从传播与交互的视角来看，生成式人工智能融入新闻生态系统的过程，正在更大程度地驱动传播权力进一步下沉至个体，预示着受众参与内容生产策略的范式转变。个性化新闻源由人工智能平台实现，根据用户的个人偏好和消费模式定制内容。这种程度的个性化，增强了用户对新闻内容的深度参与和交互体验。然而，这种方法在应用中需要伦理规范和必要治理，它促成多元观点的用户触达，鼓励用户保持批判性思考，以避免放大"回音室效应"。

当下，生成式人工智能在媒体领域的影响力已超出了内容创新，正在对媒体消费形态产生根本影响，智能设备和 AI 增强应用的大规模普及，使实时新闻的获取变得前所未有的便捷，这种由 AI 驱动的新闻传播的即时性，极大提高了新闻的时效性，也带来了信息过载和质量下降的风险。因此，新闻内容体验的交互设计，不仅要考虑易用性和可读性，还要突出新闻来源的可信度和相关性，采编人员需以设计师身份有效甄别虚假信息，防止虚假信息的病毒式传播。例如，图谱科技推出的基于图像识别技术的第三方内容审核服务，用于识别暴恐虚假信息、色情信息；人民日报社发布深度合成内容检测平台 AIGC-X，可对 AI 生成文本、图形、视频内容进行精准识别，防范伪造现象。

生成式人工智能还影响了多平台新闻体验的设计，与传统媒体可实现无缝集成，为受众提供连贯且互动的体验。ChatGPT 在与用户对话过程中，不仅抓取及整合公域和私域网络资源，还能通过持续对话影响用户关于某一议题的认知过程，它对未来议程设置和产生的传播效果可能远超过往任何时代的媒介。① 这意味着更加丰富的内容生产素材和数据资料，确保新闻内容展现更加多维度的视角和解读切口，也意味着媒体的议程设置功能迎来新的突破口。

然而，受限于技术发展与门槛壁垒，新闻业在依赖这项技术带来生产效率等福利的同时，也存在让渡更多话语权、弱化新闻公共性等隐忧。当下人工智能技术的发展和完善需要庞大的资金和技术支持，但能够支撑自行研发数字新闻人的媒体较少，大部分媒体与人工智能企业采取跨界合作。如此一来，智能内容生产的质量、平台信息安全性与稳定性都会受第三方平台影响，受到培养和调试生成式人工智能的工程师限制，媒体的话语权存在进一步被削弱的可能。②

（二）人机协同驱动新传播场景，新闻价值被重新理解

智能 3D、虚拟现实（VR）、增强现实（AR）等虚拟技术与新闻实践的结合愈发紧密，新闻传播正加速朝沉浸式、参与式、智能化方向发展，与此同时，新闻价值的

---

① 喻国明，苏健威.生成式人工智能浪潮下的传播革命与媒介生态——从 ChatGPT 到全面智能化时代的未来[J].新疆师范大学学报（哲学社会科学版），2023（05）：81-90.
② 周培源.虚拟媒体人介入新闻传播的优势与隐忧[J].青年记者，2023（33）：20-23.

"真实性"也被重新定义和理解。经过将虚拟技术和现实糅合后，新闻作品的真实程度会在多大程度发生改变尚且难以计算，虚拟现实与真实事件的融合使得事实报道与叙事体验之间的界限变得模糊，这给新闻真实性和可靠性增加了极大的不确定性。沉浸式新闻通过情感驱动和深度参与，可深度影响受众的情感、认知和行为，继而使其对新闻价值的偏好从重要性、时新性等要素转向娱乐性、交互性。以强化"同理心"为核心的沉浸式新闻，关键在于能够建立用户与新闻故事之间的特殊情感联结，但这一情感联结能否激发用户在情感、认知和行动层面的更剧烈的情绪反应尚无确切答案。①

2023年3月，美国首批针对OpenAI制定使用政策的杂志 WIRED 的主编表示，尽管记者可以使用人工智能来生成社交媒体上的标题、文本以及故事创意，但不会使用生成式人工智能来编辑或撰写故事，因为"在一个一切都可以伪造的世界里，最有价值的商品就是信任"②。总体上看，世界范围内商业逻辑主导下的媒体正出现新闻质量和新闻标准降低和选择性事实呈现等信任危机，人工智能因在内容形式上更具逻辑性和吸引力使之看似更具可信度，这使得其深度伪造的虚假信息极易误导用户。2021年9月，《华尔街日报》披露Facebook允许错误信息、虚假信息的传播，导致种族暴力、性别侵害，以及破坏新冠疫苗接种。③这其中隐含的危险在于，倘若新闻业无法在当下社会维护岌岌可危的信任，未来将不能获得可持续发展。

除生成式人工智能对真实性的挑战外，也有学者认为，与传统媒体通过内容生产提供文化和意义建构不同的是，以ChatGPT为代表的生成式人工智能传播逻辑是以连接为目的，它作为一种无边界的技术形态或平台组织，全面融入人类实践领域，或接入社会实体机构中发挥连接与支持的作用。④在这种意义上，生成式人工智能运用于新闻的信息采集、编辑、分发、接收和反馈等全过程，在使编辑部运作效率和质量产生质的飞跃之外，也令新闻从业者和新闻学研究者开始从"关系视角"理解新闻价值，新闻成为"开启、连接、维系关系的一把钥匙"⑤。这种关系视角的新闻价值，原本在于勾连人和世界的最新变动、实现人类自身的沟通，而新闻价值在智能传播时代的再定义将增加人机共存的维度，形成人与人、人与世界以及人与机器之间的关系。

---

① 陈昌凤，黄家圣．"新闻"的再定义：元宇宙技术在媒体中的应用［J］．新闻界，2022（01）：55-63.
② WIRED.How WIRED Will Use Generative AI Tools［EB/OL］．(2023-05-22)［2023-12-25］．https://www.wired.com/about/generative-ai-policy/.
③ SCHECHNER S, HORWITZ, J, &GLAZER, E. How Facebook hobbled Mark Zuckerberg's bid to get America vaccinated［EB/OL］．(2021-09-17)［2023-12-15］．https://www.wsj.com/articles/the-facebook-files-11631713039.
④ 王建磊，曹卉萌．ChatGPT的传播特质、逻辑、范式［J］．深圳大学学报（人文社会科学版），2023（02）：144-152.
⑤ 杨保军，余跃洪．关系价值：新闻价值论的新维度［J］．新闻与写作，2022（12）：45-54.

四、范式更新与交织：新闻实务教学理念和实践的重构

新闻实践及新闻实务教学在两次范式变革中具有连续性特征，新闻传播、公共传播和智能传播三个阶段的变迁并非是线性的，反而是在迭代中有交织、转向中有重叠。据上文分析，我们可以将新闻实践和新闻实务教学在这三个阶段的范式特征概括如下（见表1），从教育理念和实践出发可引发对未来新闻业、新闻教学变革和学术研究的创新想象。

表1 新闻实践及新闻实务教学变化的三个阶段

	新闻传播阶段	公共传播阶段	智能传播阶段
新闻实践特征及变化	记者主导； 组织把关； 社群认同； 以事实、真相来体现公共性	记者、自媒体多元生产； 组织把关与社会监督并重； 新闻"从业者"社群分化； 以事实核准、对后真相矫正和公共对话来体现公共性	记者和机器协同生产； 组织把关、社会监督与新型人工智能伦理规范； 从业者伦理和人工智能规范； 交互式场景探索，以同理心重构新闻感知及公共性
新闻实务教学的变革	案例教学 课外实践 成果产出	案例教学 情境带入 实践反思	案例教学 技术辅助 情境反思 主体意识培育

（一）多元主体协同，坚守信息把关阵地

从新闻传播拓展至公共传播、智能传播，媒介形态从单一报纸、杂志、书籍等印刷媒介进入电影、广播、电视等为代表的电子时代，再到生成式人工智能在新闻业的运用，媒介形态向全感觉趋势发展，媒体从业者也实现虚实融合。[①] 随着虚拟人技术的发展和应用普及，"虚拟人+新闻传播"逐渐深入传媒业态，媒体人角色由真人和虚拟媒体人共同参与扮演，部分主持人、记者的数字分身成为频道的组成部分。例如，澎湃新闻的数字新闻人矩阵。与之相对应的是新闻实务教学须考虑不同阶段的传播情境，以典型案例教学作为重点，引入智能技术辅助实务教学，培养学生应对不同情境的实践惯习和反思能力。在专业媒体主导的新闻传播阶段，从业者凭借专业主义理念和实践进行组织把关，维护行业共识；进入公共传播阶段，多元主体加入新闻生产，信息传播的权力部分让渡给公众，这尽管弱化了专业媒体的权威性和话语权，却也反向提升公众媒介素养，舆论压力和公众参与成为影响新闻把关的重要因素。

生成式人工智能在新闻领域的应用，需要置于新闻传播、公众参与和AI赋能的背景下进行考察。当技术更新呈指数级增长，而社会认知、经济、法律系统进步相对缓

---

① 周培源.虚拟媒体人介入新闻传播的优势与隐忧[J].青年记者，2023（33）：20-23.

慢时，生成式人工智能面对的伦理价值问题将面临更大的风险。虽然在涉及个人隐私、种族、性别、政治等容易引发冲突、对立、歧视的领域，生成式人工智能可以给出这样的回答——"我受到了严格的约束，只回答合法和道德正确的问题，不回答具有攻击性、诽谤性、种族歧视、宗教偏见、色情内容或其他不道德内容的问题"，但这仍然没有解决根本问题。由于语料库驱动的生成式人工智能技术尚且缺乏运用能力，加之生成式人工智能伦理规训成本或沉默成本巨大，当务之急只能通过新增"人工智能伦理规范"等条例法规，以确保人工智能的安全使用、新闻传播的真实有序。

社会的个体化和原子化趋势也加速了群体意见的碎片化，类似ChatGPT的应用创新也不会停止。从人机交互对新闻传播伦理层面的影响来看，公众能够随时随地在不同类型的客户端或数字平台之间切换，这意味着移动化、碎片化的信息接触成为媒介使用的典型场景，公众获取重大信息的速度要求往往超越深度要求，也意味着算法推荐重新塑造内容把关和分发机制、媒体对流量和数据的重视必然有所增强，传播内容商业化和传播模式情感化的特征会更加显著。因此，我们迫切需要通过人性化赋权对媒体生态进行系统修正，强调人类价值观与技术系统的一致性，即"明确人类价值观在技术系统中的原则和尺度"①。AI时代，专业媒体的角色不是信息生态系统的控制者，而是致力于实现该系统有序和道德运作的管家，主动坚守信息把关人阵地，审核确认、整理数据，以及梳理其中的逻辑因果关系，确保智能时代新闻业的客观性、真实性和坚守道德标准。

（二）凸显人类价值，实现人机互补的价值匹配

从媒介生态学的视角来看，智能传播阶段的新闻实务教学是当下媒介技术、传播环境之间相互作用的结果，在关注关键性技术的同时要将更多注意力集中于人的价值。人机共生作为新闻实务教学的一个典型场景，可用以提高培养学生在新的复杂情境中主动学习、快速掌握新知的能力，以及培养更具深度和广度的采访和写作能力。新闻实务教学过程中，ChatGPT具备的写作、绘画生成、处理多轮复杂对话的能力，可用于完成描述图片内容、推理图表、理解漫画含义等多模态任务；人类则可作为"甲方"，练习如何高效且精准地对人工智能进行提问，令人工智能生成更符合人类逻辑的成果。OpenAI日前发布教育版ChatGPT，面向全球教育工作者，辅助教师进行教学角色扮演、为非英语母语学生提供翻译、让学生校验ChatGPT生成信息的准确性等，以实现教学方法创新。全球多所知名大学随即开始研究如何使用AI来协助新闻媒体。美国西北大学梅迪尔学院教授Sean McMinn通过两项试验发现，ChatGPT可帮助学生维

---

① 严三九. 融合生态、价值共创与深度赋能——未来媒体发展的核心逻辑[J]. 新闻与传播研究，2019（06）：5-15，126.

持良好的业务水准，但却无法帮助学生发现新闻线索、掌握核心竞争力。伦敦城市大学的教师在新闻实务教学课堂要求学生拍摄一张有意义的照片，并讲述照片背后的故事，试验发现，ChatGPT 可以为照片生成演说脚本，但它无法取代作品中凝结的人类创造力。

迈克尔·波兰尼在"以价值为中心"（Value-centric）中提出"默会知识"（Tact Knowledge）和显性知识，显性知识可以通过书面文字、图表和数字公式等诸种符号加以表述，而默会知识非语言所能言明，要求学习者具备判断、领悟、理解和分析能力，具有个性特征。① 默会知识的本质是一种"理解力"，对它的获取需要通过启发式教学，在实践行动中激活，这个过程的完成将令认识主体对默会知识具有长期较稳定的个性化认识。皮尤研究中心 2023 年的报告指出，人类需要训练、俯瞰、纵览人工智能，完整透明地了解它是如何运作的，是根据什么假设开展工作的，尤其要了解人类在使用人工智能时，人们的想法、行为会对人工智能作出什么回应，"我们需要向它（人工智能）监视我们一样监视它，我们必须训练它，就像它在我们身上训练一样。"② 未来，许多知识和能力都可以被"外包"给人工智能，但个体运用人工智能的能力，包括学习能力、批判性思维、合作与协作、设计思维与计算思维、创新与创造、解决复杂问题的能力等，很难被人工智能替代。新闻实务教学的目标是培养传播人才的敏锐思维、查验方法和表达能力，应从智能传播的具体应用场景出发，注重树立人的主体性，完善新闻实务教育分析、思考和批判现有知识体系，注重学科知识和个人经验层面的关联，而非盲目陷入对技术变革的过度崇拜。

（三）立足新闻业根基，强化媒体公共传播价值

新闻业的首要目标是以报道促进社会透明度和服务治理现代化，由事实和真相体现新闻公共性。新闻传播、公共传播和智能传播阶段，从"以事实呈现真相"，到"以事实核准、对后真相矫正和公共对话"，再到"通过交互式场景，以'同理心'探索公共性"，这三个阶段的信息传播使命既有延续又有侧重。

上述三个阶段新闻业公共性的体现，均是对新闻实践能力和功能的考验。如何重新配置新闻资源和采编力量，重新建构新闻生产流程和分发机制，如何运用智能技术提升效率又持续激发人的创造力？为此，新闻实务教学当更多引入案例实训，将特定的任务、问题和情境相联系，从两个方面培养学生的创新思维和能力：第一，以社会交往、沟通、传播为基本范畴开展新闻实践教学，使学生掌握在不同平台的文本形态

---

① 波兰尼. 个人知识：朝向后批判哲学[M]. 徐陶，译. 上海：上海人民出版社，2017.
② ANDERSON, J, RAINIE, L.Themes：The most harmful or menacing changes in digital life that are likely by 2035. a report from the Pew Research Center[EB/OL].（2023-06-21）[2023-12-25］. https://www.pewresearch.org/internet/2023/06/21/themes-the-most-harmful-or-menacing-changes-in-digital-life-that-are-likely-by-2035/.

下"讲故事"的能力，懂得如何在复杂舆论场中讲述"重要的故事"和"有意义的故事"。如此，面对突发性事件，他们才能既能准确地反映现场情况，又能跳出具体情境，寻找个人与社会、时代的共通点，提高公共传播和公共对话的可能性。第二，放大由技术差异带来的个性化复合优势，提高对信息内容的搜索、获取、分析、使用能力，以及社会洞察的水平、社会学习的能力。

五、结语

传播观念变化、传播业态变革、传播实践变迁，正重构当下新闻实践的时空观和方法论。面对技术迭代之变，思维和能力的顺势而变、价值和立场的初心不变格外重要。从新闻传播到公共传播、再到智能传播的范式变革，正是要给这种变化和不变提供结构性的阐释框架。如果说第一次范式更新是"人"作为多元行动者对职业记者新闻实践的直接影响，那么第二次范式更新则是"机器"作为新行动者和"智能"作为新逻辑的深刻变革。

全球媒体公司对精通数据、掌握计算技能的记者的需求日益增长，这改变了新闻编辑部的文化。[1]西方国家将技术视作新闻业的"解放性力量"，学者Usher认为精通数据及其可视化技能可以建立新闻记者的权威性，[2]通过对数据的掌握，实现对现实世界可靠和客观的认识和解读，[3]这能印证福柯在《话语的秩序》中提出的数据和权力之间的关系。[4]当下，西方新闻学正逐步对学生进行数据素养训练，要求学生更具反思性和批判性，也由此要求新闻教育者兼具讲故事能力与数字技能。而为解决萦绕在新闻学子中的"数学恐惧"（Fear of Maths）问题，教育者已开展基于数字的新闻叙事能力教学，将数字新闻融入日常新闻实践。面对数据新闻伦理课程缺失现象，西方研究者也强调责任、透明度和隐私问题在数字时代的重要性。[5]西方主流数字新闻学发展与中国学者将伦理规范视为数字新闻之灵魂、将专业技能视为数字新闻之内核的思考不谋而合。[6]与西方不同，中国语境下的技术讨论还体现鲜明的政治属性，数字新闻中的技术实践是中国共产党新闻价值观念和新闻工作传统的再生产和延续。[7]

---

[1] KOSTERICH A, WEBER, MS.Transformation of a modern newsroom workforce [J]. Journalism Practice, 2018 (4): 431-457.

[2] Usher N.News Cartography and epistemic authority in the era of big data: Journalists as map-makers, map-users, and map-subjects [J]. New Media & Society, 2020 (2): 247-263.

[3] MORINI F.Data Journalism as "Terra Incognita": Newcomers' Tensions in Shifting Towards Data Journalism Epistemology [J]. Journalism Practice, 2023: 1-17.

[4] HANNARORD L.The discourses of data journalism [J]. Journalism, 2023 (11): 2397-2417.

[5] BHASKARAN H, KASHYAP, G, &MISHRA, H.Teaching data journalism: A systematic review [J]. Journalism Practice, 2022 (3): 722-743.

[6] 陈科.中国数字新闻业的职业化：内核、语境与伦理 [J].青年记者，2023 (31): 29-35.

[7] 梁君健，杜珂.技术话语与数字新闻学理论的本土特征 [J].新闻界，2023 (10): 20-29.

中西方语境对数字新闻学研究侧重点不同，数字新闻学展现的职业转向均要求新闻传播学知识结构体系的更新，该转向强调在技术应用和新闻创新的基础上，突出价值判断和思想追求。作为学科的"新闻学"不再以媒介机构或职业新闻实践作为学科基础，而是基于整个人类社会的传播实践。[①] 如海德格尔所言，任何一门科学作为研究都以一种限定的对象区域的筹划为根据，任何一门具体科学都必然在筹划的展开过程中通过它们的方法而专门化为特定的探究领域，[②] 两次范式变革也给数字新闻学研究提出新要求——如何在新闻传播、公共传播、智能传播三者交织的语境下，厘清新闻理论研究的元问题，构建实现新闻公共价值的新路径。

以"新闻"为研究对象的新闻学，要以人为基本关怀和价值取向，以"人"和"人与生活世界的关系"作为新闻学研究的中心地带。具体而言，我们要从网络化关系出发，打破现有的专业划分，重新审视人才培养的目标，对现有教学方案、课程设置、知识体系等作出结构性调整。其中，新闻实务教学最重要的不仅仅是专业知识传输和实训技能培养，而是进行价值、意义和智慧的传递，激活个体接近真相、准确表达、高效生产的创造性思维和能力。新闻的本质是对现实的再建构，新闻实务教学的整体转型，可帮助新闻学子重新理解和思考传播、媒介及其与人和社会的关系，真正关照新闻业的核心价值，践行新闻报道活动的社会责任。

本文属2023年度国家社科基金重大项目"智能媒体对新闻真实性的挑战与治理"（项目批准号：23&ZD213）阶段性成果。

作者简介：

张志安，复旦大学全球传播全媒体研究院副院长、新闻学院教授；李欣颖，复旦大学新闻学院2023级博士生；贺涵甫，同济大学设计与创意学院博士研究生。

本文原载《新闻大学》2024年第5期，经作者授权转载。

---

① 黄旦.重造新闻学——网络化关系的视角[J].国际新闻界，2015（01）：75-88.
② 海德格尔.林中路[M].孙周兴，译.北京：商务印书馆，2019.

人工智能在西方新闻传播学领域的研究热点、演进和展望

林功成　李思娴

摘　要：本文以CiteSpace可视化软件作为分析工具，对2020年1月至2024年5月新闻传播学SSCI期刊中以人工智能和新闻业为主题的论文进行了知识图谱分析。研究回顾了人工智能发展的关键节点，并从发文量变化、作者及其合作网络、高被引文章等方面进行了分析，以便对新闻领域与人工智能相关研究的总体状况进行概括。同时，本研究也采用了关键词及主题聚类分析等方法。

关键词：人工智能　新闻　CiteSpace　知识图谱

人工智能技术的发展日新月异，不少国家和地区都将其作为战略科技力量和经济增长的新引擎。各国政府出台了一系列政策文件，明确了人工智能发展的战略目标、重点任务和保障措施。其中，人工智能与新闻业的结合也早已成为新闻传播学的热点领域，人工智能在新闻业中的应用是多方面的，并对新闻的收集、报道和消费方式产生了根本性影响。当下，研究人工智能的意义不仅在于提升新闻业的工作效率和质量，还在于理解和应对由此带来的伦理、社会责任和职业发展等挑战。本文对2020年1月至2024年5月新闻传播学SSCI期刊中以人工智能和新闻业为主题的论文进行了知识图谱分析，探究人工智能在西方新闻传播学领域的研究趋势和热点问题，以期指引未来的研究方向。

一、人工智能在西方国家新闻媒体的应用和发展

人工智能是计算机科学中的一个相对广泛的研究领域，联合国《信息经济报告》将其定义为机器和系统获取和应用知识以及执行智能行为的能力，包括机器学习、自然语言处理、计算机视觉等多种技术路线。[①] 人工智能在新闻业的运用已经有十多年的

[①] UNITED NATION（UNCTAD）.Information economy report 2017：Digitalization，Trade and Development［EB/OL］.（2017-10-03）［2024-07-13］. https://unctad.org/publication/information-economy-report-2017.

历史。① 早在2006年，机器新闻写作已经得到较为普遍的应用，并呈现规模化趋势。②其中，美联社是最早利用人工智能和自动化来支持其核心新闻报道的新闻媒体之一。随着技术的发展，人工智能技术在新闻业中的应用逐渐从辅助增强发展到初步自动化，2014年美联社开始使用人工智能程序处理有关企业收益的报道。机器新闻写作在财经领域获得了越来越广泛的运用，相较于人工编写，人工智能快速处理海量的财经数据，能够极大地节省人力；同时，财经新闻可规范化、可格式化的内容多，数据公布也遵循一定的标准或规范，这也为机器人写作提供了可能。此后，人工智能快速抓取数据的能力使其被广泛运用在体育报道、气象报道等诸多领域。③

人工智能技术的发展和应用为新闻业带来了显著的变革。它不仅提高了新闻生产的效率，还改变了新闻内容的采集、编辑、分发等各个环节。人工智能可以帮助记者快速处理大量数据、监控突发新闻、挖掘媒体意见、提供定制化的推荐新闻，验证假新闻以及通过人工智能进行新闻归档以提高内容管理的效率。④ 国际调查记者同盟（ICIJ）2019年利用doc2vec机器学习模型，将20万份文件里的纯文字转化成数据，并据此报道毛里求斯成为避税天堂的新闻。⑤ 此外，人工智能和无人机的结合改变了传统的新闻采编程序，为调查性报道、自然灾害报道、体育赛事报道等提供了独特的视角。无人机早期的应用方式与直升机在新闻采集中的使用相似，但人工智能的引入使得无人机新闻和虚拟现实、增强现实或混合现实等结合在一起，"智能无人机新闻"成为新闻业发展的全新方向。⑥ 普通公众也越来越习惯基于人工智能技术的新闻推送和分发供稿。对话式新闻机器人（News Chatbots）在早期还只能做到基于关键词的回复，随着人工智能技术的发展，聊天机器人变得更加智能化，它们能够提供个性化和精准的新闻内容推送服务。例如，2019年英国《卫报》推出的聊天机器人设置了定时新闻推送功能，启动该聊天机器人后，后台将自动在每天早上向用户推送精选的新闻报道。人工智能正在成为人类的通信伙伴，这改变了长期以来技术服务于人—人互动的局面，机器人成为具有沟通能力的传播者。

2022年以来，生成式人工智能（Generative A）的蓬勃发展给新闻界带来了更多

---

① LATAR N L.The robot journalist in the age of social physics：The end of human journalism? In：Einav G（ed.）The New World of Transitioned Media［M］.Heidelberg：Springer，2015：65–80.
② DORR K N. Mapping the Field of Algorithmic Journalism［J］.Digital Journalism，2016（6）：700–722.
③ UNDERWOOD C. Automated Journalism – AI Applications at New York Times，Reuters，and Other Media Giants［EB/OL］.（2019-11-07）［2024-07-14］. https://emerj.com/ai-sector-overviews/automated-journalism-applications/.
④ LEWIS S C，GUZMAN A L，SCHMIDT T R. Automation，journalism，and human–machine communication：Rethinking roles and relationships of humans and machines in news［J］.Digital Journalism，2019（4）：409–427.
⑤ SHIEL F & FITZGIBBON W. About the Mauritius Leaks Investigation［EB/OL］.（2019-07-23）［2024-07-24］. https://www.icij.org/investigations/mauritius-leaks/about-the-mauritius-leaks-investigation/.
⑥ PAVLIK J V. Drones，augmented reality and virtual reality journalism：Mapping their role in immersive news content［J］. Media and Communication，2020（3）：137–146.

的机遇和挑战。2022年3月，AI绘图工具MIdjourney问世。2022年11月，OpenAI推出了自然语言处理工具ChatGPT，其自然语言交互与多场景内容生成能力逼近人类，这迅速掀起全球范围的大模型技术发展热潮。2024年3月，文生视频模型Sora上线。记者可以采用"text to image"（文字生成图像）、"text to video"（文字生成影片）、"speech to text"（语音转文字）等AI工具来辅助新闻生产。2024年2月，英国《金融时报》集团为记者开通AI工具ChatGPT和Gemini，鼓励记者探索将AI应用到工作中；集团对外则开发一系列针对读者的AI产品，重点在于盘活旧新闻资料库、语义搜寻、文字总结及声音朗读。在Youtube上也出现了由AI来运作的网上新闻频道，如NewsGPT和Channel.1 AI是两个由AI写稿、画图和读稿并24小时播放的全自动新闻台。不过，生成式人工智能给新闻从业者带来了麻烦。2023年年底，《纽约时报》控告OpenAI和它的合作方微软，利用《纽约时报》的数百万条新闻训练ChatGPT，侵犯该报版权。《纽约时报》称，ChatGPT的生成结果是在近乎一字不漏非法取用网站付费内容等数百篇文章的基础上，威胁其读者订阅和广告收入，另外，有AI生成的答案指该报是错误资讯来源，影响其品牌形象。人工智能与媒体的关系变得更加复杂。新闻机构为保障自身版权利益，纷纷阻截AI平台从它们网站上抓取内容用作系统训练素材。随着人工智能在新闻行业的广泛应用，生成式AI对新闻制作、内容和道德造成的影响，包括是否取代人类记者、影响新闻内容的原创性及准确度等问题成为近一年来业界关注的焦点。

二、人工智能相关研究回顾

长期以来，新闻传播学与人工智能研究沿着两条不同的路径各自发展。20世纪90年代以后，传播学者才开始将注意力投入到人机交互（Human–Machine Communication）领域。随着人工智能和信息技术的快速发展，人机交互研究逐渐扩展到自动化新闻、算法新闻等多个领域，涉及新闻传播、计算机科学等多个学科。当下西方研究者关注人工智能介入新闻内容生产对民主生活和未来图景的影响。乐观者相信人工智能将重塑新闻界，他们担忧社会因过度恐惧而箝制技术的创新发展和应用。但也有不少学者对人工智能的发展表达了忧虑，包括生成式AI对诚信的侵蚀、导致用户认知能力和批判性思维下降、提供错误资讯、加剧偏见和歧视等。就此，本文选择SSCI数据库为检索源获取样本文献数据，以Artificial Intelligence、AI、Machine Learning、Large Language Model、ChatGPT、GPT-4、AIGC、OpenAI等作为关键词，将2023年SSCI收录的84种新闻传播学领域期刊作为初始样本框，发表时间范围是2020年1月至2024年5月，样本主要是研究论文，不包括短论、观点、书评等，最终得到170篇文献。经人工剔除与新闻传播学研究主题无关及语言非英语的检索结果后，本文保留了 113 篇有效文献作为最终分析数据。依据论文标题、摘要、关键词和论文正文等进行了编码。

（一）年度文献数量统计

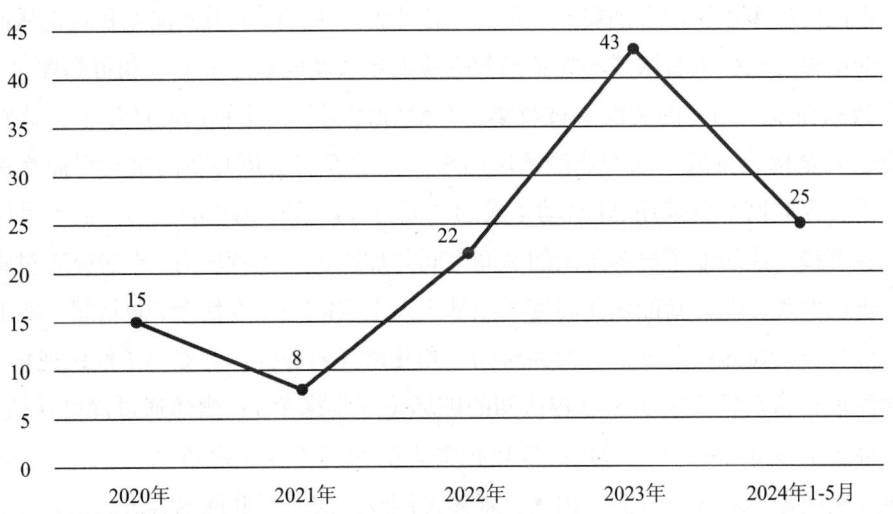

图 1　2020 年 1 月—2024 年 5 月 SSCI 新闻传播学期刊人工智能研究年度发文量变化趋势

从文章分布来看，学术界对 AI 的兴趣急剧增加，特别是在 2023 年以后。早期研究主要集中在机器人写作、数据新闻、新闻可视化等主题，①研究者将人工智能新闻领域细分为自动化新闻写作、数据驱动的新闻、个性化新闻推荐和算法策展等。②在这一阶段，人工智能对新闻业所带来的收益被广泛讨论，而其风险则较少被分析。③新闻行业的内部话语也基本是积极的，新闻从业者认为新闻自动化已极为普遍，这提升了调查性报道的效率。④

2022 年依托人工智能的重磅产品 Midjourney、ChatGPT 等相继问世，生成式人工智能的扩散推动了研究的迅猛发展，当年发文量翻了一倍，并出现了对 AI 的对立观点。技术乌托邦主义者将 AI 的发展分为三个阶段：第一阶段是"狭窄 AI"（Artificial Narrow Intelligence），意指 AI 只是在某些工作上做得比人类好；第二阶段是"通用 AI"（Artificial General Intelligence），强调 AI 的能力跟人类完全一样，在任何工作上

---

① RODRIGUEZ M. T.，NUNES S，DEVEZAS T. Telling Stories with Data Visualization［EB/OL］.（2015-10-20）［2024-07-14］. https://nht.ecs.soton.ac.uk/2015/papers/2-mrodriguez.

② DORR K N. Mapping the field of algorithmic journalism［J］. Digital Journalism，2016（6）：700–722.

③ FAST E，& HORVITZ E. Long-Term Trends in the Public Perception of Artifical Intelligence［J］. Proceedings of the AAAI Conference on Artifical Intelligence，2017（1）：963-968.

④ BECKETTC C. New powers，new responsibilities：A global survey of journalism and artificial intelligence. London School of Economics［EB/OL］.（2019-11-08）［2024-07-14］. https://blogs.lse.ac.uk/polis/2019/11/18/new-powers-new-responsibilities/.

皆可与人类媲美；第三阶段是"超级 AI"（Artificial Super Intelligence），认为 AI 的能力已全方位超越人类。① 从技术发展角度看，目前 AI 的发展还停留在第一阶段，但它已经引发了大量争议。务实主义者认为，机器写作的广泛运用使得流水账式报道大行其道，新闻的故事性被严重削弱。② 人工智能可能会在新闻中引入偏见和歧视从而导致不公平的结果，或引入有限或不完整的数据从而导致新闻缺乏准确性和可靠性。③ 此外，当个人数据在未经同意的情况下被收集、存储和使用时，隐私问题产生了，这将对隐私和数据安全构成挑战。从产业经济层面来看，学者们也担心新闻机构将面临更加强大的对手，互联网平台采用 AI 自动生成的新闻内容以响应用户的搜索，而不是媒体提供的内容链接，这压缩了媒体集团的利润空间并加剧了其经营压力。④ 研究者对媒体的内容分析也发现，西方新闻媒体高度关注基于人工智能的深度伪造/假新闻，相关新闻呈现三种视角：媒体将深度伪造视为对妇女和儿童等弱势群体的威胁（性别视角）；媒体关注深度伪造对社会现实和真相认知的破坏（事实视角）；媒体通过深度伪造现象，探讨专业记者的重要性并强调传统媒体把关人的作用（专业视角）。三种叙事方式展现了西方新闻媒体对人工智能的担忧，媒体强调政府应对互联网内容进行监管。⑤ 由于 AI 的强大，西方学术界出现大量与 AI 管治（AI Governance）相关的讨论，它是为确保负责任且合乎道德地使用 AI 技术而制定的原则、框架和政策，涉及对 AI 系统的监管和监督，以确保其开发、部署和使用符合社会价值观、尊重人权，并最大限度地减少潜在风险和危害。⑥

（二）主要发表期刊分析

表 1 展示了人工智能相关研究所发表期刊的详细情况，在该领域发文量最高的是 *Digital Journalism*，共有 20 篇论文且多集中在 2022 年以后。*Digital Journalism* 创刊于 2013 年，每年出版 10 期，致力于推进国际数字新闻研究。该刊创刊历史较短，对新媒体技术的关注度较高。其他期刊则相差不大，发稿量在 5—10 篇。近年来 *Digital*

---

① SAGHIRI A M, VAHIDIPOUR S M, JABBARPOUR M R, SOOKHAK M, FORESTIERO A. A survey of artificial intelligence challenges: Analyzing the definitions, relationships, and evolutions [J]. Applied Sciences, 2022（8）：40-54.

② LATAR N L.The robot journalist in the age of social physics: The end of human journalism? In: Einav G (ed.) The New World of Transitioned Media [M]. Heidelberg: Springer, 2015: 65-80.

③ JAIN A, PATEL H, NAGALAPATTI L, GUPTA N, MEHTA S, GUTTULA S, MUJUMDAR S, AFZAL R, MTTAL R S, MUNIGALA V. Overview and importance of data quality for machine learning tasks [C]. Proceedings of the 26th ACM SIGKDD International Conference on Knowledge Discovery & Data Mining, 2020: 3561-3562.

④ JUNGHERR A, SCHROEDER R. Artificial intelligence and the public arena [J]. Communication Theory, 2023（3）：164-173.

⑤ YADLIN-SEGAL A, & OPPENHEIM, Y. Whose dystopia is it anyway? Deepfakes and social media regulation [J]. Convergence, 2021（1）：36-51.

⑥ ROBERTS H, HINE E, TADDEO M, FLORIDI L.Global AI governance: barriers and pathways forward [J]. International Affairs, 2024（3）：1275-1286.

Journalism 的影响因子上升很快，这说明该期刊在新闻与人工智能的研究中具有较高的影响力。

表1 人工智能相关研究发表期刊分析（前10位）

期刊名称	2023年影响因子	2020年发文数（篇）	2021年发文数（篇）	2022年发文数（篇）	2023年发文数（篇）	2024年1-5月发文数（篇）	总发文数（篇）
数字新闻 Digital Journalism	5.2	1	0	6	8	5	20
新闻实践 Journalism Practice	2.2	0	1	0	9	2	12
信息专业人员 Profesional de la Informacion	2.6	1	0	1	9	0	11
新闻业 Journalism	2.7	0	1	1	2	4	8
媒体与传播 Media and Communication	2.7	5	0	0	1	0	6
新媒体与社会 New Media & Society	4.5	0	0	4	0	0	4
新闻学研究 Journalism Studies	2.8	0	1	2	0	2	5
国际传播杂志 International Journal of Communication	1.9	0	2	0	2	1	5
新闻与大众传播季刊 Journalism & Mass Communication Quarterly	3.4	0	0	0	3	1	4
广播与电子媒体杂志 Journal of Broadcasting & Electronic Media	2	0	0	1	2	0	3

（三）主要学者及合作网络分析

利用 CiteSpace 软件，我们绘制了作者共现图谱（见图2），图谱中共生成155个节点，188条连线，网络密度0.0158。其中，发文量排名前10位的作者分别为 Lopez-garcia, Xose（6篇）；Vazquez-herrero, Jorge（5篇）；Gutierrez-caneda, Beatriz（4篇）；Sanchez-garcia, Pilar（4篇）；Diez-gracia, Alba（4篇）；Pont-sorribes, Carles（4篇）；Moran, RachelE（4篇）；Shaikh, Sonia Jawaid（4篇）；Kuai, Joanne（4篇）；Zamith, Rodrigo（3篇）。其中西班牙学者洛佩兹—加西亚（Lopez-garcia）发文数量较多，他的研究聚焦西班牙媒体对人工智能的采用、虚假新闻和选举、数字新闻等主

题。排名居前位的多名学者也都来自西班牙,西班牙圣地亚哥德孔波斯特拉大学、巴利亚多利德大学、庞培法布拉大学等学校的传播学系正在集中力量进行 AI 方面的社会科学研究。通过对 2020 年 1 月—2024 年 5 月新闻传播学 SSCI 期刊人工智能研究作者共现图谱的分析,我们可以清晰地看出作者之间合作网络密度较低(低于 0.1 的有效中介性),合作网络初步形成。

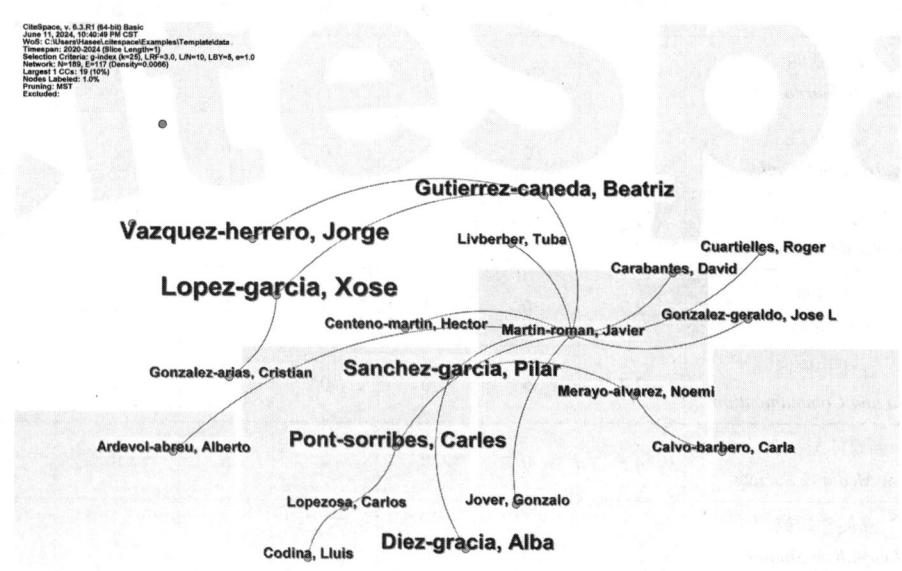

图 2　2020 年 1 月—2024 年 5 月 SSCI 新闻传播学期刊人工智能研究作者共现图谱

(四)高被引文献分析

引用率高的文献能够反映学界在人工智能研究领域中所关注的核心要点。表 2 呈现了引用量排名前 10 的高被引文献。在这 10 篇论文中,研究者所关注的主题存在一定的相似性并可分为三类研究。

第一类研究是从本体论角度对人工智能进行思考,研究结合哲学、社会学和传播学等领域的知识,对现有理论进行批判性分析并试图预测人工智能研究的未来发展方向。智能一直被视为人类独有的属性,人工智能的出现冲击了这一观点,这要求研究者重新考虑智能的本质和智能行为的界限。Guzman 等认为,以人—人交流为重点的传播理论范式不能解释人工智能技术所带来的新问题。人工智能作为交流主体,模糊了过去人与机器之间的本体论界限,挑战了以人类为中心的交流定义。①Sundar 通过文献综述和理论分析,提出了人机交互研究的未来方向,包括技术可供性、用户体验等。②

---

① GUZMAN A L, & LEWIS S C. Artificial intelligence and communication: A human–machine communication research agenda [J]. New Media & Society, 2020 (1): 70–86.
② SHYAM SUNDAR S. Rise of machine agency: A framework for studying the psychology of human-AI interaction (HAII) [J]. Journal of Computer-Mediated Communication, 2020 (1): 74–88.

第二类研究关注人工智能在新闻领域中的具体应用及其影响因素。随着人工智能的发展，用户可以使用聊天机器人来查询并获得新闻，媒体也可以通过计算机算法让新闻内容被自主生成。Shin 采用实验法探讨了用户在对话式新闻中对聊天机器人的拟人化感知和可解释性感知是如何影响用户对人机交互的看法。结果显示，聊天机器人的拟人性越强，感知新闻的可解释性就越高，用户的使用意愿就更高。①Graefe 采用元分析法，检索了 2017 年至 2020 年读者对自动化新闻和人类撰写新闻感知的实验性证据。研究者对这些文献进行了筛选和编码，最终纳入 12 项研究。元分析的结果显示，尽管自动化新闻在可信度上与人类撰写的新闻没有差异，但在新闻质量和可读性方面存在一定差距。如果参与者认为他们阅读的是由人撰写的文章，他们会给出更高的评分。这一结果可能会使新闻机构避免透露某个故事是自动生成的，从而凸显自动化新闻带来的道德挑战。②Schapals 等则对德国多家媒体机构的编辑和记者进行了半结构化访谈，分析新闻工作者对自动化新闻的看法，包括自动化新闻如何影响新闻工作者在新闻生产中扮演的角色。结果表明，新闻工作者普遍认为自动化新闻技术改进了自己的工作表现，他们认为自动化新闻技术是对人类工作的补充，而非代替。此外，研究指出新闻工作者在面对技术变革时并未动摇对自身职业身份和专业理念的认同。这一结果表明，人工智能不仅为新闻行业带来了冲击，也带来了技术福祉，新闻工作者面对人工智能技术所采取的应对策略会在一定程度上影响人机沟通的效果。③

第三类研究探索了人工智能对媒体行业乃至社会制度带来的深远影响及其引发的伦理争议。人工智能从根本上变革了新闻分发的模式，算法黑箱带来的传播伦理问题引发了新闻从业人员和受众的隐忧。Simon 认为互联网平台公司（如谷歌、微软、脸书等）正在加深对新闻机构的控制，过去这种控制主要来自平台对传播渠道的限制，但随着 AI 技术渗透新闻制作的各个阶段，在新闻生产中引入人工智能可能会进一步增加新闻机构对平台的依赖。④随着深度伪造技术的发展和应用，其在社交媒体上的监管问题成为理解数字媒体生态系统的关键。Vaccari 等利用在线实验法探讨了基于 AI 的深度伪造技术对政治虚假信息传播的影响，研究发现深度伪造视频会增加公众对新闻真实

---

① SHIN D. The perception of humanness in conversational journalism: An algorithmic information-processing perspective [J]. New Media & Society, 2021 (12): 2680-2704.
② GRAEFE A, & BOHLKEN N. Automated journalism: A meta-analysis of readers' perceptions of human-written in comparison to automated news [J]. Media and Communication, 2020 (3): 50-59.
③ Schapals, A., & Porlezza, C. Assistance or Resistance? Evaluating the Intersection of Automated Journalism and Journalistic Role Conceptions [J]. Media and Communication, 2020 (3): 16-26.
④ SIMON F M. Uneasy bedfellows: AI in the news, platform companies and the issue of journalistic autonomy [J]. Digital Journalism, 2022 (10): 1832-1854.

性的不确定性认知,从而降低对社交媒体新闻的信任。[①]Yadlin-Segal等则从媒体的角度出发,探讨了深度伪造技术与新闻的关系,研究通过梳理媒体对深度伪造技术的报道框架和报道策略,揭露了媒体对深度伪造技术的报道如何塑造公众对社交媒体内容监控的认知。研究发现媒体在报道深度伪造技术时运用了反乌托邦的叙事策略,即将深度伪造技术描绘成破坏社会稳定的反乌托邦,新闻界普遍认为深度伪造是一种极具破坏性的技术,它伤害了女性和儿童等弱势群体,模糊了真实与虚假的边界,运用深度伪造技术制作的内容(如假视频)被视为对社会和政治稳定的直接威胁。基于以上现状,研究者指出记者应当转变报道框架,除强调技术可能带来的负面影响外,也应当从技术批判性的视角出发,向公众解释深度伪造技术可能带来的福祉,同时承担社会责任,呼吁并推动监管政策的制定。人工智能的飞速发展加剧了不同地域之间的数字鸿沟,有学者从这一角度出发,探讨了AI快速发展带来的数字鸿沟在新闻生产领域的体现。Jamil运用深度访谈法,调研了巴基斯坦记者如何看待人工智能在新闻业的运用,并认为发展中国家应当推动技术发展,加快认知转变,接受自动化新闻这一未来趋势。[②]最后,人工智能在带来变革的同时,也挑战着受众的固有认知。Hermann采用文献回顾法,探讨了AI个性化在伦理方面的影响,包括隐私、偏见和透明度等问题,作者提出应提高公众的AI文化素养,即对AI输入、功能和结果等的基本理解。[③]

表2 人工智能相关研究高被引文献(前10位)

序号	作者	篇名	来源期刊	发表年份	被引次数
1	Guzman, A. L. & Lewis, S. C.	人工智能与传播:人机交流的研究议程 Artificial intelligence and communication: A Human-Machine Communication research agenda	新媒体与社会 New Media & Society	2020	236
2	Vaccari, Cristian; Chadwick, Andrew	深度伪造与虚假信息:合成政治视频对新闻欺骗、不确定性和新闻信任的影响 Deepfakes and Disinformation: Exploring the Impact of Synthetic Political Video on Deception, Uncertainty, and Trust in News	社交媒体与社会 Social Media + Society	2020	235

---

① VACCARI C, CHADWICK A. Deepfakes and disinformation: Exploring the impact of synthetic political video on deception, uncertainty, and trust in news [J]. Social Media + Society, 2020(1): 118-126.

② JAMIL S. Artificial intelligence and journalistic practice: The crossroads of obstacles and opportunities for the Pakistani journalists [J]. Journalism Practice, 2021(10): 1400-1422.

③ HERMANN E. Artificial intelligence and mass personalization of communication content—An ethical and literacy perspective [J]. New Media & Society, 2022(5): 1258-1277.

续表

序号	作者	篇名	来源期刊	发表年份	被引次数
3	Sundar, S. Shyam	机器能动性的崛起：研究人与 AI 交互心理的框架 Rise of Machine Agency：A Framework for Studying the Psychology of Human-AI Interaction（HAII）	计算机中介传播期刊 Journal of Computer-Mediated Communication	2020	207
4	Shin, Donghee	对话新闻中的拟人性感知：以算法信息处理为视角 The perception of humanness in conversational journalism：An algorithmic information-processing perspective	新媒体与社会 New Media & Society	2021	56
5	Yadlin-Segal, Aya; Oppenheim, Yael	哪一方的反乌托邦？深度造假与社交媒体监管 Whose dystopia is it anyway? Deepfakes and social media regulation	融合：国际新媒体技术研究杂志 Convergence：The international Journal Of Research into New Media Technologies	2021	40
6	Simon, Felix M.	不安的同床异梦：新闻中的 AI、平台公司与新闻自主性问题 Uneasy Bedfellows：AI in the News, Platform Companies and the issue of Journalistic Autonomy	数字新闻 Digital Journalism	2022	39
7	Graefe, Andreas; Bohlken, Nina	自动化新闻业：读者对人工写作与机器写作的认知的元分析 Automated Journalism：A Meta-Analysis of Readers' Perceptions of Human-Written in Comparison to Automated News	媒体与传播 Media and Communication	2020	38
8	Hermann, Erik	人工智能与大众传播内容的个性化——伦理与素养的视角 Artificial intelligence and mass personalization of communication content——An ethical and literacy perspective	新媒体与社会 New Media & Society	2022	38
9	Jamil, Sadia	人工智能与新闻实践：巴基斯坦记者正面临机遇与挑战并存的十字路口 Artificial Intelligence and Journalistic Practice：The Crossroads of Obstacles and Opportunities for the Pakistani Journalists	新闻实践 Journalism Practice	2021	38
10	Schapals, Aljosha Karim; Porlezza, Colin	辅助还是抵抗？评估自动化新闻与新闻角色观念的交汇点 Assistance or Resistance? Evaluating the Intersection of Automated Journalism and Journalistic Role Conceptions	媒体与传播 Media and Communication	2020	32

（五）关键词与主题分析

1. 关键词共现图谱

关键词反映了文献的核心内容，通过关键词共现能够对 2020 年 1 月—2024 年

5月新闻传播学SSCI期刊人工智能研究的热点和动向有更清晰的认识。就此，我们在CiteSpace中进行设置：在Pruning模块勾选Pruning Sliced Networks和Minimum Spaning Tree，裁剪数据后将阈值设置为Threshold>5，进一步调整图谱使其更加美观，最终生成关键词共现图谱（见图3）。在关键词共现图谱中，节点越大，表示关键词出现的频次越高；节点的年轮层次与左下角的时间相对应，年轮层次越多，则代表该关键词被引用的时间跨度越大。

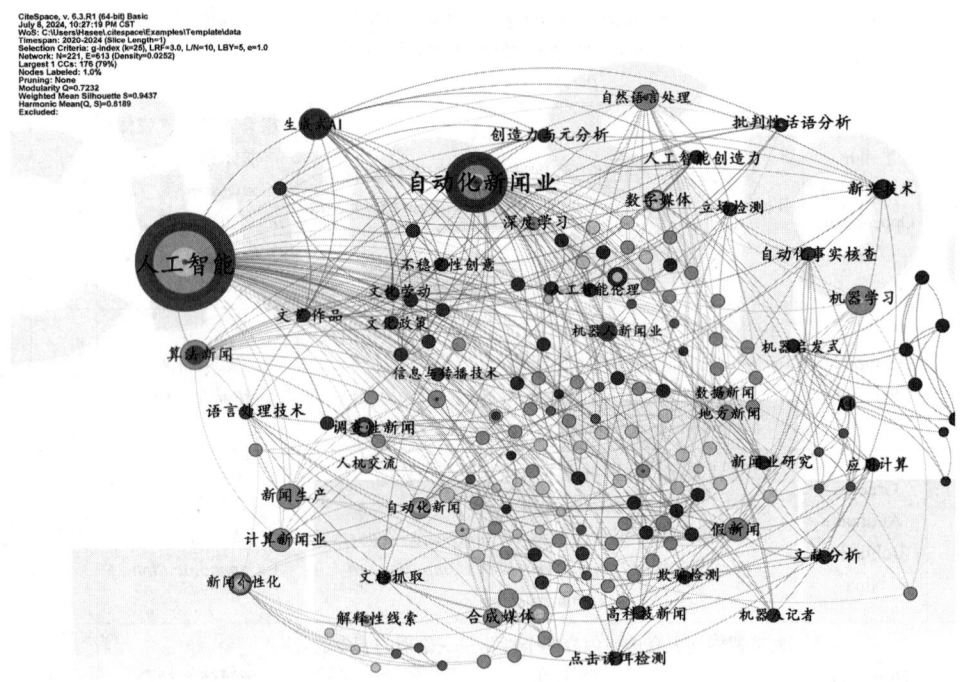

图3 2020年1月—2024年5月SSCI新闻传播学期刊人工智能研究关键词聚类图谱

人工智能在关键词中出现的频率最高，其次是自动化新闻、个性化新闻、人机交互、机器人记者、算法新闻、大语言模型等概念。随着ChatGPT的出现，自然语言处理（NLP）的标志性突破得到了学界的关注，运用这一技术的相关研究也大量涌现，同时，生成式AI带来的种种收益与问题也引起了学界讨论。自动化新闻、数字新闻业的研究在2020年后都呈现较大涨幅。

2. 关键词的主题聚类分析

在上述关键词共现图谱的基础上，我们绘制了关键词聚类图谱，设置聚类显示数量k=15，进一步调整图谱使其更加美观，最终生成2020年1月—2024年5月传播学SSCI期刊人工智能研究关键词聚类图谱。10个主题聚类分别为：#0自动化新闻（Automated Journalism），#1无人机新闻（Aerial Journalism），#2信任（Trust），#3自然语言处理（Natural Language Processing），#4生成式AI（Generative AI），#5个性化新闻（News Personalization），#6 合成媒体（Synthetic Media），#7 人机交互（Human-machine Communication），#8 机器新闻（Robot Journalism），#9 调查性新闻（Investigative Journalism）。在 CiteSpace 中，作为评判图谱绘制效果的依据，Q 值（模块值）为0.8049，S 值（平均轮廓值）为 0.9712，这说明聚类的结果是显著的。

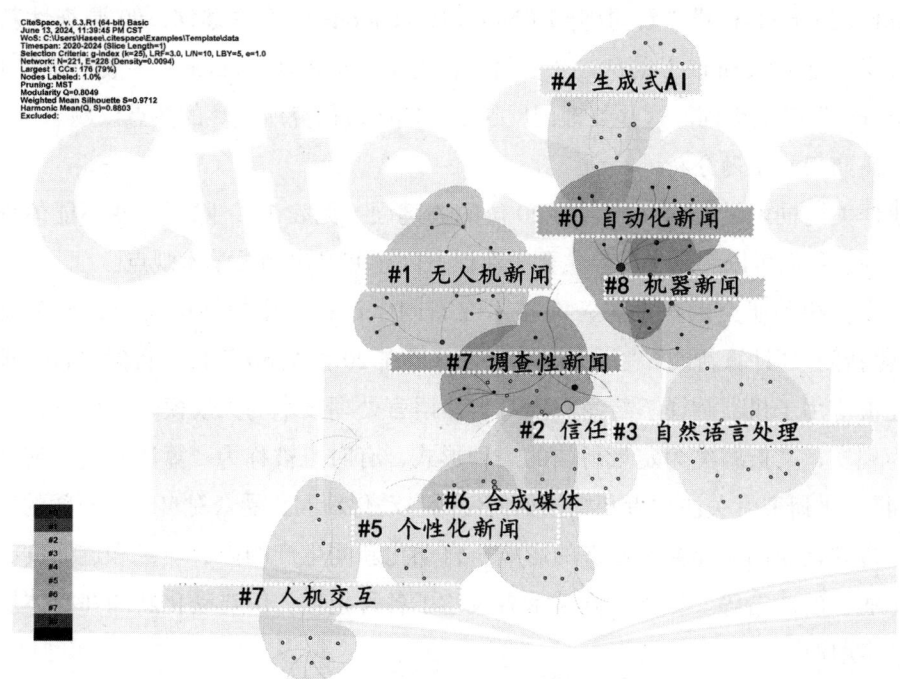

图 4　2020 年 1 月—2024 年 5 月 SSCI 新闻传播学期刊人工智能研究关键词聚类图谱

每个主题聚类都包含许多子课题，连线代表着不同子课题之间的关系，从 10 个主题聚类的分布位置可以看出聚类之间相互联系。#0 自动化新闻包含"自动化视频（Video Automation）""信息和通信技术（Information and Communication Technology）""新闻分发（Journalistic Dissemination）"等关键词，#1 无人机新闻包含"无人驾驶飞行器（Unmanned Aerial Vehicles）""数字媒体（Digital Media）""新闻伦理（Journalism Ethics）""策略网络（Policy Network）"等关键词，#2 信任包含"公共服务媒体（Public Service Media）""人工智能自主程度（AI Autonomy Level）""人际传播（Interpersonal Communication）"等关键词，#3 自然语言处理包含"媒体档案（Media Archives）""深度学习（Deep Learning）""话语分析（Discourse Analyses）"等关键词，#4 生成式 AI 包含"大语言模型（Large Language Models）""新兴技术（Emerging Technology）""AI 与新闻业（AI and Journalism）"等关键词，#5 个性化新闻包含"解释性新闻（Explainable Journalism）""受众研究（Audience Studies）""对话式新闻（Conversational Journalism）"等关键词，#6 合成媒体包含"算法艺术（Algorithmic

Art)""新闻专业（Journalistic Profession）""新闻 AI（Journalistic AI）"等关键词，#7 人机交互包含"机器启发式（Machine Heuristic）""媒介理论（Media Theory）""认知与情感参与（Cognitive and Affective Involvement）"等关键词，#8 机器新闻包含"机器人新闻业（Robot Journalism）""技术创新（Technological Innovation）""机器人记者（Robot Journalists）""新闻感知（News Perception）"等关键词，#9 调查性新闻包含"机器学习（Machine Learning）""角色行为（Role Performance）""数据新闻（Data Journalism）"等关键词。这些关键词反映了不同阶段研究所关注的热点议题。

3. 高频词与主题分析

根据关键词聚类图谱和排名前 20 位的关键词（见表 3），除了一些不能体现研究热点的词，我们可以发现学术界主要关注以下问题并产出相关学术观点：

第一，相关研究聚焦人工智能技术在新闻生产过程中扮演的角色，相关概念如"自动化新闻""计算新闻""算法新闻"等。早在 20 世纪 50 年代，自然语言处理技术就已经被应用于机器翻译。新闻媒体对自然语言处理技术的大规模采纳使得自动化新闻成为现实，其被归类为定量新闻的一种形式，有时也被称为"算法新闻"或"机器人新闻"。[1] 研究者关注记者和媒体如何使用自动化新闻、受众对自动化新闻的感知和采纳、自动化新闻对社会和经济的影响、自动化新闻生产的内容质量和透明度、其对新闻专业性的冲击等。尽管西方学术界表达了各种担忧，但自动化新闻在媒体层面的应用稳步增加。

第二，相关研究从理论层面探索人机交互的信任机制，并尝试建立有关模型解释。例如，研究者提出可以解释人机交互信任与否的"机器启发模式"（Machine Heuristic Model）。该模式认为，当个体感知到与其交互的是一台机器而不是人时，个体会自动地启动关于机器的刻板印象。个体认为 AI 是客观的、在意识形态上是无偏见的，这引发个体的正面反应，此种路径被称为"积极的机器启发"。不过，也有个体会产生"消极的机器启发"，即认为机器缺乏作出细致入微的主观判断的能力。[2] 研究发现，使用情境、对人工智能的恐惧感和政治意识形态等能够预测用户调用哪一种机器启发路径，并影响他们对人工智能的看法。[3] 其他常用解释框架或概念还包括技术接受模型、计划行为理论、创新扩散理论、敌对媒体、拟人化、隐私关注、社会信任等。

---

[1] CODDINGTON M. Clarifying journalism's quantitative turn：A typology for evaluating data journalism, computational journalism, and computer-assisted reporting [J]. Digital Journalism, 2015（3）：331-348.

[2] SUNDAR S S. Rise of machine agency：A framework for studying the psychology of human-AI interaction（HAII）[J]. Journal of Computer-Mediated Communication, 2020（1）：74-88.

[3] MOLINA M D. & SUNDAR S S. When AI moderates online content：Effects of human collaboration and interactive transparency on user trust [J]. Journal of Computer-Mediated Communication, 2022（4）：1-12.

表 3　排名前 20 位的关键词

序号	关键词	频次	序号	关键词	频次
1	人工智能（Artificial Intelligence）	76	11	生成式 AI（Generative AI）	8
2	自动化新闻（Automated Journalism）	40	12	自然语言处理（Natural Language Processing）	8
3	算法（Algorithms）	32	13	新闻生产（News Production）	7
4	自动化（Automation）	17	14	纳米技术（Nanotechnology）	6
5	社交媒体（Social Media）	15	15	数字新闻（Digital Journalism）	5
6	计算新闻（Computational Journalism）	13	16	机器人新闻（Robot Journalism）	4
7	假新闻（Fake News）	11	17	新兴技术（Emerging Technologies）	4
8	机器学习（Machine Learning）	10	18	合成媒体（Synthetic Media）	4
9	可信性（Credibility）	9	19	数字媒体（Digital Media）	4
10	算法新闻（Algorithmic Journalism）	9	20	深度学习（Deep Learning）	3

三、总结与展望

近年来人工智能在新闻传播领域的研究取得了令人瞩目的进展，从机器学习到深度学习，再到自然语言处理，每一项技术都在不断地突破和创新。研究成果的丰硕不仅体现在学术界的论文发表数量上，还体现在其在实际应用中的巨大潜力和影响。然而，尽管人工智能技术的发展速度迅猛，但当我们深入观察时，不难发现其中仍有许多问题需要进一步的研究和探讨。例如，算法的透明度和可解释性、数据隐私和安全问题以及人工智能伦理和道德问题等，这些都是目前西方学术界正在积极研究和讨论的焦点。

第一，算法的透明度和可解释性。人工智能算法的透明度和可解释性是当前研究中的一个关键议题。随着机器学习模型变得越来越复杂，它们的决策过程往往变得难以理解和解释。这不仅对用户信任构成了挑战，也给监管机构带来了困难。为了解决这一问题，政府应该进一步推动制定标准和指南，以确保人工智能系统的决策过程能够被合理地审查和理解；互联网企业和平台应该探索新的算法设计方法，提高模型的可解释性，使其决策过程更加透明。随着算法在新闻推荐系统和内容分发平台的广泛应用，它们对公众意见的形成和信息获取方式产生了显著影响。因此，研究者应进一步深入探讨算法决策的机制，探索如何提高算法的透明度，确保新闻内容的公正性和多样性；普通公众应通过参加教育和培训提高对人工智能影响的认识，培养批判性思维能力，以更好地理解和利用技术。

第二，数据隐私和安全。数据隐私和安全是人工智能发展中不可忽视的问题。随着人工智能系统对海量数据的依赖性增加，如何保护个人数据不被滥用或泄露变得尤为重要。这不仅涉及技术层面的加密和访问控制，还包括法律法规的制定和执行。不少国家和国际组织正在努力制定相关的数据保护法规，以确保人工智能技术的发展不会侵犯个人隐私。同时，企业和研究机构也在寻找更加安全的数据存储和处理方法，以减少数据泄露的风险。然而，我国深厚的集体主义文化传统一定程度上影响了社会对隐私的看法和期望，数字经济的快速发展对人工智能技术有着巨大的需求，这客观上使得隐私问题变得不那么重要。这些因素都导致国内研究者往往对隐私泄露风险的认识不足，未能充分考虑隐私保护的重要性。

第三，人工智能伦理和道德问题。人工智能伦理和道德问题是技术发展中必然面对的挑战。随着人工智能技术在新闻生产和分发中的应用，如自动化新闻写作和机器人记者，学者需要探讨这些技术如何影响新闻的客观性、真实性和伦理标准。而从更宏大的视野来看，人工智能在医疗、司法、教育等领域的应用日益广泛，其决策对人类生活可能产生深远影响。这就要求我们在设计和部署人工智能系统时，必须考虑伦理原则，如公平性、正义性和责任性。目前，相当多的学者正在就如何将伦理原则融入人工智能系统的开发过程进行深入讨论。在现有研究的基础上，我国学界应进一步通过跨学科合作，与技术、法律和哲学等领域的专家共同研究人工智能在新闻领域的应用伦理，为制定相关政策和指导原则提供理论支持和实践案例。

第四，人工智能的强迭代性决定了相关研究也必须与时俱进。生成式人工智能发展迅猛，背后的种种问题亟待学界从社会性根源出发进行研究，未来研究的方向需要结合新闻传播学原有理论框架，更好地吻合人工智能的发展方向。此外，人工智能技术的普及和应用也带来了新的社会问题，如就业结构的变化、公众技能的更新等，这些问题需要社会各界的共同关注和深入思考。总体来看，人工智能的发展虽然充满希望，但也伴随着挑战，学术界需要进行不断地探索，以确保技术的进步能够为社会带来积极的影响。

本文系互联网与国家治理研究中心、广东省舆情大数据分析与仿真重点实验室、广州大数据与公共传播研究基地的系列成果之一。

作者简介：
林功成，中山大学新闻传播学院副教授、中山大学互联网与国家治理研究中心副主任；李思娴，中山大学新闻传播学院传播学系学生，研究助理。

第三部分
年度观察

数字新闻实践中的专业变革、失守与重思
——2023 年中国新闻业年度观察报告

张志安　丁超逸

摘　要：本文以 2023 年中国新闻业的重大事件为观察对象，重点回顾全国两会、杭州亚运会、巴以冲突等重大事件的新闻报道，从报道表现、业态变迁、专业反思三个维度出发，归纳总结本年度中国新闻业的主要特征：专业媒体通过重大事件主题报道体现专业权威，还原多维现场呈现专业报道，持续打造矩阵化传播格局；自媒体、机构媒体持续开展多元内容生产实践；专业媒体面临影响力减弱的风险，流量化和戏谑化内容广泛传播，大模型带来虚假新闻的风险。基于上述分析，面向未来的数字新闻业实践和发展，应当持续深化专业价值和专业思维，全面提升专业行动能力与专业实践效果。

关键词：数字新闻业　新闻生产　全媒体传播体系　平台社会

2023 年是全面落实党的二十大精神的开局之年，是全面建设社会主义现代化国家新征程的起步之年。这一年全国两会选举产生新一届国家机构领导人员，杭州亚运会、成都大运会成功举办。这一年也是改革开放四十五周年，是共建"一带一路"倡议提出十周年，是"媒体融合"作为国家战略整体推进的第十年。这些重大事件和重要时间节点，为数字社会的新闻生产提供了重大议题。

在平台社会变革与数字新闻业发展的过程中，新传播革命颠覆了原有的信息秩序，新兴技术重塑传统新闻业态，多元行动者网络成为数字新闻业的实践主体。如何在复杂的事件和情境中核查事实、接近真相？如何在网络舆论分化的社会中重建和扩大共识？如何在技术迭代发展的过程中坚守专业原则和底线？这些问题，给当下的新闻专业和新闻行业带来新的机遇与挑战。

这一年，在专业媒体开展的数字新闻实践以及机构媒体、自媒体进行的创新探索中，众多专业现象和专业议题呈现，这也引发了学界对专业本身的思考。本文以 2023 年中国新闻业重大事件、典型案例和相关行业数据为基础，总结新闻业发展变化的年

度特点，并立足全媒体传播体系建设、平台社会语境和数字新闻业发展，对 2023 年中国新闻业的实践进行分析，串联起报道表现、业态变迁、专业反思三条线索，在数字新闻生产实践中重思专业。

一、专业新闻生产中的报道实践

专业性是主流专业媒体生存和发展的实践、规范和价值基石。本年度的数字新闻生产实践中，专业媒体和从业者凭借专业知识、专业技能和专业规范，基于重大主题报道体现专业权威，通过还原多维现场提升报道的专业性，参与问题调查促进社会治理，开展多层次、多维度的专业实践。

（一）主题报道注重融合形态和海量触达

今年是中共中央办公厅、国务院办公厅印发《关于推动传统媒体和新兴媒体融合发展的指导意见》的第十年。其中，锻造中国新型主流媒体，凝聚社会共识，加强在互联网空间的传播能力建设，成为主流媒体着眼于未来发展的重大战略选择，也是主流媒体提升传播力、引导力、影响力、公信力，以专业权威呈现专业报道的有效路径。[1] 针对 2023 年全国两会、进博会等年度重大事件以及亚运会、大运会等国际性高规格体育赛事，主流媒体着眼于报道视角、内容呈现、技术应用、渠道分发等多个维度，推出形式丰富的全媒体报道。

在 2023 年全国两会的报道实践中，中央级主流媒体以不同形式和角度解读政府工作报告，全面聚焦两会实况。《人民日报》在客户端和多个平台账号推出专题作品，实现全媒、全景、全方位报道。微博@人民日报推出长图《一图速览政府工作报告》、图解《"数读"政府工作报告，这些 KPI 与你有关》、海报《5% 左右》、手绘《一目了然！手绘政府工作报告里的民生事》等作品，对政府工作报告的关键要素进行提炼，以视觉化、形象化、通俗化的图文形式呈现。人民网、人民视频推出"小经跑两会"系列短视频，累计传播量超 3 亿次。短视频《为了人民》在微信视频号播放量超 1,000 万次，在抖音等平台播放量近 8,000 万次、点赞 276.7 万。[2] "两会观察""两会夜话"等对话类栏目，邀请代表委员与专家学者、一线工作者面对面互动交流，辅以深度访谈和记者观察手记，解读社会热点、回应群众关切，总播放量超 4,500 万次。[3]

新华社注重发挥主阵地的影响力，客户端、官网成为发布权威信息的重要渠道。

---

[1] 李良荣，袁鸣徽.锻造中国新型主流媒体［J］.新闻大学，2018（05）：1-6，145.
[2] 人民网.全媒全景聚焦全国两会［EB/OL］.（2023-03-12）［2023-11-30］.http://lianghui.people.com.cn/2023/n1/2023/0312/c452482-32642270.html.
[3] 曼叶平，杨阳.守正创新 全媒融合 汇聚合力——人民日报社 2023 年全国两会融合报道创新实践［J］.传媒，2023（08）：14-16.

在新华社客户端，用户能从《一图速览2023年政府工作报告》《两会新华社权威快报 | 2023年发展主要预期目标》《新华社记者带你听两会丨成绩单里听发展》等权威发布中获取重要信息。①互动作品《总书记的这些两会关切，有了哪些新变化？》以五组海报、十张卫星图带来较强视觉效果，缩减文件式、通稿式的行文，"家常话"的表达方式增强了报道的贴近性。用户点击海报，即可看到多个地区前后变化的震撼对比，直观感受民生福祉的巨大变化。作品发布后，当日全网阅读量近1.1亿次。②

全国两会召开之际，一些地方媒体的主题报道和特别策划守正创新，取得较好传播效果。川观新闻和多家媒体联合推出"四极一起拼"联动海报，号召移动端用户打开春日里的中国拼图，相关微博话题阅读量超过5,500万，留言互动量超过5万。③湖南广播电视台推出原创新媒体产品《飙·湖南》，采用"数字+时间+图景"的创新表达形式，使用户沉浸式体验中国式现代化进程中的湖南效率和湖南成果，全网阅读量超1,200万次。④《海南日报》客户端在妇女节当天发布乡村振兴主题短视频《黎花开》，以海南曾经最偏远、最贫困的乡镇作为故事背景，讲述返乡女大学生、村妇女主任等具有代表性的女性故事。作品发布后获《人民日报》客户端、人民网、学习强国等转发推荐，全网浏览量近1,000万次。⑤

2023年在杭州举办的第19届亚运会，是中国第三次举办的亚洲最高规格的国际综合性体育赛事。中央广播电视总台派出约4,500人的工作团队，利用全媒体多平台传播优势，实现多个"首次"：首次完成亚运会主转播机构服务，首次在开闭幕式中应用AR虚拟技术，首次以4K/8K标准向全球提供国际公用信号和相关媒体服务。亚运期间，总台新媒体端阅读播放总量达72.7亿次，境内累计触达人次达414.23亿次。⑥围绕亚运会历史与城市文化、开幕式精彩瞬间与幕后故事、夺金时刻、运动员备赛经历等主题，总台创作一系列小切口捕捉、大情怀升华、创意性表达的短视频，成为社交网络话题中心。多个千万级播放量、数万点赞量的作品表明，"无视频不传播、无平台不触达、无情感不共鸣"的网络传播特点被充分体现。

---

① 新华网.2023全国两会大型融媒体专题［EB/OL］.（2023-03-14）［2023-11-30］.http://www.xinhuanet.com/politics/2023lh.
② 新华社.总书记的这些两会关切，有了哪些新变化？［EB/OL］.（2023-03-05）［2023-11-30］.https://mp.weixin.qq.com/s/dMGdKw3OqmynsPsVuB6unA，2023-03-05.
③ 川观新闻.来！一起打开春日里的中国拼图［EB/OL］.（2023-03-06）［2023-11-30］.https://mp.weixin.qq.com/s/mwtDPAkLEVDDI_TphyElFQ.
④ 光明网.全国两会融媒作品大比拼，哪件是你心中的NO.1？［EB/OL］.（2023-03-15）［2023-11-30］.https://politics.gmw.cn/2023-03/15/content_36432448.htm.
⑤ 南海网.黎乡里的"黎花"故事，大山里的乡村巨变［EB/OL］.（2023-03-08）［2023-11-30］.https://mp.weixin.qq.com/s/ytMg8pwn0spCj4e_o7WSkg.
⑥ 央广网.414亿次！中央广播电视总台杭州亚运会转播报道创规模最大、触达人次最高纪录［EB/OL］.（2023-10-09）［2023-11-30］.http://news.cnr.cn/native/gd/20231009/t20231009_526445371.shtml.

在数字新闻业的发展过程中，专业媒体注重通过报道的专业性来维系职业权威。主流媒体关于重大事件的主题报道，保持精品策划意识，探索融合报道形态，注重叙事创新、移动分发和海量触达，通过主题报道的全媒体传播实践凸显专业权威、履行宣传主责。

（二）事件报道强调多维度还原现场

抵达新闻现场，客观、真实报道有价值的新闻，始终是专业新闻工作者的基本使命和功底。新闻事件的现场，既包括第一现场，即事件发生的真实物理空间，又包括第二现场，例如历史背景、行业生态、人际网络、发展脉络、社会治理等面向。面对2023年发生的一系列社会和国际事件，专业媒体把握复杂现象，解读背景知识，参与热点讨论，实现多维现场的触达和呈现，努力在事件报道中做到"见树又见林"。

这一年，缅甸不法团伙对中国公民实施的电信诈骗事件，在各大平台引发网民持续关注。河南广电都市频道4名记者兵分3路，以"赴缅务工人员"和"招工中介"的双重身份奔赴多个地点进行卧底调查。记者们周旋于陷入高薪骗局的招聘者以及靠引诱他人获利的中介之间，较为完整地记录下诈骗团伙聘请务工人员之后，将人哄骗到窝点、进行洗脑以及实施电信诈骗的全过程。6月28日，河南都市频道推出调查节目《边境"蛇"影》，串联起大量真实事例，全方面、多角度揭露了缅甸境外电信网络诈骗团伙实施犯罪的过程。节目播出后的12小时，全网浏览量超4亿，登上多个平台热搜榜。[①] 7月4日，记者来到国内10多个省区市，开启"被困缅北，亲人盼归"系列融媒体直播。在媒体和警方的努力下，6名被困缅甸人员先后获得解救。媒体对多个真实场景和事件现场的还原和报道，实现传播效果与社会效应的共振。

2023年夏季，受台风"杜苏芮"影响，北京遭遇140年来最大降雨，洪水、内涝等灾害接踵而至。《新京报》记者走访人员财产损失严重的房山区大石河附近的多个村庄；中新社记者来到琉璃河收费站记录救援实况；《中国环境报》记者走进大安山乡，关注灾后现场，报道灾后救援；央视新闻、澎湃新闻等媒体在冬季寒潮来临之际安排记者重返受灾地区，关注基层重建进展和受灾居民过冬保障情况。多家媒体对灾害发生、抢险救援、人员安置、灾后重建等不同阶段的深度关注，全面、完整呈现多元现场的真实状况。

11月，一则"27岁女子在西藏遭遇车祸，阿里地区公务人员集体献血"的言论引发网民持续关注。由上海报业集团上观新闻、澎湃新闻的7位记者共同组成的联合采访报道组通过多日蹲点调查，采访当事人及其丈夫和父母、参与抢救工作的上海援藏

---

① 新京报传媒研究.卧底缅北电诈组织，救回6人！调查记者又回来了！[EB/OL].（2023-07-27）[2023-11-30]. https://mp.weixin.qq.com/s/KIuF9kLX_niRedJXE9lL5g.

医生、所在居委会等各个方面，梳理事件发生的经过，联合发布报道《五问阿里献血事件真相，还原上海女子车祸救治全过程》。①针对争议事件，媒体尽量还原真实过程、发挥核实辟谣功能，值得肯定。但报道发布后，由于部分信源匿名、少数疑点尚未澄清，报道仍存在一些争议。此案例给新闻界带来启示，重大舆论焦点事件的调查报道并非易事，需要更加深入、独立、客观的调查。

巴以冲突爆发之后，中央广播电视总台第一时间调集10余组报道力量深入激战现场，15名记者、12名报道员在加沙地区、黎以边境、伊朗、土耳其、埃及等地进行直播和报道，以不同地区为突破口相互协调策应，以不同国家和民族的历史文化为背景进行分析，多时空、多维度呈现巴以冲突。记者在现场拿起话筒、穿起防弹衣、带上设备，亲身经历并报道火箭弹袭击、避难所逃生、机场遇袭、抢购物资等实况。也有记者获准进入距离加沙地带不到5公里的边界军事管控区进行观察，获取一手资讯。截至北京时间10月11日10时，总台编发的42条新闻素材、121篇多语种稿件，被美国福克斯广播公司（FOX）、英国广播公司（BBC）、法国24台、全俄国家电视广播公司、德国电视一台、加拿大广播公司、意大利广播电视公司等在内的97个国家和地区的1,518个电视台及新媒体平台采用播出1.7万次，播出总时长超过61小时。②

（三）参与问题调查，促进社会治理

2023年3月，中共中央办公厅印发《关于在全党大兴调查研究的工作方案》，指出调查研究是获得真知灼见的源头活水，是做好各项工作的基本功。早在20世纪40年代，全党在革命根据地大兴调查之风，《解放日报》等机关报就曾刊发大量实地调查文章，助推调查研究工作走深走实。现代传播体系与新兴媒体技术发展至今，媒体已成为社会治理体系中的多元主体之一，在加强和创新协同治理中具有重要作用。

由上海市委网信办与澎湃新闻联合打造的"上海大调研"公众号改版，通过联结全网热点、汇聚多方声音、呈现调研成果，推动社会问题的应对和解决。调研聚焦社区食堂运营、施工扰民、城中村改造、道路扬尘、无障碍设施建设等众多市民急难愁盼问题，开展丰富的现场采访和后续追踪报道，相关作品和记者手记也在澎湃新闻时事栏目同期发布。以基层问题为导向，《北京日报》的《多家中小企业进驻创意园区仅三个月突然接到疏解通知"腾退令"下，企业权益谁来保障》，《新京报》的《夺命"洗罐"：危化车司机死亡背后的槽罐清洗乱象》《校外舞蹈培训调查："下腰瘫"何以屡屡伤童？》《环境监测机构造假调查：自来水替代废水水样，监测仪留后门改数据》

---

① 上观新闻、澎湃新闻联合采访报道组.五问阿里献血事件真相，还原上海女子车祸救治全过程［EB/OL］.（2023-12-06）［2023-12-08］.https://www.thepaper.cn/newsDetail_forward_25556890.76.
② CMG观察.大事看总台！总台记者直击巴以冲突现场［EB/OL］.（2023-10-11）［2023-11-30］.https://mp.weixin.qq.com/s/b4ZNj4rigrt3v6W0ztpV1g.

等报道，持续聚焦地方治理难点和困境，积极促进社会沟通和问题解决。

从核查事实和接近真相的角度看，新闻报道与调查研究具有天然联系。新闻报道对事实的记录、对场景的再现、对问题的捕捉、对现象的解读，促进了调查研究的发展，丰富了调查研究的实践面向。数字新闻实践的场景、资料和条件，也为新闻工作者提供必要的经验积累、方法训练与案例数据收集。为呼应大兴调查研究之风，专业媒体对民生、教育、医疗、养老等领域的专题报道以专业实践助力社会问题和社会现象调研，通过平台化、矩阵化的传播渠道促进全社会对各类问题的发现、关注和应对。新闻生产与社会调研的结合，使媒体更加深度参与社会治理，以媒介化治理促进各方参与和公共对话。

二、数字媒介生态中的业态变迁

当前，专业媒体、机构媒体、自媒体、平台媒体等共同构成中国的新新闻生态系统，形成多种类型媒体共同参与、多元新闻实践形态并存的新生态格局：专业媒体指职业化的新闻媒体，由传统党媒、市场化媒体及其新媒体延伸产品构成；机构媒体指党委、政府部门或群团组织、企事业单位等创办的新媒体，主要服务于特定机构和行业；自媒体的缘起内涵是草根发声和公民新闻，实践中扩张为体制外由个体或团体运营的数字化媒体；平台媒体则主要是具有内容属性的社交型与聚合型互联网平台。① 行业壁垒被打破，边界逐渐模糊，传媒业态呈现开放、互动、去中心化的特征。传播渠道的变革、内容生产的丰富、新兴技术的应用，持续影响数字新闻业的变迁。

（一）专业媒体持续打造社交化传播矩阵

当前，移动端已成为各类媒体进行内容分发和传播的主战场，我们应当充分探索互联网传播规律、改变数字新闻生产的思维方式，提升业务能力。随着媒体融合向纵深发展，专业媒体的传播形态正从原有的单一传播向全媒体时代的复合传播转变，它们不仅积极建设和打造自有网站、客户端、公众号等，还入驻微博、B站、抖音等社交平台以及腾讯、网易、今日头条等内容聚合平台，形成多渠道、多形态、多栏目的全媒体传播矩阵。

专业媒体持续提升矩阵化传播效能，在内容生成、渠道拓展、品牌打造等方面取得进展。截至2023年6月，8家央媒和38家省级以上广电媒体在抖音平台发布作品近百万篇，累计互动量达103.5亿次，其中产生1.4万条超过10万赞的作品；在快手平台，主流媒体共发布超50万条短视频作品，累计互动量36.4亿次，获10万赞以上的爆款作品达5,600余条。河南广电打造"机构—频道—节目"多级账号矩阵，大象新闻抖音

---

① 张志安，汤敏.新新闻生态系统：中国新闻业的新行动者与结构重塑［J］.新闻与写作，2018（03）：56-65.

号上半年累计互动量达 5.8 亿次，位列省级广电抖音号互动量首位。山东广电以头部账号带动矩阵账号的方式，与 136 个县市区融媒中心实现数据互通、版权分发，打通内容、用户、数据，共同生产优质作品。①

推进媒体融合、持续打造矩阵化传播模式，需要在体制机制、政策措施、流程管理、人才技术等方面持续发力。如长江日报报业集团已构建起由大武汉客户端、九派新闻、武汉发布、长江网等组成的全媒体传播体系，集团新媒体用户达 1.25 亿人，3 年增长约 3 倍。②截至 2023 年 7 月，九派新闻在移动端开通微信公众号、微博、抖音号、快手号、喜马拉雅号等，在 PC 端对将近 30 个互联网平台的账号体系实现主要内容多渠道差异化分发。

推动媒体深度融合发展，打造矩阵化传播格局，既要主动向上融合，也要自发向下扩容，加强内容创新、渠道创新、机制创新。部分中央级和省级媒体的矩阵化传播实践显著提升传播力和影响力，并在互联网空间传播中形成媒体融合的示范效应。

（二）自媒体、机构媒体实施多元新闻行动

除专业媒体外，自媒体、机构媒体、平台媒体等共同成为网络舆论场的发声主体和渠道，这重构了传统的内容制作模式、信息传播过程与互联网生态格局。过去一年，在平台社会开放的生态环境中，平台媒体、自媒体等成为随机、多元、品质内容的原创生产者和传播者。搜狐极昼工作室等互联网平台原创栏目发布的内容，持续关注社会问题和网络热点，《五万人陪他坐公交车》《一个万人小区决定推倒重建》《为姐追凶十五年》等报道关注不平凡的命运和故事，增进公众对复杂社会现实的认知、理解和洞察。

平台媒体和自媒体开展的非虚构写作实践，以情感、价值和观念共鸣创造更大的公共连接可能。腾讯谷雨实验室的《故事讲完了，女工和她消失的时代》、网易"人间"的《交房一年多，他们还住在半烂尾工地》、公众号"正面连接"的《我和我的保洁员母亲》《中国式摇滚席卷石家庄》等作品，在社交平台产生较大反响。河北涿州暴雨发生后，当地多个图书库房被淹，数百万册图书浸泡在洪水中，视觉志的《呼救的涿州，背后的故事曝光了》、孤独图书馆的《洪水退去后的涿州》等报道在社交网络上引发网民关注，迅速设置议程。

一部分机构媒体发挥信息发布、政务服务、公共沟通等功能，成为具有舆论动员力、传播影响力和社会公信力的网络行动者。"淄博发布""深圳天气""警民携手同行""科普中国"等政务类新媒体和垂类机构媒体账号的影响力持续走高。由浙江省委宣传部创办和运营的公众号"浙江宣传"，发布《电视"套娃"收费套不住人心》《是

---

① CTR 媒体融合研究院.2023 年上半年主流媒体网络传播力榜单及解读［EB/OL］.（2023-08-11）［2023-11-30］. https://mp.weixin.qq.com/s/9dtev1VxEstOAaY1oKL_5g.
② 田豆豆，陈世涵.推进媒体深度融合发展［N］.人民日报，2023-10-29（008）.

谁"偷"走了课间十分钟》《预制菜，是风口还是"猛兽"》《助学金不是"助玩金"》《AI客服何时才能"听懂人话"》等时评文章，均获得10万+的浏览量，将"全党办报"的历史传统在新媒体语境下扩展为"全党办媒"。

面对社会突发事件和网络舆论焦点，自媒体和机构媒体开展网络内容生产，形成网络舆论监督的多元实践，在事件聚焦、问题应对、公众参与、社会治理等方面起到积极推动作用。

（三）生成式人工智能重构内容生产模式

2023年，ChatGPT、文心一言等生成式人工智能技术的开放应用，引发广泛关注和热议。基于大数据、大语言模型和深度学习技术，生成式人工智能凭借强大的算力和复杂的算法设计，能够根据用户提示生成各种文本、图像、音频、视频，成为区别于用户生产内容（UGC）、专业生产内容（PGC）的一种新型内容交互形态。

与以往的分析式人工智能不同，生成式人工智能具有自动化、大批量、高效率等特点。当其作为关键要素被引入内容产业模式，人类的获知与求知模式发生重大改变，形成一种知识新媒介，①这进一步降低内容生产成本，有效促进人机主体的协同。②生成式人工智能可以根据语义分析和情感分析技术，自动生成新闻稿件，对新闻稿件进行自动分类、筛选和编辑，识别和分析用户的兴趣和行为，并对用户的反馈和评论进行分析和归纳。这些应用实践大大提升了新闻生产、编辑和分发效率，形成更智能化的个性化推荐和精准营销，并促进及时、准确和全面的反馈。生成式人工智能正在变革新闻工作机制，驱动新闻的多模态转换，形成一种全新的内容生产模式，为媒体和用户提供更高效的信息收集、加工、整合支持，深刻影响已有的新闻业务流程。③④

在新闻生产的不同环节，部分专业媒体将大模型引入其中，进行"AIGC+新闻"的新尝试。这些应用实践，重塑了数字新闻行动主体、表达方式与用户感知，也为数字新闻叙事的转换与发展提供了必要的创新探索。⑤2023年3月，新华社"新青年"栏目与百度合作出品的国风短视频《驶向春天》正式上线，其中的画面元素由文心一格大模型生成。在成都大运会报道中，新华社发布作品《AIGC：珍稀"宝贝"为成都大运会加油助威》，团队基于AI绘图和文本生成平台，使用大模型技术生成一系列精美海报图案和文案，并以人工智能配音为基础，为每张海报赋予背景配音，形成可多维度观赏和解读的融媒体产品。

---

① 周葆华.或然率资料库：作为知识新媒介的生成智能ChatGPT［J］.现代出版，2023（02）：21-32.
② 韦路，陈曦.AIGC时代国际传播的新挑战与新机遇［J］.中国出版，2023（17）：13-20.
③ 陈昌凤.生成式人工智能与新闻传播：实务赋能、理念挑战与角色重塑［J］.新闻界，2023（06）：4-12.
④ 彭兰.新"个人门户"与智能平台：智能时代互联网发展的可能走向［J］.新闻界，2023（09）：4-14，96.
⑤ 何天平.从文本构造到界面连接：生成式人工智能对数字新闻叙事的重塑［J］.新闻界，2023（06）：13-21，61.

除直接生产作品之外，也有一些媒体开始在新闻生产中运用大模型。《中国日报》从自身对外传播的需求和优势出发，在全报社范围内推广和鼓励采编人员尝试使用ChatGPT等大模型，在编前会和专题研讨会发布使用指南、组织内部培训，号召各部门积极把生成式人工智能作为辅助工具，提高内容生产效率。采编团队以一种"双重内嵌式"的形态将大模型整合进自身业务流程，调试出一套新的新闻工作常规。① 部分财经媒体借助人工智能大模型技术，实现对上千家上市公司的动态监测，提升采编人员的判断能力和编辑效率。《每日经济新闻》自主研发的"雨燕智宣"大模型支持财经新闻短视频的辅助制作和发布，全客户日生产视频总量超2,000条，能面向20余个细分场景进行商业价值变现和转化。②

当前，生成式人工智能正在加速升级内容生产业态，持续赋能专业新闻生产与分发。回顾这一年专业媒体对大模型的应用场景可以发现，人工智能正从理解和处理内容走向智能、高效生成内容。在大模型的助力下，用户参与社会化内容生产的方式和渠道更趋快捷和多元，全媒体时代的新闻报道更具智能化、视觉化、场景化特征。生成式人工智能正逐渐成为一种新的新闻生产力资源，支持专业媒体和新闻从业者打造融合型、创新型新闻作品。

三、数字社会转型中的专业反思

数字社会的发展和变化，给新闻业带来风险与挑战，中心和边缘的位移、行业和社会的互动、技术和价值的流变，引发对专业的隐忧和焦虑。比如，一些专业媒体的公众号出现"标题党"现象，部分新闻客户端过度追求热点而缺乏对核心事实的把关，大量媒体账号发布的短视频存在"黄色新闻化"的苗头。处于平台逻辑和专业媒体的博弈和交织中，一些新闻专业规范和伦理失守的问题逐渐显现。为此，有必要在数字新闻业和平台社会的语境下对专业进行审视，进一步反思专业实践和专业变迁中的各类现象、问题和困境。

（一）专业媒体面临影响力减弱的风险

在移动化、视觉化、碎片化传播时代，原创深度报道更加稀缺、情感先于事实的"后真相"现象更趋明显。在数字社会发展和转型的进程中，"生活中有媒介"逐渐演化为"生活在媒介中"，"媒介即生活"的场景在加速。③ 在此情境下，专业媒体的权

---

① 方师师，邓章瑜. 对外传播的"ChatGPT时刻"——以《中国日报》双重内嵌式人工智能新闻生产为例[J]. 对外传播，2023（05）：72-75.

② 刘学东. 以智能媒资库为核心实现"AI化+视频化"——每日经济新闻战略转型的思维之变与技术路径[J]. 中国记者，2023（07）：59-65.

③ 张志安. 生活在媒介中：新闻实务与媒体运营的深层变革——2022中国应用新闻传播十大创新案例分析[J]. 新闻战线，2023（21）：46-50.

威性面临新挑战，存在传播力式微和影响力减弱的风险。对专业权威的再思考、再认识，是当下进行专业反思的首要议题。

回顾过去一年的各类新闻报道、社会现象、突发事件、热点话题、网络舆论可以发现，在以多元行动者网络为实践主体的数字新闻业中，行业边界持续延展、信息中心随时转移、内容权威不断变化，专业媒体未必总是处于整个媒介生态的中心位置。数字新闻业正呈现前所未有的开放性，并具有高成长性。① 为此，必须对新闻业态的结构性变迁、传播权力的整体性位移、互联网革命的持续性影响进行深刻反思和有效应对。在新兴技术迭代发展、互联网生态不断变化、非专业主体广泛且深度参与内容生产的新阶段，专业媒体应当以更具前瞻性和大格局的视野站位、更具专业性和独特性的内容生产，持续做到守正创新，在新新闻生态系统中把握话语权、提升影响力。

（二）过度流量偏好消解报道的专业性

当前，中国互联网空间正在经历深刻的底层化过程，底层价值取向成为网络关键立场，底层群体成为网络关键意见群体。② 短视频等新媒介技术形态进一步降低网络传播门槛，使底层群体成为网络流行文化和网络舆情的主要参与者和推动者，这也重塑了中国互联网的平台生态、价值取向与市场发展趋势。平台逻辑、流量逻辑持续影响专业逻辑，更具流量化导向、商业化目的、市场化需求的内容生产在很大程度上影响新闻报道的专业性。

面对杭州亚运会的报道实践，各类媒体充分应用新媒介技术开展的全媒体报道实践固然值得肯定。然而，颜值、搞笑、有趣，成为亚运会报道特别是视频报道吸引用户关注的"卖点"，也是众多媒体和平台竞相争夺流量和曝光度、提高用户黏性的主要方式。以"全红婵炸鱼式热身""吴艳妮霸气入场""快看艺术体操王子，走路自带气场""卡塔尔帅气选手出没，投球失误击中裁判"等为标题的短视频在各大平台走红，点击率和讨论热度甚至超过参赛选手获奖、开闭幕式等关键议题。短视频时代，一些新型黄色新闻充斥互联网空间，浓重的流量化色彩大幅降低体育赛事报道的专业化程度，媒体和新闻工作的专业性被显著消解。

在部分社会新闻和国际新闻报道中，"标题党"现象时有发生。2023年9月，一则"张艺谋老师逝世"的消息标题产生歧义，相关内容以"张艺谋老师"代替"张艺谋的老师"博取社会关注。日本核污染水排海后，大量"震惊体""悬念体"报道在互联网空间出现，一度登上多个平台的热搜榜，具有历史纵深感和国际政治分析视角的专业新闻报道被"短、快、俗"的内容埋没。

---

① 朱春阳. 数字新闻业中的媒体价值 [J]. 新闻大学，2023（05）：2.
② 郑雯，施畅，桂勇. "底层主体性时代"：理解中国网络空间的新视域 [J]. 新闻大学，2021（10）：16-29，117-118.

身处纷繁复杂的舆论生态、门槛降低的传播环境，各级各类媒体的内容生产更易受到流量的诱惑、平台的制约、多元价值观念的代入，更需要在日趋浮躁和不确定性的场域中保持对专业价值、专业原则、专业标准的坚守。

（三）大模型应用增加虚假信息扩散隐忧

当前，大数据已成为数字新闻生产的基础资源和关键要素，是能够自我再生产的"行动者"和"新新数据"。①生成式人工智能基于大数据的应用，能实现对人类行为的学习和分析，包括对新闻文本语言、新闻制作流程、新闻发布形式的模仿和生成。这可能使虚假信息的生产和传播日趋自动化、日常化，未经识别的内容在互联网空间迅速受到关注，形成规模集聚效应。

2023年2月，杭州某小区业主群在讨论ChatGPT时，一名业主用ChatGPT创作了一篇关于"杭州于3月1日取消限行"的"新闻稿"并发布在群内。一些业主截图转发后，相关内容在互联网空间被迅速传播，在社会上产生误导。生成式人工智能的应用，使虚假新闻的识别和处理难度进一步增加，用户对真实信息的搜寻难度和成本呈几何级增长态势。

生成式人工智能提高了机器与人的语言交流能力，万物互联、人机共生的媒介化生存形态正在到来。可以预见，此类智能媒介将在未来持续影响人们的日常生活和生产实践。面对高仿真、高效率、超拟人的内容生产成果，媒体、平台和全社会将面临新的伦理挑战和规制困境。

2023年7月，国家网信办等七部门联合公布《生成式人工智能服务管理暂行办法》，并于8月15日起施行，它旨在促进生成式人工智能的健康发展和规范应用。②未来，应当进一步统筹生成式人工智能在新闻生产实践中的发展。在信息核查实践、打击谣言和虚假新闻的过程中，不能忽视人工智能的公共性特征，应当努力为专业媒体和新闻工作者提供更多支持，进一步加强用户隐私保护，减少算法偏见与歧视，维护数据安全。

四、结语：重思作为专业的新闻

如何在数字新闻业和平台社会中持续确立和提升新闻的专业性，是新闻业年度观察的核心问题。通过对2023年中国新闻业的回顾与分析，我们认为，数字新闻生产实践正面临专业弱化的风险挑战。为此，我们有必要在当下重思新闻专业意涵、重申新

---

① 涂凌波，赵奥博.作为基础资源的大数据：AIGC变革下新闻传播活动的再认识[J].未来传播，2023（03）：9-16, 128.
② 国家互联网信息办公室.国家网信办等七部门联合公布《生成式人工智能服务管理暂行办法》[EB/OL].（2023-07-13）[2023-11-30].http://www.cac.gov.cn/2023/07/13/c_1690898326795531.htm.

闻专业价值。

其一，在复杂数字新闻场域中保持对专业实践和专业失守的敏锐观察。新闻的专业，从来不是处于真空场域中的专业，而是在一个复杂实践系统中的专业。与稳定和固态的传统新闻业相比，流动和液态的数字新闻业不但有大量多元行动者的参与，还使新闻实践过程中的各个环节发生极大变革。新的能动者出现，为数字新闻业带来新的实践逻辑与实践规范。① 专业媒体的数字新闻传播实践，应当放置于公共传播体系、网络舆论体系、平台生态体系的全局之中加以看待，在政治、市场和技术的多维语境中进行思考，专业媒体应重新确立自身在整个数字新闻场域中的定位和互动形态，从而更好提升传播力、影响力、引导力、公信力。

其二，为专业媒体和多元行动者创造更加宽松的触达真相的空间。媒体基于对特定议题、事件和现象的深度阐释，针对各类问题、困境和矛盾进行舆论监督，面向广大群众的联系、沟通和互动，往往能增进人们对复杂社会的认知。在服务好意识形态引导的基本原则下，政策应尽可能为媒体创造适当的条件，允许媒体做好监督类、调研类报道，从而强化媒体参与社会治理的深度和力度。如果媒体既无力参与公众的讨论，又没有勇气唤起公众参与媒体议程的讨论，媒体就将与数字新闻业的行动者网络相隔离。② 不失真、不失语、不失品、不失位，应当成为在多元主体众声喧哗、多种价值观念相互博弈的复杂情形下亟待践行的专业准则。

其三，在技术采纳和应用创新的过程中保持对数字人文的时刻省思。技术导向的流量逻辑背后是各类媒体对市场的追求。数字传播技术迭代及应用，带来新闻生产和传播的真与假、对与错、宽与窄、好与坏等不同层面的问题。面对新技术深度参与的数字新闻生产，应当重新思考平台社会复杂场域中多元行动者之间的互动关系。数字新闻业应当跳出以单一新闻工作为核心的窠臼，③ 重构新闻价值准则、完善新闻生态治理体系，④ 理解平台社会的用户转向、价值转向和范式转向。数字新闻实践要充分考虑人的主体性、创造性，持续倡导科技向善，以专业的新闻生产、真实的新闻内容、积极的新闻价值树立专业权威，将专业作为在复杂生态中的实践过程和实践追求。面对数字新闻业的危机，若要找回人的存在意义，我们不能脱离时代和本土语境。⑤ 放眼世界，新技术带来的专业变革是全球遇到的共同挑战。对此，需要思考专业实践在中西方的普遍性，也要找到中国问题的独特性，在特定情境中创新应用技术、守护人文

---

① 吴飞，孙梦如.数字新闻理论的创新与突破［J］.新闻记者，2023（05）：3-15.
② 朱春阳，刘波洋.媒体融合的中国进路：基于政策视角的系统性考察（2014—2023年）［J］.新闻与写作，2023（11）：12-23.
③ 白红义.受众转向：数字新闻的核心问题［J］.新闻与写作，2023（07）：1.
④ 常江，杨惠涵.生态修复：数字时代新闻权威的构成与构建［J］.新闻与写作，2023（07）：5-15.
⑤ 翁之颢，张涛甫.数字新闻业的观念危机与人文主义重建［J］.中国编辑，2023（05）：18-22.

精神。

其四，鼓励媒体创作解困式新闻提升内容的建设性与创新性。处在社会快速转型的阶段，解困式新闻作为一种积极正向的报道范式，为新闻从业者提供了新的路径选择。① 相比于以问题揭示和情况告知为导向的新闻，解困式新闻强调媒体在社会治理中的推动作用。此类报道通常从用户需求出发，保持对重要性的把握，解决各类困难，对具体问题进行多维度分析，并提出建设性方案。这要求媒体不仅做到记录问题，也要努力推动问题的解决，通过专业报道向用户提供可行的建议。

坚守专业性，是新闻传播学科发展的底层逻辑和专业媒体的价值基石。对专业的隐忧和反思，既带来了焦虑和压力，也意味着责任和动力。面对各种挑战，坚守和保持专业韧劲尤显可贵。越是浮躁的、具有不确定性的环境，社会越期待媒体的价值和担当。反思专业权威、强化专业生产、推动专业创新，要求将专业价值和专业思维持续融入专业实践，以专业性、主动性、创新性引领数字新闻业的转型发展。

作者简介：
张志安，复旦大学新闻学院教授，中国新闻史学会应用新闻传播学专委会理事长；
丁超逸，复旦大学新闻学院硕士研究生。

本文原载《新闻界》2024 年第 1 期，经作者授权转载。

---

① 史安斌，盛阳.社交媒体时代的"正能量叙事"——"解困"型新闻分析[J].青年记者，2015（28）：80-81.

2023 年中国传媒业事件点评

聂 浩 范以锦

一、全国宣传思想文化工作会议召开，会议首次提出习近平文化思想

全国宣传思想文化工作会议 2023 年 10 月 7 日至 8 日在京召开。习近平总书记对宣传思想文化工作作出重要指示指出，宣传思想文化工作事关党的前途命运，事关国家长治久安，事关民族凝聚力和向心力，是一项极端重要的工作。要着力加强党对宣传思想文化工作的领导，着力建设具有强大凝聚力和引领力的社会主义意识形态，着力培育和践行社会主义核心价值观，着力提升新闻舆论传播力引导力影响力公信力，着力赓续中华文脉、推动中华优秀传统文化创造性转化和创新性发展，着力推动文化事业和文化产业繁荣发展，着力加强国际传播能力建设、促进文明交流互鉴。

点评：这次会议的重要成果就是首次提出习近平文化思想。在实践中创新推进宣传思想文化工作，是我们党的优良传统和重要使命。加强党对宣传思想文化工作的全面领导，有利于讲好中国故事，用党的创新理论武装全党、教育人民；有利于增强舆论监督与舆论引导效果，为巩固壮大奋进新时代的主流思想舆论贡献力量；有利于推动宣传人才培育，为筑牢宣传思想战线和服务国家新闻传播发展战略作出更多贡献。

二、习近平总书记首次提出"三大倡导"，为推动构建网络空间命运共同体迈向新阶段贡献中国智慧

2023 年是世界互联网大会乌镇峰会举办的第十年。11 月 8 日，习近平总书记在峰会的开幕式上发表视频致辞，首次提出"三大倡导"：我们倡导发展优先，构建更加普惠繁荣的网络空间；我们倡导安危与共，构建更加和平安全的网络空间；我们倡导文明互鉴，构建更加平等包容的网络空间。

本届峰会的年度主题为"建设包容、普惠、有韧性的数字世界——携手构建网络空间命运共同体"，峰会围绕全球发展倡议、数字化绿色化协同转型、人工智能、数字

减贫、未成年人网络保护等重大网络空间议题举办20场分论坛，来自20多个国家和地区的1800多名嘉宾以线上线下方式参会。

点评：构建网络空间命运共同体是信息时代的必然选择。媒介技术日新月异，网络结构深刻变化，互联网络不断嵌入社会的运行核心并强力重塑人类的交往方式。在网络空间发展和媒介向善深化的重要节点，习近平总书记提出的"三大倡导"为世界网络空间命运共同体的合作建构与互联网的发展治理提供了行动指引，明确了前进方向，贡献了中国智慧。构建网络空间命运共同体需要不断创新和深入实践的中国方案。尊重网络空间的文化多样性，逐步消解网络数字鸿沟所带来的偏见和歧视，倡导积极向善的网络沟通与对话机制，促进交流互鉴，塑造公平正义和谐共处的网络世界是构建网络空间命运共同体的核心。

三、"扎实推进媒体深度融合"被首次写入政府工作报告，多维全效改革创新加强全媒体传播体系建设

2023年是媒体融合作为国家战略持续推进的第十年。3月5日，在向第十四届全国人大一次会议所作的政府工作报告中指出，丰富人民群众精神文化生活。发展新闻出版、广播影视、文学艺术、哲学社会科学和档案等事业，加强智库建设。扎实推进媒体深度融合，提升国际传播效能，加强和创新互联网内容建设。"扎实推进媒体深度融合"作为党和国家发展的重要工作被首次写入政府工作报告。

点评：媒体深度融合与全媒体传播体系建设正在迈入深水区和关键期。从打通新闻生产传播"一次采集、多元发布"以及各类媒体资源"报、网、端、微、屏"联通共融的"中央厨房"初步实践，到"推动媒体融合向纵深发展，巩固全党全国人民共同思想基础"的系统性顶层设计和战略实施；从"全程媒体、全息媒体、全员媒体、全效媒体"四全媒体的创新改革和生动实践，到"加强全媒体传播体系建设，塑造主流舆论新格局"的时代命题和媒体使命，媒体经历了不平凡的历程。这一历程中既有媒体自身遵循新闻传播发展的客观规律而攻坚克难的自觉行动，也有国家力量的积极推动。"扎实推进媒体深度融合"被首次写入政府工作报告，将进一步推动以人民为中心的媒体深度融合的改革步伐。

四、"一带一路"倡议提出十周年，系列新闻论坛媒体活动助力讲好中国故事共促繁荣发展

2023年是习近平总书记提出共建"一带一路"倡议十周年，围绕"一带一路"倡议的记者论坛、新闻报道、国际研讨、媒介盛会等系列活动成功开展、异彩纷呈。10月12日，由中华全国新闻工作者协会主办的"一带一路"记者组织论坛在北京举行，

论坛以"建设美丽丝路共促繁荣发展"为主题，来自40多个国家和地区的近百名记者组织负责人、媒体代表进行了深入研讨交流。10月19日，由人民日报社主办的"一带一路"媒体合作论坛在北京举行，论坛以"加强媒体合作，共创美好未来"为主题，来自70多个"一带一路"共建国家和地区的110多家媒体的负责人参加盛会。

点评：中国主流媒体对"一带一路"建设展开全方位多角度有深度的新闻报道，成为世界人民了解彼此、认识世界的重要信源和渠道，为"一带一路"持续推进营造了良好的舆论氛围。经过十年的实践，"一带一路"建设从理念、愿景转化为现实行动。"世界那么大，问题那么多，国际社会期待听到中国声音、看到中国方案，中国不能缺席。"中国的新闻工作者不负众望，传承丝路精神，秉持共商共建共享理念，在"一带一路"十周年的宣传报道中，从人文历史、社会发展、民生福祉等视角，综合运用5G、8K、云计算转播、360度全景等媒介技术，呈现"一带一路"在时间、空间双重维度上产生的热度、深度与持续度。通过创新融媒体内容生产新形态，全方位多方面地展现了"一带一路"建设的历史性变迁，多元立体呈现命运共同体创新发展之路。

五、中共中央办公厅印发《关于在全党大兴调查研究的工作方案》，新闻战线聚焦"全媒体时代如何做好调查研究报道"召开专题评议会

2023年3月19日，中共中央办公厅印发了《关于在全党大兴调查研究的工作方案》并鼓励全党全社会大兴调查研究之风。8月1日，中国记协新闻道德委员会召开"全媒体时代如何做好调查研究报道"专题评议会。人民日报、新华社、中央广播电视总台等中央和地方主要新闻媒体机构负责人参会并作交流发言。会议提出，调查研究是党的新闻舆论工作的优良传统。新闻战线聚焦"全媒体时代如何做好调查研究报道"展开专题评议既是新闻战线开展好主题教育的内在要求，也是密切联系群众、提高履职本领的有效途径，更是推动新闻舆论工作高质量发展的现实需要。

点评：物有甘苦，尝之者识；道有夷险，履之者知。调查研究是新闻实践的重要内容和关键环节。全媒体时代，新闻媒体大兴调查研究之风是其攻坚克难、凝聚人心的必由之路，也是其履行职责、谋求发展的必然要求。在全党全社会如火如荼大兴调查研究之时，新闻记者必须沉到一线去，深入群众中，务求"深、实、细、准、效"，挖掘真问题，只有如此才能想群众之所想、急群众之所急、解群众之所困，才能写出"沾泥土""带露珠""冒热气"的新闻调查作品，在调查研究中推动新闻舆论工作取得新突破、作出新贡献。

六、2023年"清朗"系列专项行动重点整治互联网九大突出问题，推动形成文明健康的网络生态环境

2023年3月28日，国家互联网信息办公室部署开展2023年"清朗"系列专项行动，行动以"推动形成良好网络生态"为工作目标，针对互联网九大新情况新问题和难点瓶颈展开系列专项整治，具体包括：一是"清朗·从严整治'自媒体'乱象"专项行动。二是"清朗·打击网络水军操纵信息内容"专项行动。三是"清朗·规范重点流量环节网络传播秩序"专项行动。四是"清朗·优化营商网络环境保护企业合法权益"专项行动。五是"清朗·生活服务类平台信息内容整治"专项行动。六是"清朗·整治短视频信息内容导向不良问题"专项行动。七是"清朗·2023年暑期未成年人网络环境整治"专项行动。八是"清朗·网络戾气整治"专项行动。九是"清朗·2023年春节网络环境整治"专项行动。

点评：营造风清气朗的网络生态环境是人民群众的共同期盼。加快推进网络文明建设、共建风清气正的网络空间和美好安心的精神家园是构建网上网下同心圆、凝聚社会共识、巩固全党全国人民团结奋斗的必然要求；是提高优质网络产品生产质量，满足人民群众对美好生活向往的迫切需要；是坚持正确舆论引导，加快建设网络强国、全面建设社会主义现代化国家的重要任务；是以良好的网络空间文化滋养人心、滋养社会，做到正能量充沛、主旋律高昂的基础保障。

七、数字媒介技术为"智能亚运"提供强劲引擎，六个历史首创为世界观众呈现精彩亚运

2023年9月至10月，杭州亚运会成功举办。数字媒介技术为"智能亚运"提供强劲引擎，六个首创让中国在亚运会举办的历史上勾勒出浓墨重彩的一笔。第一，综合运用区块链、人工智能、小程序云等高新技术，打造了亚运史上首个一站式数字观赛服务平台。第二，成功举办亚运史上首个亿级数字火炬手传递活动并圆满完成首次数字人点火仪式。第三，借助中国优质安全的网络传播平台，打造首个网络移动支付互联的亚运会。第四，打造亚运会历史上首个数字特许商品、数字火炬，能够永久保留参与者的亚运数字记忆。第五，超过1亿人次参与亚运会网络公益活动，打造首个碳中和亚运会。第六，借助数字媒介技术，打造史上首届"云上亚运"。

点评：本届亚运会开启了一个亚运筹办的新时代——数字化新时代。杭州亚运会将数字智能和科技创新完美结合，让观众的主体性感受得到提升，不仅让在场观众沉浸式体验舞台效果，同时也使得屏幕前的观看者身临其境，增强了传播的在场感受。亚运会的对外传播形成了相对成熟的传媒矩阵，从以往的"借船出海"到如今开创

"造船出海"的新局面，向世界展示多维、立体、全面的中国形象。为世界观众呈现精彩亚运离不开新闻工作者的通力合作与日夜坚守，本届亚运会是有史以来注册媒体人数最多的一届，推出了系列形式多样、角度新颖的创意融媒产品。中国新闻工作者在亚运报道中所体现出的精湛出色的专业能力和严谨认真的工作态度受到了世界各方的赞誉。

八、国潮国风影视作品大放异彩，《长安三万里》等优质影视内容呼唤文化传承弘扬家国情怀

2023年7月，由追光动画制作，谢君伟、邹靖执导的国风动画电影《长安三万里》上映。该电影以盛唐为背景，通过身处战火之中的高适的回忆，为观众讲述了安史之乱前后李白、高适、杜甫等唐代贤才的人生故事。电影中"大鹏一日同风起，扶摇直上九万里"等豪迈深情的诗词歌赋引发了观众的情感共鸣，造就了电影院中齐背唐诗的壮观景象，激发了青少年观众学习优秀中华文化的强烈兴趣。8月，由网络用户煎饼果仔执导，夏天妹妹和煎饼果仔主演的自创网络短剧《逃出大英博物馆》在哔哩哔哩、抖音等网络平台上线。该剧讲述了被收藏于大英博物馆的中华缠枝纹薄胎玉壶化身为一位女孩，遭遇众多坎坷终于踏上归家之路的故事。短剧一经上线引发强烈反响。

点评：中华优秀传统文化博大精深，源远流长，兼容并蓄，丰富多彩，始终是中国影视作品创作创新、传播传承、深入人心的精神土壤，只有深深植根于中华优秀传统文化，影视作品才能凭借精细化的制作和丰富的民族文化内涵，受到观众们的好评与喜爱，与观众们产生灵魂共鸣和情感共振。《长安三万里》《逃出大英博物馆》等影视作品引发的强烈反响，就是很好的证明。在数字化背景下，应鼓励优秀自媒体与主流媒体形成合力，创新制作具有深厚文化底蕴的影视作品，在新的时代征程上赓续历史文脉、汲取文明智慧，增强实现中华民族伟大复兴的精神指引，讲好中国故事、传播中国声音。

九、国内首家新闻出版专业博物馆正式开放，新闻精神熠熠生辉薪火相传

2023年6月30日，全国首家新闻出版专业博物馆——中国近现代新闻出版博物馆正式对公众免费开放。该博物馆位于上海市杨浦区周家嘴路3678号，建筑面积1万平方米，展示面积5640平方米。迄今已入库藏品数万件，包括民国时期的报刊图书，还有木活字、石印机、铜字模等出版工具。展厅分序厅、主题馆、儿童出版馆、印刷技术馆等八个板块，共有一个主题馆和五个分馆，涵盖新闻出版通史、印刷技术、儿童出版、艺术设计、数字出版、音像出版等内容。

点评：中华文明孕育了特色鲜明的中国新闻业和出版业。在中国筚路蓝缕的新闻与出版征程中，群星闪耀、大家辈出。国内首家新闻出版专业博物馆的正式开放，是赓续新闻历史文脉，深刻把握新闻精神传承发展的重要体现。建设有中国特色的新闻传播事业，就要立足于中华民族伟大历史实践和当代实践，将优秀新闻传统与现实新闻探索有机统一起来，在继承中发展，在发展中继承。在推进新时代新闻强国的新征程上，新闻工作者必须继承老一代新闻楷模的优秀品质，树立以人民为中心的工作导向，以浓墨重彩反映人民群众的呼声，讴歌人民群众的伟大创造，为中国的新闻事业作出更多贡献。

十、国家版权局等四部门联合启动"剑网2023"专项行动，深化重点领域网络版权专项整治

2023年8月至11月，国家版权局、工业和信息化部、公安部、国家互联网信息办公室四部门联合启动开展打击网络侵权盗版"剑网2023"专项行动。本次专项行动聚焦版权领域人民群众最关心最直接最现实的利益问题和急难愁盼的具体问题，围绕三个主要方面不断深化重点领域网络版权专项整治：一是以体育赛事、点播影院、文博文创为重点，强化专业领域版权专项整治。二是以网络视频、网络新闻、有声读物为重点，强化作品全链条版权保护。三是以电商平台、浏览器、搜索引擎为重点，强化网站平台版权监管。

点评：数字时代，网络数字版权发展所面临的挑战与机遇并存。一方面，随着创意版权产业向数字化转型，侵权行为与责任确定变得日益复杂，数字网络的隐蔽性、虚拟性、即时性导致侵权行为越来越难以被发现和定责，维权人的证据搜集更加困难。另一方面，云计算、区块链等数字化技术被应用于版权保护和版权行业创新中，令数字版权产业焕发新的生机。"剑网2023"专项行动，是全国持续开展的第十九次打击网络侵权盗版专项行动。连续开展专项整治，有力地推动版权创作产业及相关上下游产业的蓬勃发展，激励和保护版权创作者的创作热情，营造了良好的版权保护社会氛围，得到国内外权利人的充分肯定。

作者简介：

聂浩，暨南大学新闻与传播学院博士研究生；范以锦，暨南大学新闻与传播学院教授、名誉院长。

本文原载《传媒》2024年第1期，原标题为《盘点2023·传媒业十大事件》，经作者授权转载。

2023年中国融媒体产品年度观察

戴 玉

2023年，中国融媒体产品的数量明显减少，各媒体对融媒体产品的投入明显减少。以广义的融媒体产品来看，视频成为最主流的形式，一些平面或者单一渠道的媒体仍然继续向融合方向发力；但如果以狭义的融媒体产品来看，融媒体产品的形式整体出现"倒退"，H5、AR和VR作品日益减少，只有少数媒体试水了少量AI作品。

这种狭义和广义之分，源于中国融媒体产品目前缺乏统一的清晰的定义。一些媒体以自身的传统业务为基准去划分融媒体部门，而非以整个融媒体行业的作品情况去定义融媒体产品，这就导致各媒体对"融媒体产品"理解不同。这可能与不同的融媒体团队分化为产品融合、流程融合或定位融合三种不同的融合类型有关。①

在新闻内容上，中国的融媒体产品在2023年并没有明显的创新，对技术的应用也缺乏热情，但融媒体产品和线下活动、国际传播的结合日益紧密，具有多元化的联动趋势和更加明确的传播目的。这与媒体从内容驱动型转向公共服务型的过程有密切关系，整体经济形势下滑导致媒体寻求更多元、更稳定的经济支撑。

2023年仍然出现了不少十分精彩的融媒体作品。虽然其在技术方面的尝试有所止步，但在艺术造诣和展览体验方面有了长足进步，艺术性大大提高，创作者甚至直接和艺术展览、艺术机构合作，不少作品对音乐、镜头、线下体验的综合运用能力得到加强。在议题和采访方面，融媒体产品更加具有全球视野，对切入角度的把握更加娴熟，这证明新闻内容生产人员和设计人员经过一段时间的融合，有了更好的内容把控力。在线下活动策划人员的配合下，一些作品的价值反馈越来越积极。

一、2023年，以国际传播为目的的优秀融媒体作品占据主流，在新闻内容、设计形式和融合度上体现出较高的水准

随着中国国际地位的提升，越来越多的融媒体产品在2023年以国际传播为主要

---

① 戴玉，李唯嘉，黎静仪.融媒体产品的生产、推广和运营模式创新[M]//梅宁华，支庭荣编.媒体融合蓝皮书：中国媒体融合发展报告（2021），北京：社会科学文献出版社，2021．

目的，以满足各方需求。内容主题主要分为两种，第一种以"正面"为主，这类报道系统性地介绍中国的文化、艺术、政策、基础设施等，比如第六声（Sixth Tone）的 *Shanghai Metro 3.0* 和 *A Day in a Shanghai Park* 系列报道，介绍了上海的地铁、公园等公共基础设施及其故事，CGTN 推出的《千年调·宋代山水花鸟》数字特展则介绍了中国的宋代山水花鸟画。第二种以"负面"为主，这类报道从独家角度进行挖掘和揭秘，对国际话题进行揭黑报道，或者驳斥国际舆论场的某些言论。

总的来说，国际话题的融媒体作品以视频为主，或者注重将交互产品通过视频化形式呈现，以便于宣传和传播。国际传播的融媒体产品在形式上相对比较受限，H5、VR 和线下活动等形式，均很难实现不同语种的全球传播，视频则相对容易。

以"正面"为主的作品比较强调艺术性，各类素材的融合度比较高。比如第六声（Sixth Tone）系列报道中的视频作品 *A Day in a Shanghai Park：Reading Yeats at the Marriage Market* 就具有较强的综合表现能力。这一作品以写实的拍摄手法，加上一些浪漫的元素来营造一种现实与浪漫极端冲突的效果（见图1）。

图1　第六声《公园一日：相亲公园里的爱情诗人》

一位经常在上海某公园的相亲角吟诵情诗的人，与相亲角里残酷的相亲条件和难以达成配对的结果形成鲜明对比，看似无意的镜头暗藏深意，标题字体和背景音乐也成为表达的一部分。背景音乐用意大利音频制作人 Stefano Civetta 的 *The Don*，与诗歌的朗诵韵律相配合，用音乐的高潮部分和更广阔的镜头角度来展现更高的立意，最后用一个扫掉落叶和相亲帖的镜头表达了一种荒诞与虚无。虽然没有旁白，但仅仅通过镜头内人物的话语和音乐就在很短时间内表达思想和情感，叙事含蓄但深刻。

CGTN 推出的《千年调·宋代山水花鸟》数字特展，是 2023 年最为厚重的融媒体作品之一，它接续了一年前CGTN"艺术推广计划"推出的《千年调·宋代人物画谱》，希望以国际化的方式解读隐含在美术经典作品背后的中国哲学意蕴。

《千年调·宋代山水花鸟》数字特展网站为全球24家博物馆的300多幅宋画设计了6个主题垂类网页，利用三维古画修复、4K级高清阅览等多媒体数字技术，对山水花鸟画的场景进行了复刻和再现。体验上，画面进行分层移动，交互过程能让人直接沉浸山水，从山水楼亭之间掠过（见图2）。人物、蝴蝶、鸟也动了起来。另外，其7首背景音乐也属于原创国风音乐。

图2　CGTN《千年调·宋代山水花鸟》

作品的文案比较考究，包含了山水篇的"境、幻、趣"和花鸟篇的"芳、羽、灵"，它介绍了宋画的构图、视角、色彩、人物、绘画技巧和现实寓意等。比如《踏歌图》用上下两个平行的画面中心来暗示两个不同的社会等级，这赋予画面的美学欣赏以现实的社会意义。另外，创作者还制作了22集人物短视频来介绍和赏析相关画作，他们专访了来自中国各大城市、美国旧金山、日本东京等地的古书画鉴定家、国画山水花鸟画家、作家和博物学家等。

有一类国际传播作品强调数据分析能力，因为这类作品以思辨和揭露事实为主，这些要素都需要数据新闻的强力支撑，否则它们在全球化的传播语境中难以找到核心优势。

当然，国际化的融媒体作品也面临一些问题。第一个问题是目前涌现的众多海外KOL，他们在内容叙事上更贴近西方普通人的视角和审美，批判性和情节性更强，内容角度比较独特。而国内制作的融媒体作品总体还是以自我介绍和文化展示为主，由于外文二次润色带来的传播偏差,一些作品在某些微妙词语上的表达不够精准、地道,和普通人的互动关系比较弱。相比之下,辩驳类的国际传播作品反倒更容易获得好的对话效果。第二个问题是在国际传播方面,中国融媒体作品的国际传播方式总体比较传统。从整个舆论传播场来看,其整体影响力在国际社交平台上还比较弱,这与作品数量减少也有关系。虽然这些问题在近年来有所解决,但与国外的媒体和 KOL 相比均有一定差距。

二、数据新闻的融合作品数量有所减少,但保持了作品水准,仍在国际传播中担任重要的证据角色

2023 年的融媒体作品往艺术性方向拓展,不再与数据新闻深度绑定和结合。之前的不少融媒体作品需要借助数据分析来提高作品的新闻性和深度,但随着受众对融媒体接受度的提高,缺少数据内容的融媒体作品仍然可以独立存在。

2023 年,数据新闻融合作品越来越回归数据分析和挖掘的本质,作品深度在数据源、数据量和数据分析方面有所加强。

比如《南方周末》推出的视频《卫星视角重访西九龙:一座海上 CBD 的诞生》,就收集和调取了多张卫星图来梳理香港西九龙高铁站 30 多年的历史,展现区域经济的发展(见图 3)。

图 3 南方周末《卫星视角重访西九龙:一座海上 CBD 的诞生》

澎湃美数课的《沸腾之夏》则是 2023 年为数不多的数据新闻 H5 交互作品,设计精美且独具风格,它汇聚了 700 个城市 70 年的气候数据,可以轻松查询,体现了较高的数据新闻驾驭力(见图 4)。

图 4　澎湃美数课《沸腾之夏》

"玉渊谭天"推出的视频《起底！台当局"朋友圈"大公开》则找到了台湾当局在美国登记在册的所有海外游说与政治献金的数据，并据此分析了台湾当局在美国的游说对象和游说方式（见图 5）。

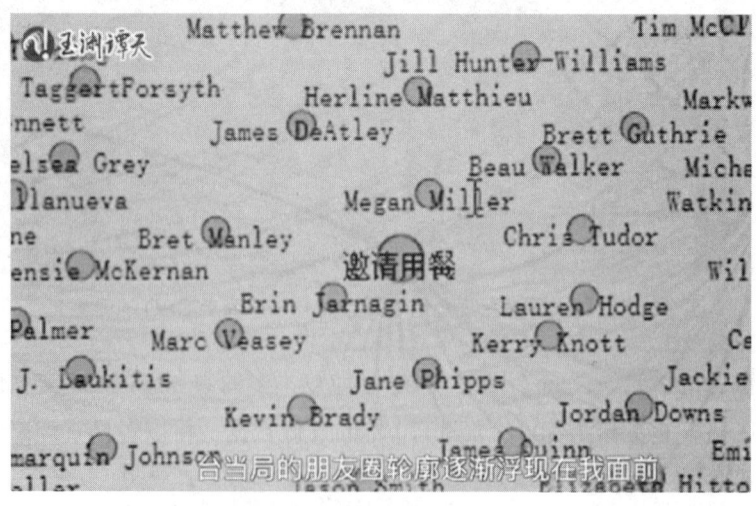

图 5　玉渊谭天《起底！台当局"朋友圈"大公开》

CGTN 的《粉碎标题党》节目分析了 1,472 篇外媒与"一带一路"倡议相关的文章，发现美国、英国两国主流媒体更多地将"一带一路"倡议置于地缘政治博弈的角度去提及，而非从民生福祉、经济发展和科技应用等角度去理解（见图6）。

图6　CGTN《孙悟空与"一带一路"倡议有什么联系？》

总体而言，相较于融媒体产品的整体发展，数据新闻在失去融媒体产品的助力后并没有明显突破，只是维持了原有的水准。这可能与媒体的发展方向和定位有关系，数据新闻投入大、产出慢、未来的专业化前景可能脱离大众媒体定位，相比之下，媒体更愿意将发力点延伸至融媒体产品的线下服务功能，以解决现实问题。

三、融媒体产品逐渐从线上展示走向线下体验，媒体的线下活动借助融媒体产品来产生独特价值，并且在逐步寻找这一整合服务的明确落地场景

媒体原本主要做各渠道新闻内容，现在越来越注重融媒体产品的宣传和展示，并且将"内容"拓展到线下展览和体验。

第六声推出的中英双语展览《像素仓颉：中文字体设计的现代历程》，展示了来自上海印刷技术研究所、上海字模一厂等单位的藏品，并梳理了近一个半世纪的汉字"突围史"，展现从"一块铅字"到"一格像素"的变迁（见图7）。

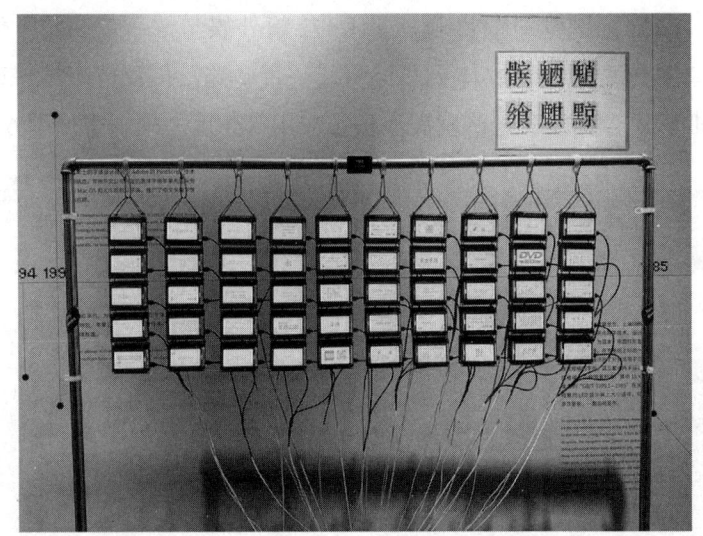

图7　第六声《像素仓颉：中文字体设计的现代历程》展览现场

新京报则确立"新闻+智库+活动"的服务定位。2023年，新京报联合高德地图、选址中国，发布"2023北京首店地图"，用户可以通过新京报App或高德地图来浏览北京市的首店位置、简介、营业时间、联系电话等（见图8）。新京报还以新媒体长条图的形式梳理北京800余家具有特色的首店，内容涵盖餐饮、零售、生活服务、休闲娱乐等多个类别。

图8　新京报《2023北京首店地图》

在新京报书评周刊2023年秋季推出的北京图书市集活动上，有6档播客节目接到邀请，带不在现场的朋友们用"耳朵"逛书市。这些与线下活动关联的融媒体产品和传播尝试，都是媒体拓展服务功能的体现。

人民日报新媒体也进行了线下探索。2023年9月，人民日报新媒体与中国银行合作打造了《超级名片》系列，通过数字孪生技术把著名景点"搬"到线上，构建了一个"轻量级元宇宙"文旅虚拟空间，陆续推出"入画徽州""遇见大理""问海三亚"等 VR 文旅场景体验，用户甚至可以限量免费领取相关景点的门票。

四、AI 助力新闻生产已经初现端倪，但还未达到全面介入的水平

2023 年，许多 AI 作品涌现，新闻行业也在 AI 方向进行了一些试水。AI 对内容生产的助力将媒体置于危机与机会并存的境地。

当 AI 绘图在国内的合规性、操作性还模糊不清的时候，澎湃最早用 AI 生产出了较有传播力的作品。在世界环境日这天，澎湃借助 AI 绘画，用名画新解的方式让大家看到环境变化导致的恶果，使更多人看到了 AI 辅助创作的力量（见图 9）。

"玉渊谭天"对 AI 的使用更注重内容挖掘层面，《2,147 篇报道看美国知情人士如何影响中美关系》这一作品收集了 2,147 篇相关的报道，但是它没有像往常那样，用人工读完所有报道内容再进行议题归类，而是让 AI 基于其所提供的美国对华议题词库来理解全文，生成 3 个议题并赋值。这一对 AI 分析功能的使用更加贴近内容挖掘的本质。

新京报则将数字人技术和 AI 技术进行了融合。2023 年，新京报贝壳财经推出数字人"AI 小贝"。"AI 小贝"以贝壳财经记者形象为原型，经过大量的文稿与视频训练后，完成了 AI 小贝数字人形象制造。数字模型的训练成功后，只要给予"AI 小贝"文字内容，它就可以直接生成数字人的口播视频。相关材料显示，AI 小贝已经在内容生产环节解放了一部分生产力，视频筹备、拍摄、剪辑环节的效率得到了一定程度的提高。而媒体的视频制作团队则更加聚焦内容质量打磨和创意互动，与 AI 小贝的工作进行区分（见图 10）。

图 9　澎湃《世界环境日丨假如名画有续集，会是什么样？》

图 10 新京报《贝壳财经早报丨刚需买房者迎政策红包雨；首批国产大模型开放服务》

总体而言，媒体在 2023 年并未出现对 AI 技术的全面应用。其主要的顾虑在于一些 AI 软件在国内不能合规使用，对中国的政策也不友好，存在诸多技术限制。当然，也因为 AI 的学习和使用均有门槛，AI 的创作式生成和媒体的写实类报道之间并不完全匹配，用 AI 直接"生成"新闻作品的可能性不大，媒体需要考虑如何用 AI 来辅助新闻操作。

不过，随着 AI 技术的成熟和逐步迭代，其或将全面颠覆整个新闻机构的架构、生产流程和内容定义。

五、融媒体产品当前发展面临的问题

到底什么才叫"融媒体产品"？目前，融媒体产品的定义在不同媒体中有不同答案。因为"融合"一词，本身就建立在对媒体的"分割"形态之上，因为"分割"所以才需要"融合"。融合产品对媒体来说是相对的，这和媒体原本的主导新闻形态有关。比如传统的平面媒体做了视频，就会视为已经做出了"融媒体产品"，但普通视频节目在电视媒体眼中又并非"融媒体产品"。

目前，对融媒体产品的定义比较宽泛。比如有的理解是仅限于 AR、VR 等前沿的产品形式，有的是从媒体内部跨部门、跨条线合作的角度去确认，有的认为微博、微信、小视频等组合产品就是融媒体产品，还有的定义更为简单，即"融媒体团队做的作品"就是融合产品。与其说是"融媒体产品"，不如说是"媒体转型探索期的所有创新作品"。

对"融媒体产品"缺乏相对统一的定义和认识，是现在的首要问题。随之而来的问题，是融媒体产品的发布渠道不太固定，甚至一些媒体缺乏稳定的栏目来展示融媒体产品，因为融媒体产品的制作团队、更新频率、形式、受众、运营目标可能都不太固定。

　　经过了尝试和创新期，融媒体产品下一步的发展应该往何处发力？融媒体产品所需的人才、资金、项目是否都具备？现在的用户到底需要什么样的融媒体作品？还有一系列的问题横亘在融媒体产品创作和发展的道路上。

　　2021年，笔者在采访多家融媒体团队后，曾提出三种融合类型："产品融合""流程融合"和"定位融合"。"产品融合"旨在关注新闻生产环节的内容融合，"流程融合"是一种新闻生产、推广和市场环节的全流程融合，"定位融合"关注的是内容生产和经营环节的跨领域融合。①

　　《第一财经》的圆周率栏目正在探索流程融合。其视频作品《月薪4,000的小镇青年背过万的包，中高端旅游一年一次，小镇青年为何敢消费？》，取得了较好的传播效果。

　　但是从最新的发展情况来看，应该说"定位融合"才是媒体进行融合发展的主流形态，产品融合和流程融合的效果都相对有限。不过，无论是往哪一个方向发展和突破，融媒体产品仍离不开新闻作品及其核心制作能力。作为媒体探索先驱的融媒体产品，也不例外。

作者简介：

　　戴玉，烽火数讯（北京）科技有限公司CEO，历任《南风窗》记者、人民日报中央厨房数据项目负责人、上观新闻数据新闻中心数据新闻主编。

　　南开大学新闻传播学院讲师李唯嘉老师，对此文亦有贡献。

---

① 戴玉，李唯嘉，黎静仪.融媒体产品的生产、推广和运营模式创新[M]//梅宁华，支庭荣编.媒体融合蓝皮书：中国媒体融合发展报告（2021），北京：社会科学文献出版社，2021.

2023年中国新闻摄影年度观察

杜 江 曾阡甯

中国报业协会印刷工作委员会调查统计，2023年度全国报纸总印刷量为566亿对开印张，新闻纸总用量127万吨，较之2022年的584亿对开印张、131万吨下降用纸，下降幅度分别为3.08%、3.05%，此规模均为2013年（1,505亿印张、338万吨新闻纸总量）的37.6%。2021年全国报纸印刷总量以1.28%的增幅结束长达9年的连续大幅下滑局面，2022年出现4.01%的下降，2023年度继续小幅下降，降幅收窄。权威机构所作2023年度全国报纸印刷量调查统计结果将2021年以后这两年间的下降，评估为"报纸印刷总量的小幅震荡，显现相对稳定的发展态势"[①]。2023年，有福建省都市报《东南快报》（2000年创刊）、四川省《三江都市报》（由2003年《乐山晚报》改版）等近10家报纸停刊或休刊。

中国新闻摄影学会第九次全国会员代表大会2023年12月29日在山东烟台召开，中央及部分省地市县主流媒体、省级新闻摄影学会推荐的170多位代表和特邀代表出席大会，徐祖根会长代表第八届理事会作工作报告，大会总结中国新闻摄影学会成立40年来特别是近5年来新闻摄影改革发展的基本经验，研讨和筹划未来5年创新发展大计。会议产生中国新闻摄影学会第九届理事会，经137位理事无记名投票，选举出中国新闻摄影学会第九届理事会领导班子，现任新华社摄影部副主任兰红光当选会长。[②]

本报告从观看者（摄影机构、摄影记者）、观看对象（突发事件、主题报道）、观看方式（视觉机器）、观看结果（新闻摄影评选）等角度出发，并与中国新闻摄影史相结合，以摄影机构为脉络，考察摄影记者与新闻摄影的动态与变迁，并关注新闻摄影工作方式在媒体融合中应用所产生的典型案例。

---

① 中国报业协会印刷工作委员会.2023年度全国报纸印刷量调查统计报告［J］.印刷杂志，2024（03）：5-7.
② 中国新闻摄影学会.中国新闻摄影学会召开第九次全国会员代表大会［EB/OL］.（2023-12-29）［2024-07-01］.http://www.cnpressphoto.com/2023-12/29/content_37061035.htm.

一、重大事件中的新闻摄影与融合报道

（一）杭州第 19 届亚运会

2023 年 9 月，第 19 届亚运会在杭州举行，浙江日报全媒体视频影像部提前布局、投入重兵、策划为先、团结合作、努力拍摄、精心编排、策划，多个图片专题精彩纷呈：《同爱同在 情动亚运》选取了数字火炬手惜别大莲花、张雨霏拥抱池江璃花子、48 岁丘索维金娜为了儿子再征赛场等情感迸发瞬间，展现了超越竞技、超越比赛的人性光辉和亚运精神；①《智能亚运@未来》寻找亚运会在办赛、比赛、观赛等各个环节的黑科技，从数字人点火、电子狗送标枪、自动驾驶送乘客等多个应用场景体现浙江数字化改革成果在亚运会中的运用；②《生命礼赞 梦想闪耀》聚焦残疾运动员超乎常人的拼搏精神、感人瞬间以及赛场上的激烈竞争，生动展示了残疾运动员的风采和体育精神。③以上三组照片非常罕见地全部入围了第 34 届中国新闻奖新闻摄影初评。

杭州亚运会开幕前日，新华社推出杭州亚运会创意分屏短片《我们亚洲》，聚焦历届亚运赛场上真实感人的故事细节，创造性运用分屏形式巧妙展现中国 30 年变迁，以及中国与亚洲各国携手前行、共赴未来的时代主题。产品创作历时 5 个多月，每一帧画面做到准确且精致，最终为受众打造一场视觉盛宴，播发后全网总浏览量超过 6.8 亿次。④

（二）突发事件中的新闻摄影

2023 年 2 月 6 日，土耳其与叙利亚交界地带连续发生两次 7.8 级地震，灾难发生后，新华社驻土耳其安卡拉、伊斯坦布尔和驻叙利亚的三路记者连夜奔赴灾区。当地时间 6 日中午，驻安卡拉摄影记者李振北、驻伊斯坦布尔摄影记者沙达提均在第一时间随文字记者及报道员驾车前往卡赫拉曼马拉什省的地震震中区域，发回大量图片及音视频报道。⑤8 日起，中国救援队、中国香港特区救援队、中国蓝天救援队等 20 余支官方及民间救援力量陆续开赴土耳其参加救援，第一时间出动的南方日报摄影记者吴明、董天健，羊城晚报记者宋金峪、周巍均把报道重点放在大批中国救援队集中救援的重灾区安塔基亚，他们从震中发回大量图片及音视频报道。羊城晚报宋金峪、周巍震区手记中写道："我们透过镜头，观察着、记录着这如同末日般的景象。按当地的宗教习俗，每到傍晚，城中便会响起悠扬的乐调，夕阳折射在废墟的角落里，整座城市弥漫着哀

---

①②③ 中国新闻摄影学会.第三十四届中国新闻奖新闻摄影初评报送作品公示［EB/OL］.（2024-05-29）［2024-07-01］.http://www.cnpressphoto.com/2024/05/28/content_37348653.htm.

④ 徐壮志，王清颖，饶力文，沈楠，姬烨，黄奋越，方思贤，邰辛鑫.看！《我们亚洲》，雄风更劲［EB/OL］.（2023-09-22）［2024-07-01］.http://www.pingjiang.zgjx.cn/News34/webgs/toCPM/XMT/19.

⑤ 新华社国际部.新华社三路记者现场直击土叙地震灾区［EB/OL］.（2023-02-07）［2024-07-01］.https://mp.weixin.qq.com/s/JtBtimeL4NIws2tc_wD9oQ.

伤……作为一线记者，在重大灾难采访中难免会有恐惧、痛苦和悲伤，只有当你鼓起勇气涉过这条悲愤的河流，直面自我，报道才更显温度和力量。"①

12月18日23点50分，甘肃临夏州积石山县发生6.2级地震后，甘肃日报社第一时间派出多名记者。凌晨2点40分，甘肃日报社摄影部第一批摄影记者队伍"逆行"抵达气温接近零下20摄氏度的震中，并连夜徒步两个多小时到达受灾最严重的村庄，从而第一时间以图片专题《众志成城 抗震救灾——积石山6.2级地震抢险救灾现场目击》传播受灾现场真实情况。②解放日报上观新闻则成立可视化合作团队，以16位亲历者的口述结合专家访谈、地图测绘等，形成作品《地震波上，16位亲历者如何度过夜晚？》还原了地震给生活、生产带来的影响。③

本年度突发新闻报道的融合创新案例还有：夏季华北极端降雨突发引发洪涝灾害，K396次列车被困落坡岭站，人民日报社新媒体中心创新性采取众筹方式吸引用户参与，从现场亲历者提供的2,000多个视频、数百G素材中精选剪辑纪录片《风雨落坡岭》，以被困旅客、列车乘务员、救援队员等视角，完整记录列车105个小时脱险全程，真实呈现风雨来袭时守望相助、万众一心的伟大力量。④

（三）新时代中国调研行之行进式融合报道

2023年下半年，新华社以摄影部为主要力量，连续推出"新时代中国调研行"之长江篇⑤、黄河篇⑥、长城篇⑦，以"文字+图片+音频+视频"结合卫星遥感等科学图像完成行进式融合报道，篇幅宏大，气势恢宏，气韵生动。其6月15日至7月29日发布的"长江篇"，以102个报道聚焦长江经济带经济社会发展取得的历史性成就，长江流域生态保护发生的转折性变化，展现新时代高质量发展的生动实践；"黄河篇"从黄河源头出发，顺流而下，一路前行至入海口，9月6日至11月26日共刊发90个报道，以聚焦黄河流域生态保护发生的转折性变化、经济社会发展取得的历史性成就，展现新时代高质量发展的生动实践；"长城篇"则12月1日至12月28日共刊发62个报道，

---

① 周巍，宋金峪.震区手记：有幸摆渡逝者的灵魂［EB/OL］.（2023-03-01）［2023-03-01］. https://mp.weixin. qq.com/s/E_UWyxYAetyEXnia_g3Ohg

② 集体.众志成城抗震救灾——积石山6.2级地震抢险救灾现场目击［N］.甘肃日报，2023-12-20（05）.

③ 莫惠娴，张龑飞，王美杰，等.地震波上，16位亲历者如何度过夜晚［EB/OL］.（2023-12-21）［2024-07-01］. https://hdh5.shobserver.com/v2/manage/book/xmlnhk/?spr=1

④ 徐丹，陈相如，刘畅，等.纪录片丨风雨落坡岭：K396次列车脱困记［EB/OL］.（2023-08-01）［2024-07-01］. https://www.peopleapp.com/column/30035370327-500000422819.

⑤ 新华社.新时代中国调研行·长江篇［DB/OL］.（2023-07-29）［2024-07-01］. http://www.news.cn/politics/xsdzgdyx2023/index.htm.

⑥ 新华社.新时代中国调研行·黄河篇［DB/OL］.（2023-11-26）［2024-07-01］. http://www.news.cn/politics/xsdzgdyxhhp/index.htm.

⑦ 新华社.新时代中国调研行·长城篇［DB/OL］.（2023-12-28）［2024-07-01］. http://www.news.cn/politics/xsdzgdyxccp/index.htm.

全景展示长城内外华夏大地的新发展、新变化。①

以"长江篇"采访为例，新华社摄影部投入众多摄影记者，组建"长江行"小分队，以无人机、穿越机和照相机"穿越长江"，从三江源区唐古拉山镇沿江而下一直行走至长江入海口，为期一个多月、行程上万里、落差近5,000米；②开篇的微纪录片《冰川·河湖·湿地——江源科考探究全球气候变暖背景下长江源区生态环境之变》，直观反映近年长江科学院和中国科学院西北生态环境资源研究院联合对冬克玛底冰川展开"空—天—地"立体观测情况，冬克玛底冰川2009年退缩分解为大、小冬克玛底两条冰川后目前仍在退缩之中。③

揭示全球气候变暖引起长江源区冰川退缩的融合作品，还有澎湃新闻推出的《世界最高峰寻找气候密码》。该团队随冰冻圈科学国家重点实验室的科考队，向珠峰绒布冰川进发，记录了科考人员在海拔6,530米的高度钻取逾百米透底冰芯的过程，并以6篇文字深度报道、1部纪录片、27条vlog、1组海报完成了报道。④

二、观看者：历史与现实，个人与机构

（一）赵烈（1920—1943）：歌声飘扬在太行山

"中山有子，别其亲矣。有魂南望，嘅其万里。嘅其泣矣，何日之归列矣！"2023年12月9日，一曲《代烈士亲人祭扫赵烈墓于其牺牲祭日》之祭歌，回荡于河北省保定市阜平县烈士陵园。⑤

80年前的1943年12月9日，阜平县柏崖村胭脂河边苍黑的岩石旁，已经突围成功的晋察冀画报社指导员赵烈又冲入重围，义无反顾地回去救援自己的战友，只身与敌人展开搏斗，终因寡不敌众，流尽了自己的最后一滴血，年仅23岁。

当年9月，晋察冀北岳区为时3个月的反"扫荡"战斗开始，晋察冀画报社坚壁了印刷机器、药品、纸张，分散隐蔽到花塔山打游击。专门成立了保护底片的战斗小组，画报社主任沙飞提出"人在底片在，人与底片共存亡"的战斗口号。12月8日，画报社在转移过程中遭敌包围，史称"柏崖惨案"。此次事件中，除赵烈外，晋察冀

---

① 新华社. 巍巍巨龙展雄姿　共绘文明新画卷——新时代长城保护观察［EB/OL］.（2023-12-01）［2024-07-01］. http://www.news.cn/politics/2023-12/01/c_1130004523.htm.
② 新华社. 新时代中国调研行·长江篇［EB/OL］.（2023-08-21）［2023-09-30］. https://mp.weixin.qq.com/s/Ph7RMAwMGoFI6pOS7TkAiA.
③ 新华社. 冰川·河湖·湿地——江源科考探究全球气候变暖背景下长江源区生态环境之变［EB/OL］.（2023-08-15）［2024-07-01］. http://www.news.cn/politics/2023-08/15/c_1129804914.htm.
④ 澎湃新闻. 在世界最高峰寻找气候密码［EB/OL］.（2023-08-01）［2024-07-01］. https://h5.thepaper.cn/html/zt/2023/07/everest/index.html.
⑤ 张房耿，王帆，吴森林.《晋察冀画报》主创之一赵烈牺牲80周年，保定、中山两地为烈士寻亲［EB/OL］.（2023-12-12）［2024-07-01］. https://www.zsnews.cn/news/index/view/cateid/35/id/718112.html.

画报社共有9名同志壮烈牺牲，沙飞等4人受伤，这是画报社成立后遭遇的最大一次损失。

赵烈，广东省中山县人，不满18岁即离家奔赴延安，从陕北公学与抗日军政大学毕业后，他于1939年秋来到华北敌后的晋察冀军区政治部摄影科任摄影干事。1940年秋赴前线拍摄了著名的"百团大战"照片。1942年春，晋察冀画报社成立后任政治指导员，但他一有机会仍以摄影记者的身份采访拍照，仅《晋察冀画报》创刊特大号及第2期中，就发表了他拍摄的新闻照片近10幅，他拍摄的反映边区儿童团活动的照片是极其珍贵的革命史料，他还为报刊写稿，多篇通讯发表在1942年出版的《晋察冀日报》。

"我们，我们是文化艺术的劳动者，我们，我们是革命战线上的战斗员，我们用双手大脑劳作，我们用笔杆、机器作战……劳动，从日出东山，到星光满天，战斗啊！黎明冲破了黑暗，我们的歌声飘扬在太行山。"

赵烈，就是在新闻摄影工作者心中一直传唱的这首晋察冀画报社的社歌作者、教唱者、领唱者。其年轻的英姿，迄今依然鲜活地留在人们的记忆里。①

（二）吴群（1923—2023）：一片丹心奉献中国新闻摄影

2023年是吴群百年诞辰，这位中国革命新闻摄影事业的创建者、新中国摄影理论与摄影史学的奠基者、开拓者，不应为我们所忘却。

吴群原名伍于琛，广东顺德大良人。1938年参加革命，1939年从延安抗日军政大学毕业后，任职于晋察冀二分区政治部宣传科。1944年因一组《雄峙敌后的五台山》组照及两篇相关通讯在晋察冀画报第5期中刊出而崭露头角。1946年吴群调晋察冀画报任采访组长，此时他已是摄影和文字并重的前线记者，他所写的多篇新闻通讯成为当时的新闻精品，他拍摄的《胜利挺进》等作品成为中国战争作品的经典。他在华北军区政治部华北画报社任采访组长、副主任。

1949年7月，吴群作为军队摄影工作者代表出席在北平召开的第一次全国文艺工作者代表大会。同年9月，他被派往中国人民政治协商会议筹委会宣传处任摄影科长，负责政协会议、成立中央人民政府及开国大典的摄影报道发稿等工作，所摄《解放军通过天安门前》记录下了那一永恒的历史瞬间。

1950年10月，吴群担任新成立的全军大画报——解放军画报社副总编辑。朝鲜战争爆发后，1951年至1953年他三度入朝，除摄影报道外，还参加巨济岛敌占营及板门店战俘遣返工作。

1956年12月，中国摄影史上第一个全国性组织——中国摄影学会成立，吴群担任学会秘书长，负责学会组织工作。1958年转业后，吴群出任中国摄影学会专职秘书长

---

① 吴群.献身革命摄影事业的赵烈同志［J］.中国摄影，1962（06）：54.

兼《大众摄影》主编，《中国摄影》编委和理论研究部主任。他由此开启摄影理论及中国摄影史料的搜集、整理和研究工作。

1971年1月，吴群调新华社摄影部任副主任主管采编室工作，并兼任复刊后的《中国摄影》（该刊由新华社摄影部代管）稿件编审，至1982年12月，基于摄影史学在我国摄影界长期"缺门""冷门"的现实，他主动辞去新华社摄影部副主任职务，甘愿退居二线专门搞中国摄影史研究，并曾担任中国摄影家协会组织的《中国摄影史》编写组组长，其专著《中国摄影发展历程》为中国摄影史的开先河之作，其晚年在体力日渐不支的情况下，仍呕心沥血，著述不断，实现了自己"生命不息，战斗不止"的誓言。①

（三）战地摄影：巴以冲突中的新华社摄影记者

2023年11月24日早7点，本轮巴以冲突开始为期4天的停火，以色列和哈马斯暂停了48天的激烈战斗迎来短暂和平，新华社驻耶路撒冷记者王卓伦和摄影记者陈君清又驱车来到距加沙仅800米的以色列城市斯代罗特的山丘上。战事胶着时，陈君清用影像记录下遭袭后的加沙，"炮声、战机、火箭弹、铁穹，在边境上空交织。铁穹刺破黑暗，在夜空中追逐着火箭弹，我的镜头追逐着铁穹。抵近现场，全面记录，是我的职责和本能。"②

前新华社加沙首席记者洪漫说过："说到新华社记者的职责，因为我们是在那边唯一常驻的华人媒体，在这种危险地区，能够发出中国的声音，发出新华社的声音，让全世界都能听到，我自己也感到非常骄傲和自豪。"③投入该报道的，还有新华社驻加沙、拉姆安拉和耶路撒冷等地的战地记者们，他们的报道形式除了文字与摄影，还有很多音视频。

早在1981年10月6日，刚就任3个月的新华社常驻开罗分社摄影记者于小平，亲历并用照相机记录了驻在国首脑——埃及总统萨达特被刺杀的全过程，新华社因供应此突发事件图片新闻而赢得国际性通讯社的声誉。

1991年海湾战争期间，唐师曾、张郇、王继雨三位新华社摄影记者携带全套拍摄器材（照片传输机、配套放大机、相纸以及重达7公斤的照片冲洗药水）及AP传真机前往战区，同西方各大通讯社及机构约1,500名新闻记者一起报道这场令世界瞩目的局部战争。正是唐师曾等摄影记者在海湾战争报道中显示的实力，令全国新闻界对摄影记者刮目相看。1991年1月中旬，分社从伊拉克撤出后，唐师曾经约旦进入以色列的

---

① 吴群.吴群业务自传[M].吴向群，伍时宝主编.摄影开国大典的新闻记者——吴群图文集.北京：长城出版社，2017：353-358.
② 新华社.战地记者手记 | 巴以冲突现场影像背后[EB/OL].（2023-11-08）[2024-07-01]. http://www.news.cn/world/2023-11/08/c_1212299013.htm.
③ 薛园."战地玫瑰"两赴中东，为抢新闻舍弃防弹衣，听新华社女记者讲述真实战地生涯[EB/OL].（2021-04-18）[2024-07-01]. http://www.xinhuanet.com/mrdx/2021-04/18/c_139888381.htm.

特拉维夫，冒险拍摄该市屡遭伊拉克发射的"飞毛腿"导弹袭击的照片。期间，他还前往被以色列占领的约旦河西岸和加沙地带采访，开新华社摄影记者对这一地区报道之先河。①1991年大年初一，唐师曾从以色列给摄影部主任徐佑珠打来电话。他说："在我的摄影背心的前胸和背后，都有中国的五星红旗。在我的背后，红旗下面用英文、阿拉伯文和中文三种文字写着'中国，新华社'，所有的人看见我都知道我是中国人。我绝不会给中国人丢脸。我会为我的'新华'玩命干活！"②

（四）人民摄影报40周年

1983年9月1日，中国第一份公开发行的摄影专业报纸《摄影报》在山西太原创刊，填补了我国摄影界有刊无报的空白。该报由山西新闻摄影学会主办，赵德苏任社长，谷威任主编，狄森任副主编，时任中共中央书记处书记、中宣部部长邓力群为《摄影报》题写报名。试刊第一期《摄影报》为4开4版旬刊，黑白印刷。1985年7月更名为《中国摄影报》，由中国新闻摄影学会和山西省新闻摄影学会共同主办，中宣部主管；1988年更为现名。

据时任总编辑司苏实回忆，《摄影报》创刊伊始，正值中国新闻摄影事业大发展时期，报社业务已经直接从属中国新闻摄影学会，成了未正名的学会"机关报"，积极支持与参与一系列以蒋齐生、罗光达为核心的新时期中国新闻摄影探索与改革活动。③

1992年，人民摄影报社在头版设置巨幅照片的比赛活动，刊登了大量时效性强、题材重大、极具情感张力、情节引人、画面信息丰富的新闻与纪实摄影作品。同年，创办全国性年度新闻摄影赛事人民摄影"金镜头"进行新闻摄影作品评选，它凭借学术性、专业性、群众性成为推介优秀新闻摄影作品和优秀摄影记者的平台，其评选出的摄影佳作记录了时代发展变化，关注社会热点进程，关注人类的社会责任，伴随着中国新闻摄影发展的黄金时代，它树立起"金镜头"的职业标杆与专业口碑。④

2001年，人民摄影报策划、组织承办了国内第一个摄影节——平遥国际摄影大展，搭建起中国摄影与世界摄影接轨的平台，这是目前中国创办最早、举办时间最长、参与人数最多的国际性摄影节。

在2022年9月第23届平遥摄影节举办的《人民摄影报》创刊40周年经典回顾展上，该报社长彭哲辉表示，40载光影之路，《人民摄影报》将继续坚守"人民摄影为人

---

① 黄文. 一次成功的战役性报道——新华社海湾战争摄影报道回顾[M]. 钟巨治，南康宁主编. 新华社新闻摄影论集. 北京：新华出版社，1992：362.
② 徐佑珠. 老总的天平、记者的素质及其他——在1991年全国地市州盟报总编辑新闻摄影研究会上的讲话[M]. 钟巨治，南康宁主编. 新华社新闻摄影论集. 北京：新华出版社，1992：31-37.
③ 司苏实. 红影史中罗光达[EB/OL]. （2022-08-19）[2022-09-30]. https://mp.weixin.qq.com/s/1jXQVTyL2GKEeDqNwKAQDQ.
④ 李涛. 回眸·经典：2000-2020：人民摄影报头版大照片精选[M]. 北京：中国摄影出版社，2021：251.

民"的理念，牢记使命，守正创新，为摄影人搭建影像交流、学术引领的平台，与各级摄影组织开展更广泛深入的合作，在奋力推进中国式现代化伟大实践中，为新时代中国摄影事业发展作出更大贡献。①

这份报纸，是新闻摄影的传播者，也是守护者。

三、视觉机器

2023年5月31日，国务院、中央军委公布《无人驾驶航空器飞行管理暂行条例》，并于2024年1月1日起施行。作为我国无人驾驶航空器管理的第一部专门性行政法规，《条例》规定真高120米以下"适飞空域"的概念，并规定操控微型、轻型民用无人机的人员无须取得操控员执照，这一定程度上方便了新闻摄影相关的采访与教学。

（一）VR及3D摄影测量

全景相机方面，深圳影石Insta360 2023年仅推出新一代拇指运动相机GO 2，其年度营收仍接近40亿元，同比增长近100%。根据沙利文（Frost&Sullivan）发布的《2023年全球智能手持影像设备市场发展白皮书》，2022年影石Insta360在全球消费级全景相机市场中占50.7%的比例。②此外，曾参与珠峰2020年测高的圆周率科技则推出消费级的全景时光PanoX V2，该相机搭载两枚索尼1/2英寸4,800万像素传感器，从而实现360°智能全景跟拍、12K全景照片、5.7K全景影像效果。

头戴式显示器（HMD）方面，市场竞争激烈，有消息称，因PICO 4销售不及预期，字节跳动将取消开发PICO 5的计划，其PICO团队2023年度经历多轮裁员，2024年2月其裁员规模达到20%—30%，自字节跳动2021年9月正式宣布收购PICO以来，该团队规模由200人极速扩张至约2,000人。③元宇宙社交AltSpaceVR和HoloLens头显团队在微软的万人大裁员中均遭重创，多个团队原地解散。④

头显年内上市的代表性产品为索尼PSVR2与MetaQuest3。前者采用4K 120Hz HDR显示屏、110°FOV和注视点渲染技术，其OLED显示屏将提供每眼2,000×2,040的分辨率和90/120hz刷新率，内置眼动追踪功能、重新设计的手柄、触觉反馈并有强

---

① 人民摄影.2023平遥闪耀登场丨创刊40周年经典回顾展隆重开幕［EB/OL］.（2023-09-20）［2023-10-15］. https://mp.weixin.qq.com/s/6uaDEiRaLe5-Q7CczbeonQ.
② 沙利文.2023年全球智能手持影像设备市场发展白皮书［EB/OL］.（2023-10-31）［2023-11-05］. https:// mp.weixin.qq.com/s/ZebScDtEhNFdwonjIOhbDw.
③ 远洋.消息称字节跳动旗下PICO近半员工离开，多名高管离职调岗［EB/OL］.（2023-10-24）［2024-07-01］. https://www.ithome.com/0/727/090.htm.
④ Aeneas.微软元宇宙「大撤退」，VR/AR多个团队原地解散！全心押宝ChatGPT［EB/OL］.（2023-01-22）［2023-01-22］.https://mp.weixin.qq.com/s/xsfFvCrdCxGkTeU_Q82EZQ.

大的游戏库支持；①后者作为消费者级一体式 VR 头显的代表，搭载高通骁龙 XR2 Gen 2 芯片，配备两块 2,064×2,208 LCD 显示屏，视野同为 110°FOV，设计上以饼干镜头替代菲涅耳镜头（Fresnel Lens）以减薄目镜厚度，首次实装的任意瞳间距调整，并加装两枚 4MP RGB 摄像头与头显的深度传感器以发挥全彩透视功能。②

该领域相关的新闻生产包括：由哈尔滨新闻网、"冰城+"客户端打造的《冰雪60年冰城+带您游玩冰雪——哈尔滨冰雪景点 VR 游览体验平台》③以近万幅图片，通过 3D 建模、720°云景 VR 等技术支撑，对第 39 届中国·哈尔滨国际冰雪节各标志性景点进行了数字化复刻，打造永不闭园的线上冰雪乐园；12 月 27 日，北京城市副中心 3 大文化建筑对公众开放。新京报动新闻团队同步推出《上新了·千年运河|3D 解析北京文化新地标》，以 3D 视频形式打造全景视频，全景呈现三大文化建筑以实现线上"云打卡"。④

（二）AIGC 与新闻纪实摄影

自 2022 年以来，在生成式 AI 图像领域，从 Mid Journey、Dalle.2 到 Stable Diffusion，各平台不断推陈出新，Lensa 和谷歌开发的 Dreambooth 也都是人工智能图片生成的最新模型。用户使用这些工具和模型，通过简单的文字描述，便可以迅速获取图片。人工智能合成影像的出现，是否会带来新闻摄影的再一次危机？新闻摄影人是否会被取代？新闻摄影生态又将发生什么变化？我们究竟应该如何应对智能摄影？这些问题为传媒业界与学界所关注。

中国新闻摄影学会智能影像委员会主任委员黄晓勇认为，正在进行的人工智能革命，使新闻摄影又一次站在时代节点之上，以体育摄影这个最能体现技术进步的报道兵种为例，其大部分流程均有可能借助 AI 实施"无人化"操作，在其他新闻摄影报道领域，人工智能技术也在不断渗透、内化，人工智能与人的结合将更为紧密。因此，智能摄影必将在未来世界不断挤占摄影记者的传统阵地。摄影采编人员只有与时俱进、应势而变，与智能机器更好地结合。同时，发展机器难以模仿的不对称能力，才能在智能摄影时代占据先机。摄影记者生存的空间何在？优秀记者在新闻现场的直觉和综合判断是智能摄影当下不能企及的；人类在影像方面的创意与深度思考，智能机器未

---

① 新浪 XR. 索尼 PSVR2 正式开售，护航大作共 49 款［EB/OL］.（2023-02-22）［2023-02-26］. https://mp.weixin.qq.com/s/iKtrtxsCfB3VkPSqVUnWVg.

② Eric Song.Meta Quest 3 评测 9 分：虚拟王座的继承者［EB/OL］.（2023-10-20）［2023-11-20］. https://mp.weixin.qq.com/s/Qb36j8y9ShQHH_zAy-ehsA.

③ 哈尔滨日报社杨锐，肇琪昊、王信鹤、周琨、李海楠、郑玉阳、牛显达. 冰雪 60 年冰城+带您游玩冰雪——哈尔滨冰雪景点 VR 游览体验平台［EB/OL］.（2023-01-04）［2024-07-01］. https://www.720yun.com/vr/d7626updacf.

④ 新京报. 上新了·千年运河|3D 解析北京文化新地标［EB/OL］.（2023-12-27）［2024-07-01］. https://m.bjnews.com.cn/detail/1703667499129999.html.

来仍难替代；图片故事、长期项目等人文关怀项目，可能是摄影人还可以留驻的精神家园。①

中国人民大学新闻学院传播系副主任、副教授任悦认为，人工智能摄影的出现，有助于我们认识"人类摄影"的独有特征。新闻摄影工作的起点和终点都是人，新闻摄影是有同情心、同理心和责任感的人将社会现实拍给同样有同情心、同理心和责任感的人来看，这一过程中产生的情感、道德和心理反馈是机器无法替代的。

为维护新闻摄影的真实性原则，黄晓勇还提出"关于正确使用智能生成影像的四点建议"：（1）严守影像渠道入口关，加强制度建设，拒绝刊载不明来源的影像；（2）新闻采编人员增强鉴别能力，提高智能技术应用水平，努力识别人工智能生成影像；（3）新闻媒体在使用人工智能生成影像时，应该在图像显著位置标注"智能生成"的字样及影像来源；（4）新闻媒体使用版权影像作为素材生成新影像并发布之前，应获取版权所有人的许可授权。②

四、观看结果

（一）第33届中国新闻奖评选

2023年11月6日，中华全国新闻工作者协会公布了第33届中国新闻奖的评选结果，从参加定评的35幅（组）摄影作品（包括国际传播4件）中评选出10幅获奖作品，其中一等奖3幅，二等奖4幅/组，三等奖6幅/组。③

一等奖作品为《习近平等瞻仰延安革命纪念》（王晔/新华社）、《铁翼护航新时代——中国空军歼—20战斗机影像志》（余红春/解放军新闻传播中心）、《习近平抵达利雅得出席首届中国—阿拉伯国家峰会、中国—海湾阿拉伯国家合作委员会峰会并对沙特进行国事访问》（黄敬文/新华社）。

二等奖作品为《重庆山火救援实录热血"长城"凡人大义》（郑新洽、徐秋颖/新京报）、《冰雪之上，我们记录下这些中国突破》（集体/新华社）、《防洪墙：一块玻璃的稳固与温情》（戚颢、王鹏/中国宁波网）、《极枯鄱湖生态大考》（集体/江西日报）、《永不放弃——藤县空难搜救工作》（集体/新华社）。

三等奖作品为《"天路"越武陵》（杨顺丕/湖北省恩施州鹤峰县融媒体中心）、《小年夜，-18℃的暖心救援》（王举南/人民公安报）、《全球首次打开十万亿电子伏波段的伽马射线暴观测窗口》（何海洋/四川日报）、《常泰长江大桥：世界最大跨度斜拉桥》

---

①② 黄晓勇.人工智能，新闻摄影的又一个时代节点［EB/OL］.（2023-08/07）［2024-07-10］.http://www.cnpressphoto.com/2023-08/07/content_36750493.htm.
③ 中国记协.第33届中国新闻奖评选结果揭晓［EB/OL］.（2023-11-06）［2024-07-01］.http://www.zgjx.cn/2023zgxwjjx/index.htm.

（曹政/淮安日报）、《中国国家版本馆：让文化典籍"藏之名山、传之后世"》（陈斌/人民网）、《戈壁滩上长出了光伏牧场》（匡林华/中国日报）、《对手的祝福》（魏晓昊/中国日报）、《中国海拔最高县西藏双湖县生态搬迁记》（集体/新华社）。

（二）第34届中国新闻奖初评

根据中国记协发布的《关于开展第34届中国新闻奖评选工作的通知》，中国新闻摄影学会承担新闻摄影作品的初评，报送奖项及数额增加至56件（上届为40件）：其中新闻摄影50件（上届35件）、国际传播6件（上届5件）。[①]5月29日，第34届中国新闻奖新闻摄影专栏初评结果出炉，最终确定44幅（组）新闻摄影作品入围参加定评。其中新闻摄影类39幅（组），国际传播类5幅（组）。[②]较计划报送少12件，空缺率21.4%，这一方面体现评选的严格程度，另一方面也反映新闻摄影生产能力离预期还有差距。

44幅（组）进入定评的作品中：中央级媒体16幅（组），占比36%；省级媒体13幅（组），占比30%；地市级媒体8幅（组），占比18%；副省级党报、晚报、都市报各3幅（组），各占比7%；其他1幅（组），占比2%。入选作品位居前三位的新闻单位是新华社（5幅/组）、浙江日报（4幅/组）、中国日报社（4幅/组）。入选作品最多省份为浙江省（12幅/组，占比27%），在省级、副省级、地市级三级媒体中入选比例分别为4/13、2/3、3/4，可谓一枝独秀。

新华社记者李学仁拍摄《特写："您认识这位年轻人吗？"》反映中美元首旧金山会晤中，拜登在手机上展示1985年习近平在担任正定县县委书记时访问旧金山的一张照片的瞬间。[③]推荐单位初评评语认为，"此稿瞬间在既定程序之外，十分珍贵难得，充分反映了作者在复杂环境中捕捉新闻的能力""画面语言生动有趣，可读性强，充分表现了大国领导人在国际政坛的风采和人性情怀""这现场细节瞬间意义重大，充满故事性，成为新华社独家佳作"；该照片单张采用超过660次，新华社客户端浏览量超过150万次。[④]同时，其独家融合报道一经播发，便在新媒体端口形成刷屏之势，国内媒体采用量达938次，全网浏览量过亿，编发英文后被美联社、华盛顿邮报等258家国

---

① 中国记协.第34届《中国新闻奖评选办法》、第18届《长江韬奋奖评选办法》发布［EB/OL］.（2024-03-28）［2024-07-01］.http://www.zgjx.cn/2024-03/28/c_1310769319.htm.

② 中国新闻摄影学会.第三十四届中国新闻奖新闻摄影初评报送作品公示［EB/OL］.（2024-05-29）［2024-07-01］.http://www.cnpressphoto.com/2024-05/29/content_37350414.htm.

③ 李学仁,刘华.特写："您认识这位年轻人吗？"［EB/OL］.（2023-11-16）［2024-07-01］.https://h.xinhuaxmt.com/vh512/share/11769451?d=134b3cc.

④ 中国新闻摄影学会.第三十四届中国新闻奖新闻摄影初评报送作品公示［EB/OL］.（2024-05-29）［2024-07-01］.http://www.cnpressphoto.com/2024-05/28/content_37348889.htm.

际主流媒体采用，因此，该作品同时被推荐进入第34届中国新闻奖融合报道定评。①

作品《我在贵州拍"村BA"》作者为杭州日报摄影记者韩丹，②他敏感地认识到村BA已经由一场篮球赛演变为一个关于文化自信、乡村振兴的文化事件，先后6次到台盘村采访拍摄，最多的一次待了半个月，采用融媒传播方式，现场直播、网络报道、平面媒体报道、展览相结合的方式，努力在村BA的广泛传播中发挥摄影专题传播的力量；③进入定评的唯一的批评性报道是南方日报记者董天健拍摄的《候鸟栖息地竟"长"出连片捕鸟网》，广东是候鸟迁徙的重要目的地，但有不法者铤而走险在候鸟栖息地铺设"捕鸟网"盗猎候鸟。④为调查核实候鸟捕猎交易等不法行为，记者前往汕尾陆丰多处湿地蹲守10余日，扎实走访当地数十个村落，与当地违法猎人、鸟贼斡旋，最终抓到候鸟交易"现行"——扎实取证现场与事件核心完整画面。⑤

遗憾的是，入选作品突发性新闻比例较低，仅有2幅（组）入选，其中1幅（组）还是由非媒体机构所采写。

（三）荷赛

2024年4月18日，第67届世界新闻摄影大赛（WORLD PRESS PHOTO，即荷赛）全球名单揭晓，由路透社摄影师穆罕默德·萨利姆（Mohammed Salem）于2023年10月17日拍摄于加沙南部汗·尤尼斯（Khan Younis）纳赛尔（Nasser）医院的照片，获世界新闻摄影基金会（WPP）所授予的世界新闻摄影大赛（荷赛奖）年度照片。这张名为《一位巴勒斯坦妇女拥抱侄女遗体》的获奖作品，被评委认为"构图带着关怀与敬意，并同时从隐喻和现实两个层面揭示难以想象的丧亲之痛"。萨利姆"谦虚地接受了获奖消息，他说这不是一张值得庆祝的照片，但他很感激它得到认可并有机会被更多人看到。"⑥

此前评审团已经公布24名区域获奖者，6个荣誉提名奖和2个评审团特别奖名单，中国人王乃功以其作品《和你在一起》获长期项目组（Long-Term Projects）奖项。

作品讲述的是一位年轻的三孩母亲——九儿，在迈向死亡的过程中感受生命的故

---

① 中国记协.关于公示第34届中国新闻奖融合报道、应用创新和新媒体新闻专栏初评结果的公告［EB/OL］.（2024-05-30）［2024-07-01］.http://www.zgjx.cn/2024/05/30/c_1212366750.htm.

② 韩丹.我在贵州拍"村BA"［EB/OL］.（2023-11-08）［2023-09-18］.https://mp.weixin.qq.com/s/2zSnigIwNK0Mmm9FSw8cVQ.

③ 中国新闻摄影学会.第三十四届中国新闻奖新闻摄影初评报送作品公示［EB/OL］.（2024-05-29）［2024-07-01］.http://www.cnpressphoto.com/2024/05/28/content_37348889.htm.

④ 徐勉，董天健.候鸟栖息地竟"长"出连片捕鸟网［EB/OL］.（2024-03-28）［2024-07-01］.https://news.southcn.com/node_4538da31bd/a8ef51bf82.shtml.

⑤ 中国新闻摄影学会.第三十四届中国新闻奖新闻摄影初评报送作品公示［EB/OL］.（2024-05-29）［2024-07-01］.http://www.cnpressphoto.com/node_157310.htm.

⑥ 莹菲 Faye."荷赛"奖年度照片：被裁剪的历史与现实［EB/OL］.（2024-05-28）［2024-05-21］.https://mp.weixin.qq.com/s/_K2Z_9MZlEnujy2__4tO4A.

事。评委点评，该作品描绘了一位母亲勇敢地决定与摄影师分享她的日常生活，为她的家人留下了永恒的记忆。通过合作，该作品挑战了陈规陋习，突出了人与人之间亲密关系的持久性，为人们提供了一个难得的中国家庭生活一瞥。这些亲切、人性化的肖像画传达了爱、自豪和面对死亡的坦然。这组照片拍摄于2019年3月9日至2022年5月28日，全部作品采用5×7和8×10大画幅黑白胶片拍摄。历时3年，拍摄700余张。这组照片曾获第23届平遥国际摄影大展评审委员会大奖。

五、结语：新闻摄影的变与不变

在度过一个又一个危机之后，新闻摄影又一次迎来新的技术与节点。

就在这份报告完成的最后一刻，一条爆炸性新闻的照片通过微信传来：蓝天之下，幸免于刺杀的特朗普在四名特勤局特工贴身环绕下，面带血污，振臂高呼——星条旗飘扬。《纽约客》的网站迅速刊登了一篇文章《特朗普遇刺事件及一张将流传千古的照片》(The Attempt on Donald Trump's Life and An Image That Will Last)，这张照片很可能改变了选情，"这已经成为我们这个政治危机和冲突时代的不可磨灭的画面"。

这张照片出自美联社摄影记者埃文·瓦奇（Evan Vucci）之手。一个公众号作者如此评价："新闻摄影，借着这张照片，重新回到公众舆论的焦点。就传播性而言，这张新闻照片轻松击败了一切短视频。"① 在这样一个面临生命威胁的瞬间，读者无不赞叹摄影记者瓦奇的职业素养。

实际上新闻摄影这种以生命换取一张照片的工作方式延续多年并依然存在。

根据设在纽约的非营利组织"保护记者委员会"（Committee to Protect Journalists, CPJ）公布的数据，2023年全球有99名记者遇难，77名记者死于新一轮巴以冲突。本年度全球记者遇难人数是2015年以来最多的一年，比2022年增加近44%。② 其中一个典型的案例是，2022年10月13日路透社摄影记者伊萨姆·阿卜杜拉（Issam Abdallah）与其他多名记者在黎巴嫩与以色列边境拍摄以军向黎境内开炮，一辆以军"梅卡瓦"（Merkava MBT）主战坦克连续发射两枚120毫米高爆弹，阿卜杜拉死亡，28岁的法新社摄影记者克里斯蒂娜·阿西受重伤被截肢，另有5名记者受伤。③

70周年前，历史上最为著名的战地记者罗伯特·卡帕手持相机献身于战地。今天，无论面对什么样的技术条件与困境，甚至面对正在发生的死亡，只要摄影记者仍在现

---

① 张明扬. 一张流传千古的照片，重新定义了特朗普［EB/OL］.（2024-07-14）［2024-09-28］. https://mp.weixin.qq.com/s/swXz8aZiLt7WrQMNDjoIaQ.
② 中新网. 2023年全球99名记者遇难 77人死于巴以冲突［EB/OL］.（2024-02-16）［2024-07-01］. http://www.chinanews.com.cn/gj/2024/02-16/10164416.shtml.
③ 参考消息. 路透社记者被炸死，以军回应［EB/OL］.（2023-12-09）［2023-12-20］. https://mp.weixin.qq.com/s/ofBgcihaHYFfe6oGN7I6Qw.

场，照片仍在记录历史并影响公众，新闻摄影就不会消亡。

本报告由中国新闻与纪实摄影研究中心推出。

作者简介：

杜江，中山大学新闻传播学院副教授、高级记者；曾阡宵，中山大学新闻传播学院 2021 级本科新闻专业学生。

2023年中国视频新闻年度观察

熊 迅 周涵秋

CNNIC 在《第 53 次中国互联网络发展状况统计报告》中指出，截至 2023 年 12 月，我国网民规模达 10.92 亿人，互联网普及率 77.5%，其中网络视频用户规模为 10.67 亿人，较 2022 年 12 月增长 3,613 万人，短视频用户规模为 10.53 亿人，占网民整体的 96.4%。网络视频（含短视频）发展环境持续优化，内容供给不断丰富，行业继续发展。2023 年 12 月，工业和信息化部、教育部等七部门联合印发《关于加快推进视听电子产业高质量发展的指导意见》，提出到 2027 年，视听电子产业基本形成创新能力优、产业韧性强、开放程度高、品牌影响大的发展格局。内容生产方面，网络视频应坚持高品质内容创作，探索影视工业化道路，长、短视频平台之间的竞争关系逐渐转化为合作共赢；以微短剧为代表的网络视频内容蓬勃发展，实现"量增质升"。在经历多年快速增长和不断调整之后，短视频行业进入发展新阶段。根据广电总局发展研究中心、广电总局监管中心、中广联合会微视频短片委员会共同编著的《中国短视频发展研究报告（2023）》，中国短视频产业规模达到近 3,000 亿元。

作为新兴产业，短视频的文化、政治、经济属性不断得到强化，成为经济社会、舆论宣传、资讯传播、文化建设的新媒介。同时媒体融合也进入纵深发展的攻坚阶段。2023 年，"扎实推进媒体深度融合"被首次写入全国两会政府工作报告，主流媒体融合发展成为新时期党和国家重点关注的领域之一。[①] 根据《中国媒体融合发展报告（2022—2023）》，媒体融合发展是信息社会高质量发展的重要组成部分，全媒体传播体系建设成为顶层设计要素，县级融媒与地市级媒体不断拓展，重大主题和国际赛事报道成为展示窗口，AIGC 逐步融入媒体生产与传播全流程，跨界融合与垂直化传播继续创新，行业整体发展质量继续提高。[②] 在短视频传播中，主流媒体充分凸显其传播力和引导力。2023 年度，广电总局的首屏首推工程收获超 202 亿次播放量；由全国 100

[①] 匡野，丁浩沨. 主流媒体重大主题短视频报道新趋向——以中央广电总台抖音传播矩阵 2023 年全国两会报道为例［J］. 青年记者，2023（16）：80-82.
[②] 黄楚新. 全方位融合与系统化布局：中国媒体融合发展进路［J］. 现代传播（中国传媒大学学报），2023（07）：1-7.

家省级电视台和部分地市级广播电台等组成的全国广播电视新媒体联盟总粉丝量达到18.8亿人,总阅读量近40亿次;主要短视频平台内容播放量达580多亿次;正能量话题阅读/观看量达776.8亿次;三大央媒头部短视频号粉丝数量超10.13亿人。①

本文通过以下几种方式选择可以作为研究对象的视频新闻:首先,根据2023年全年微博和抖音热门事件,挑选时事类热度最高的热搜词条进行检索和视频抓取,过滤掉非视频和非新闻类事件,按照点赞和转发量排序,挑选热度最高的视频。其次,对B站每周必看综合榜单、微信视频号时事类账号,以及各大资讯类新闻相关的主流媒体和网络平台、客户端的视频内容进行分类梳理。再次,参照2023年各类媒体报送中国新闻奖的部分作品进行对比和补充,以弥补各平台算法筛选机制的局限。最后,以样本框中大量视频新闻的文本形态、组织特点和传播特征为基本框架,平衡传播机构和新闻选题的分布差异,进行再次筛选、案例描述和内容分析。最后,通过题材分布、传播策略和实践创新三个部分对2023年中国视频新闻生产进行整体描述。

一、报道选题反映时代图景

2023年是全面贯彻落实党的二十大精神开局之年,也是实施"十四五"规划承前启后的关键之年。经济社会稳步发展,制度建设有序进行。同时,国家也经受了多方考验,在国际冲突与合作之中承担大国责任,传播中国声音。这些与时代脉动同步的重大事件成为各级各类媒体视频新闻报道的题材,获得了良好的传播效果。

(一)全国两会与高质量发展

2023年3月,十四届全国人大一次会议、全国政协十四届一次会议在北京召开。各媒体集中力量对两会进行了全面、生动的报道。新华社利用官网、客户端等渠道发布两会权威信息,推出全国两会融媒体专题,通过微视频《春天的启航》《同心逐梦·共向未来》《征途向未来》、政论片《中国的民主》、微纪录片《民主之光》等,从多个方面展现国家发展成果和发展目标。新华网连续3年推出创意短视频栏目《丹睿赴会》,并在2023年改版,用采访和连线的方式与各行各业的奋斗者交谈,制作"两会热词"动态消息,与会场内记者、代表委员联动,打造系列特色短视频。人民网联合人民日报政文部,开设《你好,新代表》融媒体栏目,邀请来自农业、消防、文艺、卫生健康等领域的代表,充分关注民生话题,展现人大代表风采,并进行了"报+网+地方"融合模式的成功尝试。

以央视新闻、央视网、小央视频等为代表的中央广播电视总台官方抖音号搭建媒

---

①《中国网络视听发展研究报告(2024)》发布,我国网络视听用户规模达10.74亿[N].人民日报,2024-3-28(012).

体融合报道矩阵,如央视新闻推出的"时政微记录"系列短视频,讲述两会背后的故事;小央视频发布《你眼中的中国什么样? AI 为你画出来,让不可能成真,看中国,看未来》,运用 AI 技术直观呈现"中国式现代化"发展理念等。①

地方媒体也对两会进行了密切关注,如河北省长城新媒体集团推出《百姓看联播·全国两会特别版》,它借助先前"出圈"的《百姓看联播》节目,用"竖屏短视频＋聚合应用程序"方式,以百姓的视角,从《新闻联播》全国两会报道中选取百姓关注重点并进行通俗化解读。

(二)社会治理与制度建设

党的二十大报告把"国家治理体系和治理能力现代化深入推进"作为未来五年我国发展的主要目标任务之一。2023 年 2 月,中国共产党第二十届中央委员会第二次全体会议在北京举行,审议通过了在广泛征求意见的基础上提出的《党和国家机构改革方案》,人民日报、人民网等账号在抖音、微信视频号等平台上即时发布会议内容,有效传递信息。7 月,全国医药领域腐败问题集中整治工作动员部署视频会议在北京召开,强调深入开展医药行业全领域、全链条、全覆盖的系统治理。央视网原创资讯短视频品牌"小央视频"随即发布《白岩松谈医疗反腐》,解读医疗反腐的重要意义;人民政协网的抖音账号"政协君"、凤凰周刊抖音账号"凤凰 WEEKLY"发布短视频,记录医疗反腐重要进程。

(三)亚运会与大运会报道

2023 年 7 月,第三十一届世界大学生夏季运动会在四川省成都市成功举办;9 月至 10 月,第十九届亚洲运动会、第四届亚洲残疾人运动会先后在杭州举办。两届重大体育赛事以及其他赛事的成功举办,向全世界展现中国竞技体育的整体实力和蓬勃活力,也折射了文化发展进程,彰显了大国风采。各类媒体运用新技术新手段,在赛事转播、专题节目中发挥作用,一系列具有文化性、思想性、观赏性的新闻产品被推出。② 短视频也成为大型赛事传播的主要形态,为诠释体育精神、展现体育风貌提供视听路径。③

中央广播电视总台首次承担了亚运会主转播机构服务任务,4,500 余人的工作团队以 4K/8K 标准向全球提供国际公用信号和相关媒体服务,在开闭幕式中用 AR 虚拟技术,通过多元化节目、独特性编排、故事化叙事、全渠道传播,向世界呈现具有中国

---

① 匡野,丁浩泖.主流媒体重大主题短视频报道新趋向——以中央广电总台抖音传播矩阵 2023 年全国两会报道为例[J].青年记者,2023(16):80-82.
② 黄艳春.从杭州亚运会报道实践探究新型主流媒体发展趋势[J].新闻研究导刊,2023(23):86-88.
③ 徐明明.国内主流媒体大型体育赛事短视频的内容生产与叙事话语——以成都大运会、杭州亚运会短视频为例[J].当代电视,2023(11):23-30.

特色的体育盛会。①亚运会相关报道在平台的境内累计触达超过414.23亿人次，创下赛事报道规模最大、全媒体总触达人次最高的纪录。

亚运会的重要节点和仪式相关视频在微博、抖音等平台以及各大新闻网站广泛传播。如浙报集团打造的新闻传播平台"潮新闻"在倒计时100天火种采集仪式当日发布《今天两位大神良渚相会》，模拟普罗米修斯和火神祝融的对话，揭示火种的文化意义以及亚运体育背后的人文精神。

竞赛相关的视频新闻在各大平台均有较高的热度。如人民日报官方抖音账号发布气枪小将黄玉婷摘金视频，收获300.6万次点赞；新华社发布独家访谈《大国人物志｜张雨霏的冠军之路》，通过讲述该运动员成为奥运冠军的曲折经历来展现我国新一代体育健儿的精神风貌；中国日报社制作亚运青年体育代表人物系列报道《场内场外》，讲述榜样人物夺冠背后的故事，视频多次登上微博热搜、抖音热榜、B站推荐等，总传播量超过1亿次。

成都大运会上，通过丰富多元的传播主体、具象立体的文化符号、融通互补的叙事策略、多点触达的媒介实践，媒体不仅展现了运动员昂扬的精神风貌，爱国、超越、拼搏、合作、公正、尊重的体育精神，也助力了城市的形象塑造与文化传播。②

（四）突发新闻的及时跟进

面对突发事件和自然灾害事件，许多记者第一时间奔赴一线，对受灾地救援情况进行及时报道，传递受灾状况与救灾进展，记录事件，传递温暖。此外，不少媒体以网民拍摄发布的内容作为素材，以"UGC+PGC"的生产模式呈现受灾现场不为人知的细节。如甘肃临夏州积石山县及其周边地区地震引起全国关注，新华网推出《寒夜里的温暖守护——积石山6.2级地震首日抢险救灾直击》全媒体报道，以图、文、视频结合的方式呈现现场救援画面；光明日报社在客户端发布新闻访谈《积石山笔记｜给灾区孩子的爱要温暖而不炙热》，关注积石山灾区孩子们的心理援助工作，讲述了温暖人心的救灾故事；人民日报社全媒体平台发布抗震救灾专题报道2,000多篇（件），全网总阅读量超16亿次，舆论导向和引领的作用被充分发挥。

而在突发事件方面，也有许多事件引发了公众关注，如齐齐哈尔中学体育馆坍塌事件，银川烧烤店爆炸事故等。各大媒体及时跟进事故进展，完整呈现事故前因后果。北京青年报客户端官方微博"北京头条"发布11秒短视频《宁夏银川烧烤店爆炸事故9名责任人已被控制》，累计观看量647万次，获赞14,673次。长江日报旗下九派新闻

---

① 李金宝，赵宇星.大型体育赛事故事化叙事的策略与方法——兼议中央广播电视总台杭州亚运会报道特色［J］.电视研究，2024（01）：65-67.
② 薛文婷，孟潇庆.大型国际体育赛事视听传播赋能举办城市形象建构的机制与路径——以成都大运会为例［J］.当代电视，2023（11）：4-9.

官方抖音账号"九派新闻"发布 12 秒短视频，使用 3D 技术还原齐齐哈尔某中学体育馆坍塌过程的画面，获得 9.9 万条评论。

（五）国际冲突与持续发声

2023 年全球地区冲突高发，地缘政治博弈日趋激烈，俄乌冲突陷入僵局，巴以冲突爆发，国际局势复杂、动荡、多变。面对冲突与危机，中国高举人类命运共同体旗帜，维护国际公平正义，为解决全人类面临的共同问题贡献智慧与力量。主流媒体尤其是央媒通过对国际事件及时、客观、公正、全面的报道，呈现事件全貌，表达中国态度，展现大国担当。

如日本政府宣布于 8 月启动福岛核污染水排海。央视新闻、新华社等持续跟进，发布多条视频，如《日本核污染水 24 日排海！民众集会抗议、渔民重申反对》展现日本民众抗议场景；视频《渔港空无一人！总台记者实地探访福岛现状》中，记者实地检测当地核辐射值；央视新闻也联合玉渊谭天，发布《73 秒看懂，日本核污水排放会影响哪里？》，根据数据和地理测算核污染水影响范围，引发热烈讨论。在视频号平台，央视新闻、人民日报等媒体账号引用外交部、联合国中方代表发言，配合排海现场视频，展现反对核污染水排放的坚定立场，引发大量转发、点赞、评论。

当地时间 4 月 15 日，苏丹武装冲突爆发，CGTN 立即启动重大突发新闻应急机制、部署报道力量、第一时间直播、进行独家采访、对阿盟发言人进行专访、多方介绍冲突情况，拍摄最早的中国撤侨视频。并持续跟进，获得许多国际媒体的肯定和引用，在重大国际事件和突发新闻报道中展现了中国视角。例如，CGTN 的独家视频素材《苏丹民众逃离首都喀土穆》被超过 600 家国际媒体下载使用超过 3,000 次。

（六）中国外交与国际传播

在国际局势多变，全球治理体系持续面临变革挑战的背景下，中国承担起了大国责任，积极开展国际合作。2003 年举办了中国-中亚峰会、第三届"一带一路"国际合作高峰论坛、第六届中国国际进口博览会、第二届全球数字贸易博览会等。习近平总书记参加了博鳌亚洲论坛 2023 年年会、金砖国家领导人第十五次会晤、亚太经合组织领导人同东道主嘉宾非正式对话会等。主流媒体对这些活动进行持续报道，表明友好合作和共同发展的态度，传播大国外交理念。

在习近平总书记赴美国旧金山举行元首会晤，应邀出席亚太经合组织第三十次领导人非正式会议期间，中国日报推出了报道《美国街头礼物交换实验·用熊猫玩偶交换 9 次能得到什么？》，在美国街头进行实验和采访，互动交流。视频以中英双语在海外社交平台广泛传播，反映了中美人民的友好真诚，折射出两国关系的美好前景。

今年是共建"一带一路"倡议提出 10 周年。10 月，第三届"一带一路"国际合作高峰论坛开幕。该论坛官方网站开辟"新媒体报道"栏目，展现"一带一路"理念、合作成果、未来展望。合作媒体矩阵在多个平台发布相关视频，跟进进程，传达精神。如中国新闻网推出双语视频《绘梦丝路》(Glorious Stories of Silk Road)，立体、生动地阐述中国通过绿色"一带一路"建设，与合作国家共同守护绿水青山的绿色发展理念。而在APEC峰会上，中央广播电视总台充分发挥多语种优势，对峰会进行全媒体报道、全平台播发、全渠道覆盖，宣介中国方案，传播中国声音，持续为亚太繁荣贡献力量，引领亚太和全球发展。视频新闻被1,549家海外主流媒体采用，播出上万次。

第133届中国进出口商品交易会（即"广交会"）盛大开幕，"广州日报新花城"客户端发布融合报道《推开世界的门》，运用AR、CG数字技术和沉浸视效，以"门"为意象带领受众进行时间穿越，回顾广交会历程，展现对扩大高水平对外开放、推动高质量发展的决心。报道播放量达千万次，被各大媒体竞相转载，也引发积极的海外传播效应。

（七）科技创新与科学普及

2023年，中国推进科技自立自强，科技创新取得突破性进展。如C919完成首次商业载客飞行、首艘国产大型邮轮生产交付、全球首颗忆阻器存算一体芯片诞生、光量子计算原型机"九章三号"再度刷新世界纪录……全年宇航发射将近70次，空间站进入安全高效应用阶段，运载火箭等技术持续提升，科学探测数据陆续发布，商业发展势头迅猛，国际合作成果丰硕。各级各类媒体尤其是中央媒体重点关注科技创新事业发展，进行了一系列报道和直播。

5月，我国首个万米深地科探井在塔里木油田开钻，新华社网站和客户端发布系列全媒体新闻。它们通过拍摄实地画面，配合采访、动画、3D模拟挖掘过程，融合多种内容进行报道，为观众提供全面的信息。11月，第40次南极考察启动，人民日报客户端发布系列视频，配合多维视角，展现勇士出征的豪迈气魄。

2023年是我国首次载人飞行任务成功实施20周年，中国空间站今年开启常态化运营，共计完成1次货运飞船发射任务、2次载人飞船发射任务和2次返回任务。如神舟十五号载人飞船返回舱着陆过程在CCTV13、央视新闻"正直播"与澎湃"上直播"等栏目全程直播。除了各大视频平台剪辑发布的直播镜头，新华社发布《新华全媒+｜第一视角看神舟十五号返回舱着陆》，以记者的相机视角，带领观众感受返回舱着陆现场的忙碌和震撼。神舟十六号载人飞船返回舱在东风着陆场成功着陆，昆明日报官方抖音账号"掌上春城"剪辑网友提供的影像，发布《这是属于中国人最美的流星！神十六返回舱掠过新疆库尔勒上空》，获得百万点赞。

媒体也在科学普及方面搭建报道网络。例如，科技日报推出科普新媒体品牌；中国科协品牌"科普中国"联合主流媒体系列科普报道、发布直播系列等，构建起科普中国传播矩阵，制作发布大量短视频、长视频、纪录片，并配合视频直播，提供科学、权威、准确的科普资讯。电影产业也参与其中，如中央新影集团制作的系列科学纪录片《打开一颗心》，交错穿插故事案例、实验体验、历史回溯、动画展示，介绍探索心脏奥秘的进程，展现人类的勇气和智慧。

（八）文旅融合的互动传播

中国各地的社会生活实践丰富多彩，淄博烧烤、贵州村超、本土化节日等事件纷纷"破圈"，引发多平台用户的关注和参与。媒体对其进行趣味化报道，呈现文化生活，推动文化自信。其中，自媒体积极互动引流，媒体机构跟踪报道，成功实现了有效的城市传播，拉动了文旅融合发展。

2022年"村BA"经由短视频爆火后，贵州省榕江县又在2023年举办了"榕江（三宝侗寨）和美乡村足球超级联赛"（即"村超"），培育出超1.2万个新媒体账号和2,200多个本地网络直播营销团队，进行全域全媒体矩阵、全民自媒体传播分享；① 贵州广播电视台融媒体中心借助抖音发布97条含"村超"关键词的视频，实现"美好贵州"的传播。2023年3月，淄博烧烤火爆"出圈"，淄博市广播电视台抖音账号、视频号"观淄博"也采取相似策略，连续推出旅游相关视频，单个视频最高点赞量达178.2万，展现了淄博当地人民的热情好客与旅游温暖顺畅的体验。

（九）社会事件与日常生活

主流媒体深度关注人民生活，用真实故事反映中国人民平凡而又不凡的日常生活，为人民发声。例如中国青年报社推出访谈《青年茶座：外卖小哥如何共圆心愿》，对话大学生、青年干部、外卖小哥、专家，探讨了外卖小哥的现实需求，为这一群体的生活工作保障出谋划策，获得近千万次播放量。

贴近生活的新闻往往能获得关注，社会事件往往是关注的焦点。广州"地铁偷拍乌龙"，成都女童遭烈犬撕咬，国企高管"牵手门"……2023年发生的社会事件在各大视频平台引发了持续的讨论，媒体对这些事件进行了及时客观的报道，紧跟事件进度，及时辟谣，揭露前因后果，力图为公众呈现事件全貌。

单条短视频对事件发生进展与前因后果的解释力不足，媒体往往选择系列报道，兼顾传播广度与深度。江西高中生胡鑫宇失踪事件中，"四川观察"持续发布含"胡鑫宇"关键词的视频，串联整个事件进程，使用重要资料、监控录像、现场视频、发布会影像等提供事件最新进展。新京报动新闻官方抖音账号"动新闻"在"重建现场"栏目中发布时长4分钟的视频辅以3D动画还原现场。

---

① 杨宇涛. 自媒体短视频在区域形象建构与传播中的作用探析——以贵州"村超"为例[J]. 新闻世界，2024（02）：36-40.

二、视频新闻的传播策略成型

（一）叙事模式趋向成熟

在深度数字化背景下，视频新闻的叙事模式在叙事主体、叙事视角以及叙事风格等方面不断创新。首先，在叙事主体方面更加倚重"体验性"，许多新闻使用第一人称视角，或亲历者、参与者的视角叙述，注重个性化的表达和现场感的营造。例如在中美元首会晤期间，央视新闻视频号发布《中美元首会晤的开场白里谈了什么？》等系列视频，以记者的视角带观众进入现场，第一时间描述现场信息，也通过记者分享感受拉近距离，使得受众真切地感受现场情况，实现身体的虚拟在场与情感的沟通互联。①人民网在微信公众号、"人民网+"客户端等平台发布视频报道《年轻人为啥去西部？》，讲述有为青年郭贵到贵州参与"大学生志愿服务西部计划"的经历，以第一视角呈现青年在西部的奋斗实践和心路历程。视频在全国铁路约 25 万块屏幕滚动播放一个月，累计 2.7 亿人次观看。

其次，在叙事视角方面更加强调形象化的"小切口"，以小故事、小事件、小物品等为切入点，彰显宏大主题蕴含的价值和理念。②例如大象新闻客户端特别策划推出《手绘 H5〈四神云气图〉里的中国丨朱雀奇遇记》，以西汉时期的壁画为切入点，让画中的朱雀穿越到当代，在非遗文化中汲取能量，实现涅槃重生，以朱雀的视角讲述中华优秀传统文化的继承与发展的重要主题。《中国证券报》发布《一双袜子的"数字革命"》，从袜子这个小切口，讲述浙江诸暨袜业的数字化转型历程，展现我国制造业企业数字化创新的故事。

再次，在叙事风格方面看重"情感性"，全球新闻业的深度数字化给新闻业带来了情感转向和用户转向。③新闻的叙事风格也逐渐情感化并迎合大众的消费需求，更加生动、通俗、互动且贴近受众的生活。例如，2023 年春节前夕，中央广播电视总台推出融媒体产品《春天我想对你说》，以"出租车"作为谈话场景，拍摄 200 余名乘客，用平实的风格展现生活百态和人们的新年梦想；《中国电视报》、山东总站、CMG 观察等共同发起的大型融媒体互动活动"在中国大地上边走边跳"，通过街头采访，卡通角色"豹豹"体验采摘金丝小枣、辣椒，观摩土豆馒头制作过程，以及秧歌、街舞、跑酷等表演及非遗展示，用轻松、通俗的风格与观众进行情感的互动，同时呈现地方特色、时代精神、文化内涵。

---

①② 郝永华，李诗琪.主流媒体短视频新闻的内容呈现与传播策略——以第 31 至第 33 届中国新闻奖获奖作品为例［J］.中南民族大学学报（人文社会科学版），2023（12）：172-177，211.
③ 常江，朱思垒.数字新闻叙事的革新：视觉化、游戏化、剧场化［J］.西北师范大学报（社会科学版），2023（01）：51-58.

最后,在叙事模式不断创新的同时,也应当重视视频新闻发展中深度叙事的式微对新闻呈现带来的潜在影响,并警惕严肃新闻娱乐化的风险,避免因片面追求趣味性和吸引力,过分强化事件的戏剧悬念或煽情、刺激的冲击,而陷入新闻失范的境地。

(二)时长控制与整合传播

在本研究所选择微博热门事件下的视频新闻中,播放量超过 1 万次的视频平均时长仅为 65 秒,其中主流媒体发布的视频平均时长 66 秒,超过 5 分钟的视频占比不到 10%。短视频碎片化、生活化等特点契合了移动时代受众的需求。在视频号、抖音等平台,视频长度也有进一步缩短的趋势,许多热门视频的时长不足 20 秒,它们仅展示事件的重要瞬间或简要描述事件的重要进展。人民日报、央视新闻视频号在 2023 年发布的热度超过 10 万的视频共有 451 条,21 秒—59 秒的视频分别占比 50.8% 和 56.8%,值得注意的是,20 秒及以下的视频分别占比 22.7% 和 24%,与 60 秒及以上的视频数量接近;60 秒及以上的视频绝大多数不超过 4 分钟。极短视频也频繁出现,如四川观察发布的"大叔被疑偷拍 自证清白后仍被曝光"事件视频回应,时长仅 6 秒,在微博获得 4,309 万次观看。华商报大风新闻视频《胡鑫宇遗体已找到》时长同样为 6 秒,在微博获得 2,398 万次播放。

虽然热门视频的时长进一步缩短,但是极短视频往往是作为整合视频的一部分,用以进行局部特写或滚动跟进最新信息,这一特征在短视频平台尤为明显。此外,较长的视频在呈现完整内容、传递价值观念方面不可或缺。长短视频生产需要互相结合,根据题材、内容、形式等进行调整,满足多元的信息传播需求。

(三)差异化和垂直化传播

差异化竞争、专业化生产与分众化传播是媒体变迁的趋势,也是资源集约、结构合理、差异发展、协同高效的全媒体传播体系的协同路径。[①] 视频新闻生产差异化、垂直化的传播趋势明显。不同媒体视频新闻的内容呈现不同的特征,与对应的机构形态紧密契合,特色鲜明。

如 2023 年度人民日报和央视新闻的视频号中,综合热度超过 10 万的视频除了都对重要时事进行报道,还发布了大量民生新闻和趣味消息,兼具严肃性与趣味性。地方媒体则注重挖掘地域特点和地方资源,例如海南日报推出全国两会特别策划《梨花开》,就是运用创新手法和轻综艺化表达,融合手绘元素,生动地讲述了"黎花开"的故事,向观众描绘"海南黎乡"的生产生活,颇具地方特色。

视频内容与账号品类逐渐丰富,受众被进一步细分,内容传播呈现更强的垂直化

---

① 曾祥敏,杨丽萍.论媒体融合纵深发展"合"的本质与"分"的策略——差异化竞争、专业化生产、分众化传播[J].现代出版,2020(04):32-40.

特征。许多媒体构建自己的融合传播矩阵（包括报、网、端、视、微等），以建设自有平台为契机，在社交类、资讯类等各种头部商业平台上运营账号，进行差异化的内容生产与传播。①例如，中国日报制作原创人物微纪录片专题《好好生活》(Life is)，拍摄基层一线中国青年的奋斗故事，根据海内外不同传播平台、渠道的传播特点，制作推出横版双语纪录片与竖版中、英文短视频，在网站、客户端、国内外社交平台、短视频平台等进行针对性的发布和传播。它还根据不同主题、人物特点在社交平台开设话题，引导受众参与讨论，以差异化传播实现效果最大化，全球传播量超过1亿。

在同一平台，垂直内容的开发也持续进行。CSM媒介研究报告显示，在网络直播中，主流媒体深耕新闻主业，同时深入垂类领域，建构起强新闻性的多元化直播版图。社会民生、垂类直播、节庆活动是各新闻号参与度最高的内容类型，有80%的账号参与其中；其次为突发/热点事件、慢直播及国内时政类直播。

垂直化传播也得到了技术的助力。除了各大视频平台的算法推荐机制，新闻内容也实现了垂类生产。如"每日经济新闻"于2022年推出AI短视频自动生成平台"雨燕智宣"，它能根据用户需求，快速提供多平台自适应视频文本创作能力。这使记者在细分小切口领域得以深入贯通，根据不同平台的语言风格，再利用媒资库配以合适的画面、音乐等，用短视频自动算法合成系统合成视频内容。②

（四）现场感与沉浸感的营造

视频新闻展现的内容高度现场化，通过呈现新闻现场的画面、声音，结合第一视角叙述的手法，营造新闻的现场感。如人民日报的微博账号发布《航拍青海海东彻夜救援画面》，呈现-12℃的救灾现场，令观众直观感受灾区的严酷条件和救援的艰难。CGTN发布新媒体直播Live：Latest developments in Palestinian-Israeli conflict on day eight（《第一现场火线直击：关注巴以冲突现场报道》），场内场外讲解结合，配合现场画面，为观众呈现加沙地带冲突的真实情况与最新进展。

技术的辅助使沉浸感的营造更进一步，观众获得身临其境的体验。例如，总台在杭州亚运会报道中，除利用"5G+4K/8K+AI"战略带来的优质视听体验外，还全面应用超高清、三维模型、CMG云、智慧观赛等自主研发的前沿科技，通过多维视角，以高视觉冲击力的镜头使观众获得身临其境的感受。③

元宇宙的综合技术也被运用在视频新闻中，它通过虚实相融的"穿越式"场景让

---

① 何锋.重构主流媒体垂直类融合传播矩阵价值[J].传媒，2022（20）：24-25，27.
② 刘学东.以智能媒资库为核心实现"AI化+视频化"——每日经济新闻战略转型的思维之变与技术路径[J].中国记者，2023（07）：59-65.
③ 李金宝，赵宇星.大型体育赛事故事化叙事的策略与方法——兼议中央广播电视总台杭州亚运会报道特色[J].电视研究，2024（01）：65-67.

受众沉浸其中，从而增加对内容的获得感与认同感。同时，通过创造数字孪生的用户形象，让受众自己"走进"新闻，从旁观者转变为参与者、见证者，更好地融入报道的沉浸式环境。① 如新华社新媒体中心推出"元宇宙·职业新体验"系列报道，讲述基层全国人大代表在乡村振兴、科技发展、产业升级背景下迎接新职业挑战的故事，运用数字孪生、高仿真数字人、精细化建模、三维渲染等技术，打造"人+场"互动元宇宙空间，塑造观众的沉浸式体验。

不过，虽然新闻内容强调新闻现场的呈现，重视场景化叙事，但在一部分新闻中却呈现去现场化的趋势。在短视频平台，内容生产者的信息采集与写作更多地基于流动的网络信息，例如在热搜榜单上寻找新闻线索，通过社交媒体与采访对象取得联系，进行不见面的在线采访等，不再强调抵达现场的重要性。②

三、视频多模态的创新实践

（一）国际传播的持续探索

数智时代的到来，为中华文明的国际传播提供了新机遇，短视频成为一种新的传播方式和新的商业机会，③ 主流媒体也开始将国际传播的工作重点转向短视频。央视网海外频道、CGTN 等官方网站划分多个栏目，提供内容丰富的长、短视频内容和网络直播。如 CGTN 的 Video 版面，划分了 What's Trending, What's Hot, Go Mobile 和 Feature 四个栏目，呈现头版时事、热门国内外事件、文化特色、观点时评等内容。

中央媒体在 Xinhua News、China Daily、People's Daily、海客新闻、海客视频等面向海外的手机客户端开设视频版面，在 Youtube、X 等平台上开设账号，结合官网发布的内容，进行多平台、多层次、多主体、多元化的国际传播。例如，在 Youtube 平台，新华社（@China View TV）、人民日报（@People's Daily）、CCTV（@CCTV）、China Daily（@China Daily Official Channel）、CGTN（@cgtn）等媒体开设账号，持续更新视频，发布国内外时事、生产生活、动植物趣闻、中华文化、山川美景等视频，展现建设成果、趣味文化，传播中国声音，向世界展现真实、立体、全面的中国。New China TV 发布的 18 秒视频 *Racing Chinese Trains Captured by Camera*（《相机拍摄到"飞驰"的中国火车》）获得 285 万余次观看，成为该账号年度最热门视频。CCTV 账号 2023 年最热门视频展现黄山风光，获得大量观看。

视频新闻国际传播形式和题材丰富。China Daily 发布视频新闻访谈 *McKinsey*

---

① 齐慧杰，胡国香，唐颢宸，等. 新技术赋能重大主题报道创新——以新华社"元宇宙·职业新体验"两会报道为例［J］. 新闻战线，2023（08）：66-68.
② 龙强，冯强."在抖音做新闻"：新闻从业者的短视频平台生产实践研究［J］. 新闻与写作，2023（12）：78-87.
③ 段鹏，彭晨. 数智时代短视频助力中华文明国际传播的内在逻辑与创新路径［J］. 中国编辑，2024（03）：4-10.

China chairman：The next China is China（《麦肯锡中国区主席："下一个中国还是中国"》），通过视频独家专访麦肯锡中国区主席倪以理，阐述中国未来发展的前景，在不同平台的总传播量超 2,500 万。央视网微视频《中国故宫遇上法国埃菲尔！赵聪与理查德•克莱德曼再度携手演奏〈红玫瑰与白茉莉〉》在网页端、Facebook、YouTube、中央民族乐团账号上播出，用经典旋律演奏中法友谊与美好的合作前景，全球总浏览量超过 1.6 亿次。还有视频直面国际层面的历史问题，充分展现中国立场，如在中国人民志愿军抗美援朝战争胜利 70 周年，国内首个影像模态大数据调查专题报道《独家：50 部朝鲜战争电影揭露美国意图》分析了 50 部美国拍摄的朝鲜战争题材电影，揭露西方媒体用错误叙事来歪曲历史真相的倾向，主动设置了议程，引发《纽约时报》等外媒的关注和回应。

在纪录片与电影的国际传播方面，中国媒体也在不断发力。2023 年，中国向全球推出了纪录电影《家园梦想》、电影《雪域少年》、纪录片《鸟瞰丝路》《白求恩大夫》《长城，我来了！》等，其中包含多部中外合拍作品，通过诸多题材呈现中国的多元面貌与和谐的国际合作成果。由五洲传播中心、新西兰拍电影影视制作公司、德国比茨兄弟影视制作公司等联合出品的电影《色彩中国》，围绕"色彩"概念展开叙述，分别以绿、红、黄、白、黑作为主题，讲述其所承载的文化内涵，借以向世界阐述东方智慧。在 Xin Hua News 客户端和新华社 Facebook、YouTube、X 账号上推出的纪录片《中国市长》跟随专家的脚步，实拍中国干部的工作生活，以此介绍了中国民主与西方民主的不同之处，阐释了全过程人民民主这一重要理念。纪录片在海外获得赞誉，被多家主流外媒网站刊登，海外社交媒体总浏览量达到了 3,000 万次。

（二）视频直播的常态化运作

视频直播新闻是借助互联网技术进行现场直播输出的一种新闻样式或形态，包含融媒体直播、微博直播、平台直播、慢直播等具体形式，是推动媒体深度融合的重要一环。互联网技术的发展推动直播新闻从传统电视的"新闻现场"到网络"伴随式场景"的演变。① 目前，直播新闻已经在新媒体平台中实现常态化。

各类媒体根据自身优势，在多个平台进行直播，直击新闻现场，及时追踪热点，实现与用户实时互动，拉近与用户的距离，在相互交流中形成情感的共鸣、意义的搭建和身份的认同。主流媒体网络直播逐渐成为常态。澎湃新闻开设"澎湃上直播"栏目，2023 年在微博一个平台就进行了 95 场直播；10 月，澎湃新闻 24 小时直播频道 π24H live 宣布上线，以"重新定义 AI 时代的移动互联网直播"为定位，推出四大矩阵，包括事件直播、慢直播、数字人矩阵、新闻 UP 主孵化矩阵。

---

① 董卫民. 网络直播新闻：演进中的传播创新及局限突破［J］. 当代电视，2022（11）：92-98.

中国广视索福瑞媒介研究（CSM）数据显示，2023年抖音、快手平台中省级台旗下近200个主要新闻账号共计发布4.7万场网络直播，时长23.8万小时，观看人次超过49.2亿，新增粉丝1,446.2万。视频直播成为主流媒体布局移动端、提升传播效能和开展融媒服务的重要手段，也为拉动地方经济、推动文旅发展助力，有效促进旅游发展与经济增长。①

（三）试水生成式人工智能技术

随着5G、大数据、人工智能、云计算、区块链、物联网等信息技术的发展与应用，新闻生产传播的全流程，如理念、采编流程、资源分配、全媒体人才队伍、盈利模式等方面进行了系统的彻底的互联网转型，媒体深度融合发展也进入新阶段。②

人工智能技术融入新闻业以来，经历了新闻写作机器人、智能算法推送、元宇宙新闻和AIGC新闻四个阶段。③2022年11月，美国人工智能公司OpenAI发布了大型语言模型ChatGPT，受到了消费市场的极大欢迎。以ChatGPT为代表的人工智能生成内容（AIGC）对新闻的生产与分发模式、新闻业的产业链条以及新闻从业者的合法性、主体性、职业规范等都带来了极大的影响。

2023年，中国各大媒体进入对AIGC在视频新闻中的应用的尝试阶段，如运用AIGC技术生成文本内容，运用AI合成主播进行新闻播报，运用AI工具制作动画、模拟真实场景等；也有媒体凭借自身技术优势，开设相关服务平台，为人工智能生成内容在新闻业的落地提供渠道。如杭州文广集团短视频AIGC集成应用平台上线，这是国内首条以人工智能技术为引领，为短视频的策、采、编、播、发提供全流程技术＋服务解决方案的融媒创新应用生产线。这一平台覆盖了媒体＋各个行业的应用场景，截至2024年4月，平台内容生成时长累计超过2,800分钟，直接触达用户量超过1亿。

2023年全国两会召开前，津云新媒体推出创意短视频《春AI大地》，用"AI绘图"技术呈现一幅幅超现实的动态画作；用"AI推演计算"技术将天津漕运的百舸争流呈现为城市港口的蓬勃兴盛；用"AI编曲＋演唱"技术，配置背景音乐与解说。中央广播电视总台联合上海人工智能实验室发布了"央视听媒体大模型"，并首次应用于中国首部文生视频AI系列动画片《千秋诗颂》的创作，综合运用可控图像生成、人物动态生成、文生视频等，将国家统编语文教材中的诗词转化制作为精致美丽的国风动画。山东广播电视台元宇宙与人工智能创新实验室出品的AI短视频作品《驼铃声响》，运用

---

① 中国互联网络信息中心．第53次《中国互联网络发展状况统计报告》[EB/OL].（2024-03-22）[2024-03-24].
https://www.cnnic.net.cn/n4/2024/0322/c88-10964.html.
② 郭全中，张金熠，杨元昭．智慧融媒：媒体深度融合发展的新阶段[J].传媒，2023（12）：28-31.
③ 郑满宁．人工智能技术下的新闻业：嬗变、转向与应对——基于ChatGPT带来的新思考[J].中国编辑，2023（04）：35-40.

AI 技术模拟丝绸之路上商人骑着骆驼赶路的场景，在世界地图上绘出动态的丝路路线。

2024 年初，中央广播电视总台、上海广播电视台、成都市广播电视台、河南广播电视台、北京广播电视台等相继挂牌成立人工智能工作室，竞相发布应用于新闻报道的人工智能应用工具；AI 视频新闻作品也密集发布，如首部 AI 全流程赋能译制的英文版中国龙主题系列微纪录片《来龙去脉》、首部 AI 全流程微短剧《中国神话》和总台央视频原创 AI 团队自制的系列微短剧《AI 看典籍》等。

人工智能在新闻传媒业的运用和发展迅速推进，但是目前生成式 AI 的视频新闻实践不够系统，AI 技术生成的内容仅作为辅助要素呈现，形式较为单一。AI 视频新闻性较弱，主要用作动画展示、场景模拟、虚拟人物模拟，未与视频新闻内容深度结合。AI 视频新闻作品的传播效果相对其他短视频也远未完善。尽管处于起步阶段，AI 技术对视频新闻生产传播乃至新闻职业带来的挑战也不容小觑。2024 年 3 月，中央广播电视总台正式制定出台了《中央广播电视总台人工智能使用规范（试行）》，这是我国首部媒体人工智能使用规范化标准，促使人工智能在媒体的应用更加规范、合理、安全、高效。AIGC 在视频新闻中的应用仍待未来进一步的观察。

（四）视频号的快速迭代

2023 年，随着即时通讯领域的拓展，微信、QQ 等应用内的短视频迅速发展，尤其是视频号快速崛起。2023 年微信视频号总播放量同比增长超过 50%，用户使用时长同比增长近 100%。凭借多元化的开放内容，私域社交与公域算法相融合的独特传播机制，微信视频号成为短视频行业的重要组成部分。①

中央媒体和地方媒体纷纷入驻视频号，开辟了视频新闻生产和传播的新领域，也更深入地挖掘了视频新闻的社交功能。如央视新闻视频号发布了《美方为何对化学品泄漏事故轻描淡写？外交部：是谁在玩弄转移视线的把戏，大家心知肚明》，引用外交部发言，表明中国对于美国俄亥俄州发生氯乙烯泄露后美国政府和美国媒体行为的态度，获得超过 10 万次的转发，这些转发均直接面向用户的微信好友或群组，这使该话题成为强社交场域的新闻话题。

当视频全面渗透人们的现实生活时，微信的视频化不可避免。② 但这也有待开拓更完善的商业模式，突破熟人社交的制约，建设更便利的内容创作工具平台。③ 视频号也存在平台内部以及与其他平台的视频新闻内容形式同质化等问题，基于强社交关系的视频新闻的内容生产、形式设计与传播方式，也需要持续探索。

自习近平总书记作出"加快传统媒体和新兴媒体融合发展"的重要指示以来，媒

---

①③ 郭全中，周硕. 微信生态、传播机制：微信视频号快速崛起的深层次原因［J］. 新闻爱好者，2022（12）：23-27.

② 彭兰. 视频号的激活与突破：强社交平台的视频化之路［J］. 新闻与写作，2023（03）：63-72.

体融合已经走过 10 年，取得了显著的进展。2023 年，在全融深融的背景下，各媒体遵循党的二十大指示，积极参与全媒体传播体系建设，塑造主流舆论新格局，而视频新闻作为新闻内容生产的重要载体，也经历了持续探索和不断创新升级的过程。在题材选择方面，主流媒体牢牢把握时代脉搏，发布民众高度关注、反映国家与世界形势、贴近人民生产生活的视频新闻，并在报道中坚守舆论阵地，充分发挥宣传思想文化的功能。视频新闻的生产和传播策略逐渐成熟，在叙事手法、时长控制、传播渠道等方面愈加成熟，同时随着传播技术的发展、国家战略的推进、社会民众的要求，视频新闻持续拓展边界，塑造新的形态，带来更加新颖的阅读体验。面临新传播革命的冲击，视频新闻的生产流程、生产理念和新闻生产者的角色将经历颠覆和重构，新闻的真实性、新闻的专业和权威乃至新闻定义的本身都将在视频新闻的不断发展和变革中被重新讨论。

本文系国家社科基金项目"媒介化视阈下少数民族社交媒体应用与中华民族共有精神家园建构研究"（项目编号：23BXW106）的阶段性成果。

作者简介：

熊迅，中山大学新闻传播学院副教授；周涵秋，中山大学新闻传播学院硕士研究生。

2023年中国公益新闻与公益媒体年度观察

周如南　马颢宁

对于中国公益新闻和公益媒体事业而言，2023年是在希望和争议中成长的一年。2023年12月，十四届全国人大常委会第七次会议对慈善法修改决定草案进行审议，修改后的《中华人民共和国慈善法》共13章125条，自2024年9月5日起施行。这一举措再一次强调了慈善事业法治化发展的重要性，并通过实际行动发挥了慈善相关法律的规范、引导和保障作用。

与此同时，由腾讯公益联合数百家公益组织、知名企业、明星名人、顶级创意传播机构共同发起的"99公益日"迎来了第9个年头，超过6,500万人次捐出超过38亿元善款，接近2/3的善款关注乡村振兴类项目；参与互动的人数合计超过1.2亿，比去年同期翻倍，我国互联网公益队伍仍在不断扩大，互联网公益事业蒸蒸日上。

然而，公益事业的发展并非一帆风顺，中华儿慈会9958项目大病患儿千万元救命钱被卷走事件让公众质疑互联网公益平台的运行机制和监管制度，人们在等待此事件的后续结果时也在反思"配捐"机制、大病救助等公益项目的信任问题；中国矿业大学教育发展基金会诉吴幽一案引发了人们对诺而不捐行为的讨论，无论是捐赠方还是受捐方，在今后作出或接收捐赠承诺时都需要更加审慎；3月14日，民政部慈善事业促进和社会工作司发布《关于防范"假慈善、真行骗"违法活动的提示》，该文件对于"摆拍式慈善""表演式慈善"等假慈善行为进行了官方定义，并鼓励社会公众对相关行为进行投诉、举报。

伴随着互联网和以短视频为代表的新兴媒介表达形式的发展，中国公益新闻和公益媒体事业迎来了全新的机遇与挑战。本文将梳理2023年公益慈善领域的热点事件，汇总公益传播的关键实践，总结对慈善行业未来发展有益的实践经验，并对当前慈善热点事件暴露的问题进行深入反思，旨在探讨我国慈善事业的创新路径，以促进我国慈善事业向上向善发展。

一、《慈善法》修改，对新时代新问题提出顶层设计

慈善事业是社会资源第三次分配的重要组成部分，习近平总书记强调，要"构建初次分配、再分配、第三次分配协调配套的制度体系"，"重视发挥第三次分配的作用，发展慈善等社会公益事业"。① 作为中国慈善事业的方向指引和顶层设计，2023年10月，十四届全国人大常委会第六次会议对慈善法修正草案进行了审议，并在会后征求社会公众意见，各方面普遍赞成将修法形式改为修正；2023年12月，十四届全国人大常委会第七次会议对慈善法修改决定草案进行审议，并于12月29日全票表决通过。

本次慈善法的主要修改内容包括：

1. 明确各级政府对于慈善事业的促进责任，鼓励慈善事业在全社会范围内开展。例如，新增的第八十五条："国家鼓励、引导、支持有意愿有能力的自然人、法人和非法人组织积极参与慈善事业。""国家对慈善事业实施税收优惠政策，具体办法由国务院财政、税务部门会同民政部门依照税收法律、行政法规的规定制定。"② 这是对基层慈善事业的发展指导与规范落实的促进。

2. 相关内容对慈善组织和慈善信托的规范运行进行了更加明确的要求。一方面，从慈善组织报告"募捐成本"与境外组织或者个人开展合作情况、完善合作公开募捐制度等方面确保慈善组织的健康发展；另一方面，相关内容明确了慈善捐赠、慈善信托受益人的确定原则、授权国务院有关部门制定慈善组织运营成本的标准，并对募捐活动和慈善项目的公开性、透明度作出要求，进一步促进我国慈善事业向上向善发展。

3. 强化党和国家对我国慈善事业的领导。例如第四条增加了一款作为该条第一款："慈善工作坚持中国共产党的领导。"第六条修改为："县级以上人民政府应当统筹、协调、督促和指导有关部门在各自职责范围内做好慈善事业的扶持发展和规范管理工作。"通过自上而下的指导性规范，既能使我国慈善事业有序发展，又能进一步杜绝相关违法犯罪行为的发生。

4. 增设应急慈善专章，系统规范突发事件应对中的慈善活动。通过对今年重大突发事件的实践经验与教训的总结，为发生重大突发事件时需要迅速开展的救助行为提供指导方针，并对应对重大突发事件开展公开募捐的慈善项目，基层政府、基层组织为应急慈善款物分配送达等的义务履行作出进一步规范。

5. 与时俱进，面对新时代新问题提出了新的解决方案，尤其是对于个人求助的募捐行为和慈善项目进行了法律性规范。新增的第一百二十四条规定："个人因疾病等原

---

① 宁吉喆.构建初次分配、再分配、第三次分配协调配套的制度体系［N］.人民日报，2022-12-29（09）.
② 广东省红十字会服务号.新修改的慈善法全文来了！（新旧条文对照版）［EB/OL］.（2024-03-15）［2024-05-15］.https://mp.weixin.qq.com/s/tWXOe5sKmTOz4k7VY-tfxA.

因导致家庭经济困难,向社会发布求助信息的,求助人和信息发布人应当对信息真实性负责,不得通过虚构、隐瞒事实等方式骗取救助。"而具体平台的管理办法制定也正在有条不紊地推进:"从事个人求助网络服务的平台应当经国务院民政部门指定,对通过其发布的求助信息的真实性进行查验,并及时、全面向社会公开相关信息。具体管理办法由国务院民政部门会同网信、工业和信息化等部门另行制定。"

本次《慈善法》修改在提供了适应新时代新形势变化的顶层设计的同时,突出了政府在促进慈善事业方面的责任,加强了慈善组织的规范运作,强化了党和国家在慈善领域的领导地位,并针对突发事件提供了更为具体的指导。这既为慈善事业的健康发展提供了更加稳固的法律基础,也进一步推动了社会公益事业向前发展,从而造福更广泛的社会群体。

二、《中华人民共和国无障碍环境建设法》通过,发力建设社会包容性

2022年12月14日,民政部、全国老龄办发布《2022年度国家老龄事业发展公报》,《公报》显示,截至2022年年末,全国60周岁及以上老年人口达28,004万人,占总人口的19.8%;中国残疾人联合会2023年2月在全国政协十三届五次会议中的提案显示,我国当下残疾人口有8,500多万。① 因此,老年人的社会性扶助和残疾人的包容性社会环境建设逐渐成为当下社会舆论的核心议题。

2023年6月28日《中华人民共和国无障碍环境建设法》(下文简称《建设法》)由中华人民共和国第十四届全国人民代表大会常务委员会第三次会议通过,并自2023年9月1日起施行。② 该法律共8章27条,包括总则、无障碍设施建设、无障碍信息交流、无障碍社会服务、保障措施、监督管理、法律责任、附则等8个部分,在现有法律法规的基础上全面系统地对无障碍环境建设的主要制度机制作出了规定。

早在《建设法》颁布之前,我国已在无障碍环境建设上取得了长足的进步:2010年,财政部与中国残联便在全国11个省20个城市开展了困难残疾人家庭无障碍改造试点,且这一计划目前仍在持续推进中。中国残联于2023年9月印发的《关于进一步提高困难重度残疾人家庭无障碍改造工作质量的通知》显示,"十四五"期间中国残联共对110万户困难重度残疾人家庭进行了无障碍改造,对缓解残疾人扶助压力、提升中国残障人士生活质量作出了贡献。

---

① 民政部网站.2022年度国家老龄事业发展公报[EB/OL].(2023-12-14)[2024-05-15]. https://www.gov.cn/lianbo/bumen/202312/content_6920261.htm.
② 新华社.中华人民共和国无障碍环境建设法[EB/OL].(2023-06-29)[2024-05-15]. https://www.gov.cn/yaowen/liebiao/202306/content_6888910.htm.

而《建设法》则进一步扩大了对无障碍环境的建设范围，加强了对发展力度的顶层设计，对诸多实际问题例如指导老旧小区加装电梯，帮助跨越残疾人与老年人面临的"数字鸿沟"，鼓励商品、药品等加增语音、大字和盲文等格式版本的标签与说明书等。这部法律再一次践行了"自由、平等、公正、法治"的社会主义核心价值观，对社会的平等性人权尊重和可持续性发展作出了至关重要的贡献。

三、《中国慈善信托发展报告》发布，我国慈善信托稳健发展

作为慈善事业的重要组成部分，慈善信托以"慈善＋金融"的方式在近年来受到了社会各界人士的关注。中国慈善联合会与中国信托业协会联合发布的《中国慈善信托发展报告》显示，截至 2023 年年末，我国慈善信托累计备案数量达 1,655 单，累计备案规模为 65.20 亿元。而其中，2023 年新增的备案数量超 2022 年 62 单，备案规模较 2022 年增加 1.37 亿元。[①] 这都显示我国慈善信托总体呈现稳健发展态势，在具体层面呈现多样化、品牌化、深层次化等良性趋势。

可喜的是，新修改的《慈善法》加大了对慈善信托的支持力度，第十章新增了"自然人、法人和非法人组织设立慈善信托开展慈善活动的，依法享受税收优惠"作为第八十八条，同时也对在慈善信托运营中可能存在的不良行为作出进一步规范，例如第十一章第一百零四条明确了县级以上人民政府民政部门对涉嫌违反慈善法规定的慈善组织、慈善信托的受托人的处理措施与权力，第一百零六条也对慈善信托的信息公开义务进行了一定的明确。总体而言，政策的支持和法规的完善，为慈善信托的发展提供了坚实的法律基础和广阔的发展空间，这都标志着中国慈善信托在整合资源、发挥金融功能、推动社会创新等方面迈出了坚实的步伐。

在专业的慈善力量之外，个人、企业和民间慈善组织的参与在推动慈善事业发展、营造慈善氛围中有着重大意义。《公益时报》于 2023 年 5 月 18 日发布了第二十届中国慈善榜，对我国各界慈善家、慈善企业、慈善组织在慈善事业中的卓越贡献和实际行动进行了记录和表彰。在本次榜单中，亿元捐赠慈善家人数有所增加，亿元捐赠所占比例及捐赠额度均有大幅提升，且大额捐赠不再集中于房地产、互联网、金融等少数领域，而是广泛地拓展到教育事业、乡村振兴、医疗卫生、应急救灾等领域。例如，碧桂园服务控股股东、非执行董事兼董事会主席杨惠妍向国强公益基金会（香港）有限公司捐赠其持有的 20%（约 6.75 亿股）碧桂园服务股权作慈善公益用途，按 12 月 29 日收盘价计算，价值约 41.27 亿元；武汉大学校友、小米集团创始人雷军向母校捐

---

① 中国社会报.2022 年我国慈善信托发展迈上新台阶［EB/OL］.（2023-01-16）［2024-05-15］. https://www.mca.gov.cn/n1288/n1290/n1316/c47997/content.html.

赠 13 亿元人民币，用于支持数理化文史哲六大学科基础研究、支持计算机领域科技创新、支持大学生培养；他通过小米公益基金会为京津冀水灾救援捐赠 2,500 万元，为甘肃、青海地震救援捐赠 500 万元；美的集团创始人何享健以个人名义出资 30 亿元人民币成立"何享健科学基金"，该基金旨在推动原创性、前沿性的基础研究和相关成果转化等。

除此之外，民营企业仍然是大额捐赠的主力军，本届中国慈善榜上榜企业中，民营企业近 900 家，占上榜慈善企业总数的 65.44%；合计捐赠超 101 亿元，占上榜企业捐赠总额的 50.55%。① 自党的二十大报告提出"引导、支持有意愿有能力的企业、社会组织和个人积极参与公益慈善事业"以来，积极参与我国公益慈善事业已成为财富人群和责任企业的共同选择。

四、2023 年中国互联网公益峰会召开，共建中国慈善传播共同体

作为数字时代公益事业的重要实践形式，互联网公益日益成为当下公益事业中不可或缺的组成成分。针对作为公益事业传统难题的公益传播声量较小、范围较窄等问题，互联网公益借助社交媒体、线上活动、短视频平台等多种媒介的高效传播能力，极大地扩展了公益活动的影响力。此外，互联网公益逐渐加强透明化管理能力，通过数据追踪和公开报告，捐助者可以直观地看到每一笔款项和物资的去向，这将有效地提高公众对公益项目的信任度。

2023 年 5 月 20 日，以"数字向新，共益未来"为主题的 2023 年中国互联网公益峰会在武汉召开。② 互联网企业在我国蓬勃发展的同时，也在互联网公益行业中占据头部位置，腾讯、阿里巴巴、字节跳动等头部互联网公司通过线上线下多领域多途径的公益活动为普惠教育、医疗健康、乡村振兴、生态环保等公益事业作出了不可小觑的贡献。值得注意的是，中国新闻社原社长、中国慈善联合会传播委员会主任委员章新新在代表主办方致辞中提出了"中国慈善传播共同体"这一概念，传播者、捐助者、受助者、社会机构或企业、公权力和广泛的受众组成了"六位一体"的社会共同体。该共同体通过共同关注、共同努力、"劲往一处使"来凝聚中国"向善"的蓬勃力量，以达成中国社会可持续发展的目标。

在主峰会上，北京师范大学中国公益研究院联合中国互联网协会，共同发布了《互联网公益慈善"中国样本"：迈向高质量发展的中国公益慈善发展新模式》报告，

---

① 公益时报.《第二十一届（2024）中国慈善榜发布：亿元捐赠占比增长显著，广东、福建、北京等地慈善家最慷慨》[EB/OL].（2024-07-26）[2024-05-15]. https://mp.weixin.qq.com/s/el5dI_7AHvCgcgSoUaiPPw.
② 中国互联网发展基金会. 中国互联网公益峰会在武汉举办 [EB/OL].（2023-05-24）[2024-05-15]. https://mp.weixin.qq.com/s/za8S5wj5lsUmt1C_Cjrf7A.

报告总结了近20年来"互联网+公益"在中国的发展经验，并指出，与欧美国家相比，互联网公益慈善"中国样本"已经形成了较鲜明的中国特色。例如，腾讯公益在大获成功的"99公益日"活动模式的基础上，与许多地方性政府与组织共创"乡村振兴"区域专场，仅2022年的7个专场便带动了2,068万人次参与，为区域乡村公益项目捐出善款15.31亿元；酷狗"因AI而声"基于"音乐+科技"的公益模式，通过AI复制7位听障儿童的声音，制作公益专辑进行售卖并将相关收益全部捐献给爱的分贝项目；而平安私人银行"平安乐善"项目则突出了"金融+公益"的特色，借由实力过硬的慈善专业团队，通过线上捐赠、慈善规划咨询、协助设立慈善信托等多层次慈善服务，帮助有慈善意向的财富客户参与各类慈善活动。

五、社会慈善事业主体齐发力，中国社会服务工作遍地开花

古往今来，慈善事业的经济本质是捐助者与受益者之间的一种利益再分配，这一过程的重点是如何实现直接和有针对性的利益再分配。而在中国语境下的现代公益慈善活动中，慈善活动以及相关的社会行动是政府机构和民间社会有效互动、互促发展和维护社会公平公正的极其复杂和重要的机制。由于现代社会的高速发展，其涉及的人群、涵盖的社会问题相较以往"扶助贫困"的内核产生了巨大的变化，获得了具有时代特色的外延。因此，以志愿服务队、社会慈善组织和社会工作人才为代表的主体力量也发展得更加庞杂，并逐渐在当代社会服务工作中获得越来越重要的执行主体地位。

（一）中国志愿服务发展指数

自2013年以来，北京惠泽人公益发展中心连续9年在中国慈善蓝皮书组委会指导下，组织专家志愿者开展"中国志愿服务发展指数（CVDI）"测量调研工作。北京惠泽人公益发展中心撰写的《2022年度中国志愿服务发展指数报告》显示，我国的志愿服务队正在朝着年轻化、高知化、价值导向、学习导向、志愿者动员的行政化与志愿服务的非组织化并存的方向发展。我国当下志愿者人数共2.79亿人，较2021年增加914万人，增长了3.39%，其中，活跃志愿者1.20亿人，占志愿者总数的43.01%；我国志愿服务组织115万家，较2021年减少8万家，降幅达到6.5%；我国志愿服务时间共计40.19亿小时，较2021年减少了4.47%。人均志愿服务时间33.41小时，较2021年减少了5.21小时；志愿者贡献价值达到1,915亿元，占GDP的15.82‰，占第三产业总产值8.19‰；为社会无偿提供203.34万个全日制雇员，占社会组织从业人员的18.48%，该数量是2013年的3.66倍。

总体而言，越来越多的人愿意参与志愿服务，这体现了社会责任感和公民意识的增强，且志愿服务在GDP和第三产业中的贡献也显示了志愿服务在社会经济中的重

要性；志愿服务组织以非官方的区县级民间组织为主，以低成本小规模实现稳定高效运作，其灵活性、民主化、凝聚力和活跃性等特点使得志愿服务项目得以迎来多元化、细分化、广泛化的发展，在社会服务的各个领域都成果颇丰。

（二）中国民政发展情况

2023年10月，民政部官网发布了2022年民政事业发展统计公报，公报展示了综合、行政区划、社会工作、成员组织和其他社会服务共5个方面的中国民政发展情况。具体到慈善事业和社会工作方面，截至2022年底，全国共有经常性社会捐赠工作站、点和慈善超市1.5万个（其中慈善超市3,680个）。全国社会组织捐赠收入1,085.3亿元。截至2022年底，全国备案慈善信托948单，慈善信托合同规模44亿元；全国共有16.5万人通过助理社会工作师考试，2.8万人通过社会工作师考试。截至2022年底，全国持证社会工作者共计93.1万人，其中助理社会工作师72.5万人，社会工作师20.4万人；全国共有社会组织89.1万个，比上年下降1.2%；吸纳社会各类人员就业1,108.3万人，比上年增长0.8%。全年共查处社会组织违法违规案件9,787起，行政处罚9,578起。

2022年中国民政事业发展统计公报揭示了中国慈善事业正在得到社会更广泛的支持，这不仅体现在增设的慈善工作站点和慈善超市，以及慈善信托数量和规模的增长中，也体现在社会工作专业人士的数量增长。因此，中国在慈善和社会服务领域持续推动专业化、规范化，同时也在加强监管和提升服务质量上不断努力，这一趋势对于提升社会福利和应对社会问题具有重要意义，对于逐步构建一个更加成熟和健康的社会服务体系也至关重要。

六、2023年经典慈善案例

（一）公益传播月联合路演

2023年8月18日下午，中国慈善联合会传播委员会主办的"好事传千里——公益传播月联合路演"开启。人们耳熟能详的国内数个大型互联网平台包括腾讯、阿里、字节跳动、微博等出现在了同一个舞台上，以慈善公益的"最大公约数"来利用互联网平台做好行业模板、项目传播与公益倡导。

从2015年腾讯公益首次发起"99公益日"[①]开始，许多拥有参与慈善意愿的互联网用户都能够通过一个快捷、方便且可靠的线上渠道捐献自己的爱心。然而，随之而来的阿里公益的"95公益周"、微博的"人人公益节"、抖音的"DOU爱公益日"以

---

① 腾讯公益.99公益日，和公益久久相伴，不止一天［EB/OL］.（2023-09-10）［2024-05-15］.https://mp.weixin.qq.com/s/za8S5wj5lsUmt1C_Cjrf7A.

及许多各形各色的互联网募捐平台和渠道的出现，反而降低了互联网用户的慈善意愿。一方面，过多的选择可能会让用户感到困惑，这种选择过载进而导致决策疲劳，使得用户最终不选择任何项目；另一方面，当频繁接触各种慈善请求时，用户可能会对此类信息的接触产生厌倦或无力改变情况的乏力感，最终导致捐赠意愿下降。除此之外，不同慈善平台的捐献方式、审核方式、用户体验等良莠不齐，这可能会影响用户长期参与公益的信心。

因此，无论是从优化决策、减少信息疲劳，还是提升项目可信度、聚合资源解决重点问题等角度，打破互联网平台慈善活动之间的壁垒，整合多元慈善渠道资源势在必行。

正所谓"美人之美，美美与共"，本次联合路演活动的重点和意义在于将各个互联网平台基于自身特点以及过往传播经验总结的不同传播模式以及资源力量进行有机联合。例如，字节跳动公益以抖音平台的巨大流量为核心，通过引导公益机构入驻，发布原创公益内容视频，帮助越来越多的中小型公益组织与机构为社会公众广泛地认知。平台上线两年来，以95.3万条公益短视频和3.8万场公益直播的数据累计筹得了善款10.8亿元；微博也基于平台优势，持续将文娱、电竞、体育等多领域资源导入公益行业，2022年，超5,000人次头部明星、140多万人次头部大V、200多个电竞选手、80多个电竞战队、近40位运动员等参与公益项目传播和捐赠，打通不同领域、行业与公益事业之间的壁垒。微博的跨界慈善活动也带来了极具吸引力的正向反馈，创造了更多有特色的慈善场景，吸引了来自不同方面的慈善公众；除此之外，以支付宝公益平台、蚂蚁森林、蚂蚁庄园等多个互动产品为核心的蚂蚁公益，借助淘宝平台，通过用户购买商品进行"交易捐"的阿里公益，通过B站精心雕琢垂直化领域的各个UP主进行公益宣传，推动特定公益议题发展的B站等，都是各具特色的互联网慈善平台。

此次联合传播向社会各界发出了一个积极的信号，在具体实践层面也出现了如微博公益和腾讯公益联合发起的"一花一好柿画梦计划"等跨平台互认互推优质项目。而如何将此种联合公益项目常态化、可持续化发展，进一步联合基于不同规则、受众、传播特色和传播议题建立起来的互联网平台生态，打造真正的"中国慈善传播共同体"，将会是接下来各方共同探讨的核心议题。

（二）抖音"假慈善"事件

2023年，随着短视频平台的进一步走红，许多以"慈善""爱心"等为标签的短视频博主也纷至沓来。例如抖音短视频博主"云南波波"通过一系列视频展现了大凉山的老人和小女孩的艰苦生活，并在视频中拿出3,000元资助其生活，吸引了许多观众在评论区为其叫好。但很快，有记者亲自前往凉山州西昌市马鞍山乡，实地探访这位博主所"资助"的村子人家，却被许多村民告知此博主的多条视频完全是弄虚作假，自导自演，不仅伪造视频中人物的背景、关系与经历，而且会在视频拍摄结束后将"捐献"的钱财收回。

此类"假慈善"博主并非个例，而是早已有之。2016年8月至9月，"杰哥""黑叔"在直播平台上借公益之名给大凉山的老人和小孩捐赠200至2000元不等的人民币，并全程进行摄像，拍摄完后将钱收回，随后通过引导粉丝"刷礼物"来"献爱心"，宣称"会捐给当地有需要的人"。根据法院调查，"杰哥"通过网络直播虚假公益行为骗取粉丝60多万人民币，提现21万余元，上传涉及凉山视频记录共1,499条。"黑叔"则通过网络直播提现19万余元人民币，上传涉及凉山视频记录共1,197条，数目之大，欺骗观众之深令人触目惊心。而2021年被查处的"权哥讲情感"，被曝光的造假博主"吕先生凉山行"等一方面寒了无数热心公益市民的心，另一方面也让真正有需要的弱势群体对于"慈善人士"多了一层戒备，发展中的公益事业被泼上了一盆冷水。

可喜的是，平台、政府与公众多方主体联合，通过各自的力量与手段加强了对于此类行为的举报、监管和惩戒。以抖音平台为例，其于2023年上线了"打标"功能以及识别摆拍模型，短视频创作者在发布演绎类作品之前，可以主动使用平台工具对作品进行标识，通过注明"虚构演绎，仅供娱乐"等帮助受众判别真假，且平台还会对疑似摆拍的作品进行自动识别或是检举监察，并提醒创作者对可能摆拍的作品进行补充标识。除此之外，抖音还更新并公布了《剧情演绎类作品创作规范》《公益内容治理规范》《关于人工智能生成内容的平台规范暨行业倡议》《内容标识使用规范》等4项平台新规，对演绎类作品、时事政治类作品、公益类作品、应用资讯类作品等进行了更加严格的账号注册、认真要求以及内容创作要求，更对其可能的盈利方式进行了门槛式限制。[①] 根据抖音统计，2023年，抖音累计对1.9万余个发布不实信息的账号进行包括全面封禁在内的处置，清理视频240多万条，对102.3万条不实视频标记辟谣标签。5月份上线用户自主声明功能后，用户主动打标190多万条视频，这都表明平台、创作者与公众已经在这一问题上达成了高度共识，旨在共同促进公益短视频生态向上向善。

在此基础上，抖音还通过短视频、动漫、漫画等形式推出了与平台治理成果相关的作品，如首部反网暴公益微电影《下一个某某》，反网暴漫画《别急，还有反转》，不实信息治理年度系列动画短片《鼠国列车》《情迷玫瑰园》《宠儿》，这些作品进一步加强了打击假视频、摆拍视频的力度，号召更多主体能动地参与其中。

（三）儿慈会9958儿童大病紧急救助项目事件

作为今年影响力最大的慈善事件之一，儿慈会9958儿童大病紧急救助项目事件给

---

① 抖音集团. 处置1.9万个账号，抖音治理不实信息的2023［EB/OL］.（2024-01-19）[2024-05-15]. https://mp.weixin.qq.com/s/GMkZbuTsHzcbOkAk_rKhjQ.

正在蓬勃发展中的中国慈善公益事业敲响了警钟。许多家长在参与了中华儿慈会"河北项目负责人"柯某孝的配捐活动后，发现曾许诺会增加配捐后金额的资金迟迟没有回款，初步统计共有88个家庭受骗，被骗金额约900万元。2023年9月，柯某孝被警方拘押，儿慈会公开声明称，柯某孝并非其工作人员，仅在9958项目河北廊坊团队合作机构中当过志愿者。①

这一受到社会各界广泛关注的案件引发了人们对慈善组织管理制度的反思以及处在"灰色地带"的配捐制度的质疑。配捐即配比捐赠，当一个捐赠者向公益机构捐赠一笔钱之后，另一个捐赠者（通常是企业）会随机或按照一定比例向同一个公益机构再捐赠一笔钱。配捐模式的初衷是鼓励公众参与捐赠，按照其本意，包括企业配比在内的捐赠额不应用于捐赠者本人。然而，慈善组织的部分人员会通过某种途径，例如与各地的民非组织等合作，通过此类活动将部分捐赠者的钱财返还回去，用这种违反规则的操作吸引更多不明所以的捐赠者捐赠。令人担心的是，一方面，儿慈会具有极其强大的吸引筹款能力，另一方面，其项目管理方式并非面面俱到，有许多以"9958工作人员"名义组织筹款的人都不是儿慈会正式工作人员，正式工作人员在筹款时拥有较大权限，也背负筹款压力，这一点被利用了。

此事被曝光后，经过各方的调查和检举，配捐这一运作方式的真实面目逐渐露出水面。中国慈善家杂志认为，"返款"式募捐不是公益，而是以公益资金为获利来源开发的投资理财手段，它是违背公益目的、危害公益事业的，这一过程并不存在所谓的公益捐赠，甚至可以被理解成一种"套捐"，它将投资过程包装成公益募捐模式，对捐款者存在欺骗、误导行为。而且，这一类操作由来已久，《三联生活周刊》称之"在行业内已经是公开的秘密"。从法理来看，《慈善法》第四十条规定"不得指定捐赠人的利害关系人作为受益人"，而此类运作方式很明显违反了这一条款。《慈善法》的最新修订无疑会对此类事件产生更加强力的监管，进一步扼杀此类事件于苗头之中。

七、结语

总体而言，2023年对于中国公益新闻和公益媒体事业而言是具有代表性意义的一年。一方面，中国公益事业在多个方面取得了显著成就，《慈善法》修改，《中华人民共和国无障碍环境建设法》既明确了各级政府促进慈善事业的责任，规范了慈善组织和慈善信托的运行，强化了党和国家对慈善事业的领导地位，也进一步夯实并拓展了对于社会弱势群体的帮助，强化社会对多元群体的包容。与此同时，互联网公益在扩

---

① 北京日报.大病患儿上千万"救命钱"被卷走？中华儿慈会回应，记者调查→[EB/OL].（2023-09-15）[2024-05-15]. https://mp.weixin.qq.com/s/0VQ2zLT1MexRSTKk80BRHg.

大公益活动影响力方面发挥了重要作用，2023年中国互联网公益峰会的召开以及公益传播月联合路演的开展，为现在较为松散但又各具实力与优势的互联网公益平台提供了未来建设路径的指引。

然而，各类负面事件的发生也是对发展中的公益事业的警示，中华儿慈会9958项目暴露出的问题表明，当前的监管措施还不够严密，公益平台在资金使用和信息透明度方面存在不足；假慈善现象屡屡发生，许多以慈善名义进行欺诈活动的案例层出不穷，严重降低了公众对公益事业的信任。

面对上述挑战，中国的公益事业需要在多个方面进行改进和创新。一方面，中国的公益事业应切实加强对公益组织的监管和法律保障，无论是完善法律法规，确保公益组织的运行透明度和资金使用的合法性，还是加强社会监督和平台治理，通过技术手段和社会公众的共同努力，打击虚假公益行为，提升公众对公益事业的信任，都是当下正在实践且已有成效的现实路径。另一方面，中国的公益事业应在继续推动法治化发展的基础上，不断创新公益模式，提高公益活动的透明度和公信力。通过社会各界的共同努力，推动中国公益事业向更加健康、可持续的方向发展，实现更广泛的社会福祉。

总之，2023年的中国公益新闻与公益媒体事业在挑战中前行，未来的道路仍需各方共同努力，才能实现公益事业的进一步发展和社会的持续进步。

作者简介：

周如南，中山大学新闻传播学院副教授，中山大学广州大数据与公共传播基地副主任；马颢宁，中山大学新闻传播学院新闻学硕士研究生。

第四部分
年度调查

2023年电视新闻节目收视回顾

封 翔

  2023年"学习贯彻习近平新时代中国特色社会主义思想主题教育"构建了以中央广播电视总台、省级频道、市级频道、新媒体渠道等全媒体传播矩阵,以总台《新闻联播》《焦点访谈》为核心,以主题教育专题节目为依托,以本地新闻联播为补充的多维立体传播格局,贯穿全年,引领主流舆论场。"主题教育"高扬思想旗帜,凝聚奋进力量,"凝心铸魂强根基、团结奋进新征程"。2023年也是"一带一路"倡议发出10周年,据不完全统计,共有150多个频道播出了280余档与"一带一路"相关的节目,播出总时长超过40万分钟,集中报道引发广泛关注。在国际上,2023年乌克兰危机未平,巴以冲突再起,这为世界和平增加了更多不确定性,紧张的国际局势引全民关注。本文基于CSM媒介研究2023年在全国97个城市的收视调查数据,梳理和分析全国新闻节目的收视状况。

一、新闻节目整体收播状况

(一)新闻节目收视比重和资源使用效率虽有下降但仍处高位

  数据显示,2023年新闻节目的播出比重为10.3%,收视比重为13.8%,资源使用效率为34%。从播出比重看,近10年新闻节目的播出比重基本稳定,保持在10%—11%;其收视比重在2023年有所下降,但相较2014年—2019年,13.8%的收视比重仍然处于高位;2020年之前新闻节目的资源使用效率均在30%左右,2023年新闻节目34%的资源使用效率明显高于这一水平,数据表明新闻节目仍是观众集中关注的节目类型(见图1)。

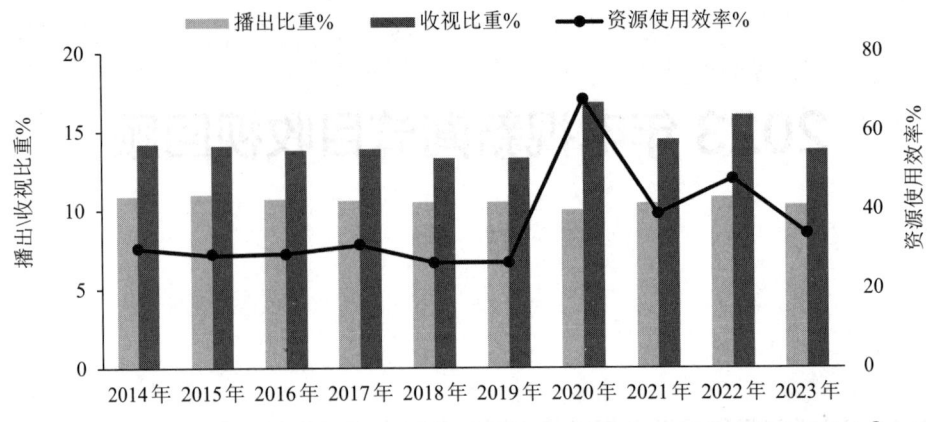

图1 2014—2023年新闻节目收播比重及资源使用效率（历年所有调查城市）①

（二）各地新闻节目人均收视总量均有所下降

2023年，尽管新闻节目整体收视比重处在较高水平，但在大多数城市，新闻节目收视总量仍较上一年有不同程度的下降。CSM35中心城市数据显示，2023年晚间17：00—24：00时段，除了济南和长沙，其他33个城市新闻节目收视总量均有所下降。其中，收视总量下降最多的城市分别为昆明、沈阳、成都、呼和浩特、大连和西宁，全年收看总量下降了15个小时以上；各城市新闻收视水平也呈现明显分化，全年收看总量最高的城市超过80个小时，最低的城市仅10个小时左右（见图2）。

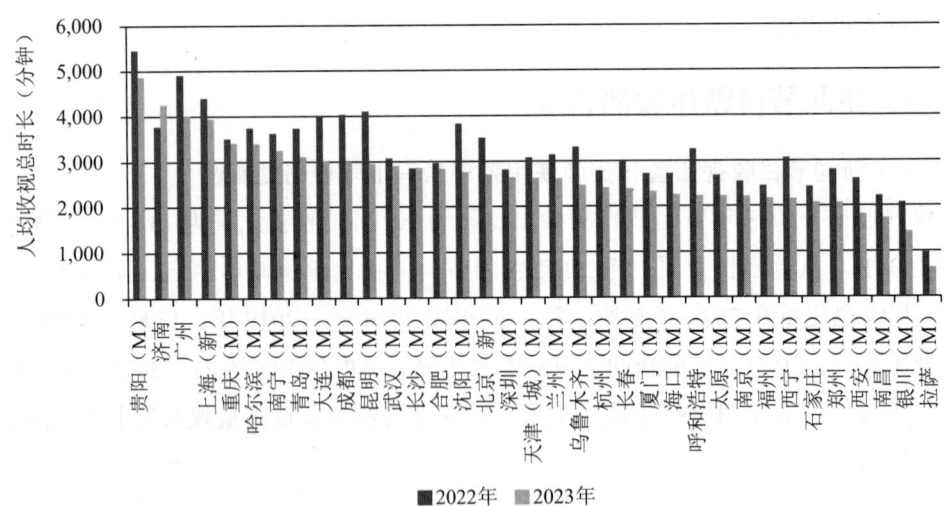

图2 2022—2023年晚间（17：00-24：00）新闻节目的人均收视总时长

（三）新闻节目全天多时段收视小幅下降

2023年新闻节目在全天各时段的人均收视时长分布与2022年整体趋势保持一致，

---

① 本文所有数据均来自CSM媒介研究。

除了晚间收视高峰略有提升,其他多时段收视有所下降。晚间19:00—19:30时段是全天收视最高峰时段,收视有0.1分钟的增长,但相比2022年,全天多个时段有小幅下降(见图3)。

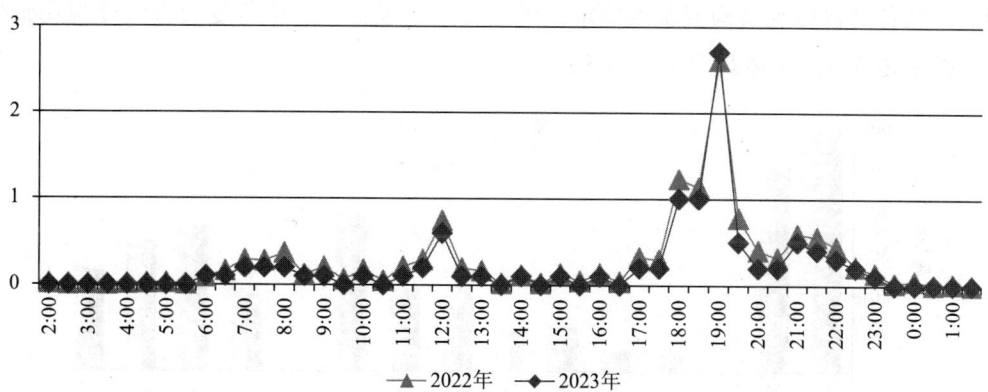

图3 2022—2023年新闻节目全天各时段人均收视时长(历年所有调查城市)

(四)新闻热点事件引领收视高峰

2023年新闻热点不断,主流媒体引领舆论导向。2023年是全面贯彻落实党的二十大精神开局之年,3月全国两会召开,为全年经济发展、政治民生等定调布局,引发全国乃至全球关注,新闻收视一路冲高;4月主题教育在全国各地如火如荼开展;10月7日,巴以冲突再起,世界和平再添变数,引全球瞩目;10月17日至18日,第三届"一带一路"国际合作高峰论坛在北京举行,纪念"一带一路"倡议10周年;11月,习近平总书记应邀赴旧金山举行中美元首会晤等新闻热点事件引领收视高峰(见图4)。

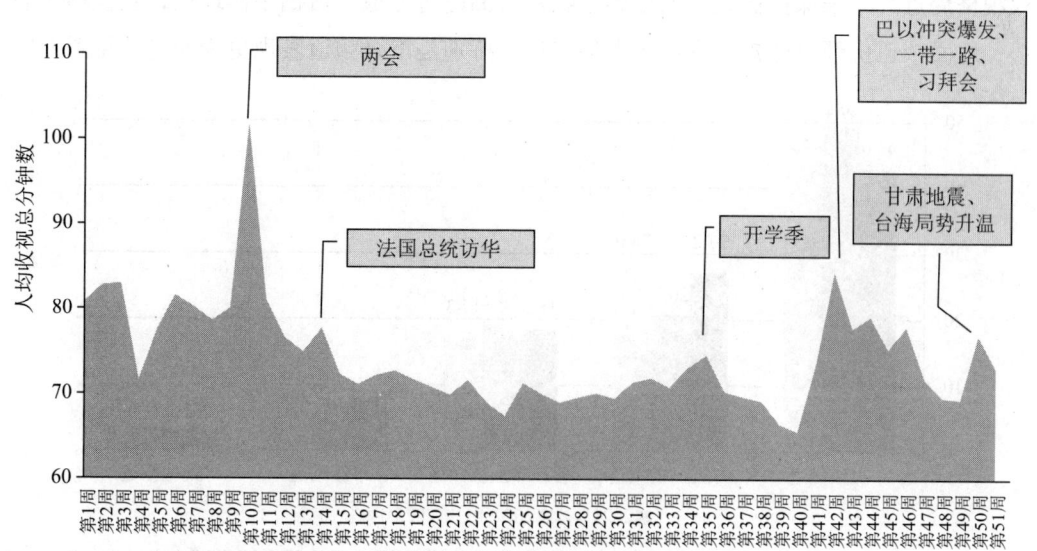

图4 2023年新闻节目全年收视总量分周走势(所有调查城市)

（五）新闻节目25—44岁、大学及以上学历的观众占比提升

对比近两年的电视新闻节目观众构成数据，25—44岁和大学及以上受教育程度观众占比有较明显提升，45—64岁、初中受教育程度观众的收视率略降；整体来看，新闻节目的各类目标观众构成基本稳定，男性、45岁及以上、中等受教育程度观众始终是电视新闻节目的主体观众（见图5）。

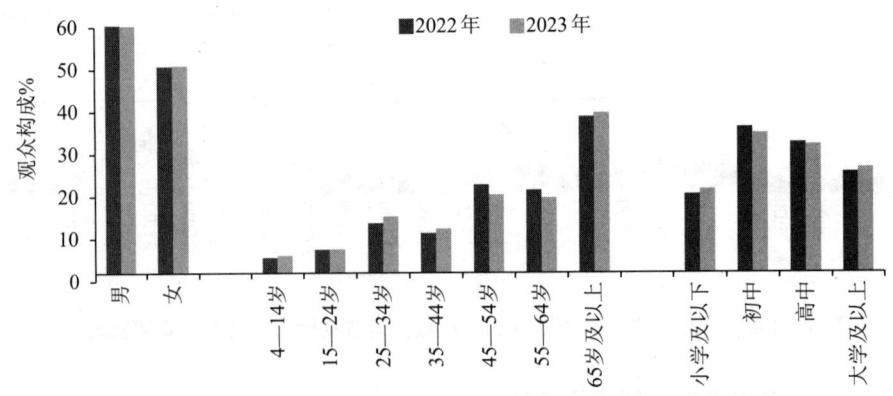

图5　2022—2023年新闻节目观众构成对比（历年所有调查城市）

二、新闻节目收视竞争格局

（一）中央级频道、省级频道新闻节目收视旗鼓相当

2023年，中央级频道新闻节目收视份额为44.2%，省级频道份额为45.3%，合计达到近90%，占据绝大部分市场，两者收视份额旗鼓相当。历年数据显示，新闻节目总体收视格局近三年来保持稳定，上星频道收视份额超过七成，占据主体地位，且呈增长态势；地面频道份额较低且呈现逐年下降趋势，特别是市级频道表现更为明显（见图6）。

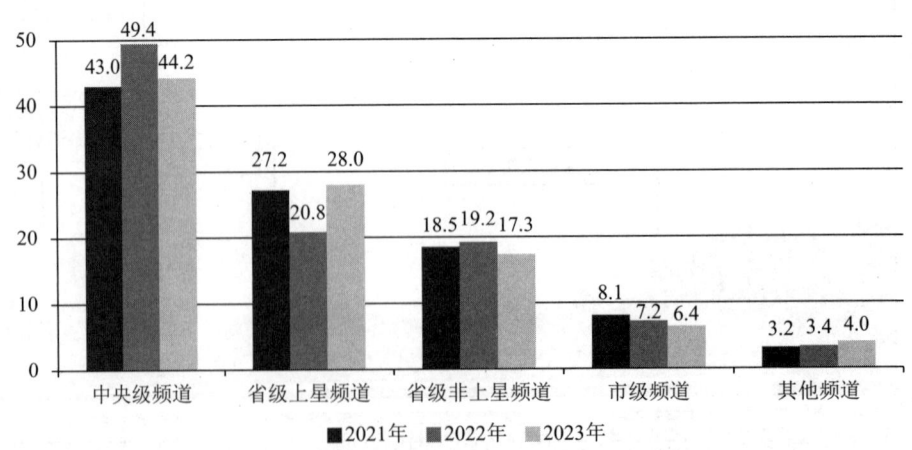

图6　2021—2023年新闻节目各级频道收视份额（历年所有调查城市）

（二）中央级频道的新闻评述类节目优势突出，省级卫视综合新闻竞争力接近中央级频道

综合新闻、新闻评述和新闻/时事其他是新闻节目的3个主要类型，观察2022—2023年各类型新闻节目的收视数据，各级频道的竞争优势各有特色且有明显变化。首先在综合新闻节目类型中，省级上星频道收视份额大幅提升，相比去年增长了2倍多，达到36.8%，仅次于中央级频道的40.1%；地面频道则大幅降低，原有的上星频道与地面频道势均力敌的竞争格局被打破，上星频道占据绝对主导地位；在新闻评述类节目中，中央级频道具有天然的竞争优势，收视占比超过2/3，占据绝对领先地位；以各地民生新闻为代表的新闻/时事其他类新闻节目，上星频道的份额相比去年有明显降低，由74.8%下降至50.2%，下降了1/3，而地面频道则有明显提升，份额达到45.3%，占据市场半壁江山，这说明贴近民生的新闻节目受到观众关注（见图7）。

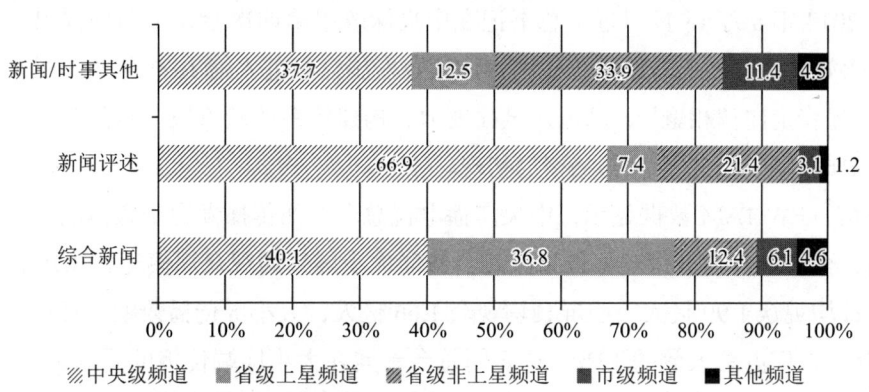

图7 2023年各级频道不同类型新闻节目收视份额（历年所有调查城市）

（三）《新闻联播》构建主流舆论基石

《新闻联播》是中央广播电视总台每日晚间19:00—19:30播出的一档新闻节目，以"宣传党和政府的声音，传播天下大事"为节目宗旨，中央广播电视总台综合频道、新闻频道和国防军事频道并机直播，同时超过35个上星卫视进行转播，部分地方台也同步进行转播，立体、纵深、聚焦的新闻传播主通道被构建起来。从图3可以看出，《新闻联播》时段不仅是全天新闻收视最高峰，也是收视有所增长的时段。观察所有上星频道《新闻联播》首播单频道平均收视率（见图8），虽然中央级频道整体新闻节目收视份额有所下降，但是作为主流舆论场压舱石的《新闻联播》影响力相比上一年有明显增长，收视增长幅度达到16.5%；对比去年和今年分月收视，除了1月，其他各月收视均有增长，特别是新闻热点期间，如两会召开的3月、巴以冲突和一带一路10周年事件发生的10月和11月，《新闻联播》收视提升更为明显，这表明《新闻联播》不仅是主流舆论发布主通道，更是主流舆论的传播基石。

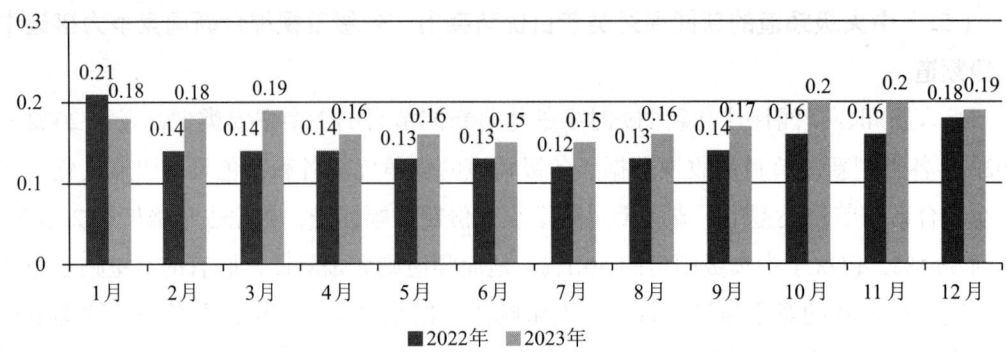

图 8 所有上星频道《新闻联播》首播单频道平均收视（历年所有调查城市）

三、新闻节目全媒体传播成果丰硕

自 2014 年 8 月 18 日习近平总书记在中央深改组第四次会议上明确提出"传统媒体和新兴媒体融合发展"以来，我国媒体融合发展已经进入第 10 个年头，媒体融合从"相加"逐步走向"相融"，已迈入全面发力、构建体系的新阶段。新闻节目在媒体融合传播中成果丰硕，大小屏传播格局初现。

CSM NEW TAM 数据显示，中央广播电视总台新闻传播发力全媒体端，实现全场景传播，全媒体传播取得良好效果。总台新闻大小屏日均观众规模达到 3.25 亿人，其中大屏日均观众 1.99 亿人，小屏日均观众 1.66 亿人，大小屏传播兼顾；日均重叠观众 3,953 万人，仅占总人数的 12%，这表明总台新闻在大小屏端传播的受众是不一样的，大小屏传播的格局已经形成。此外大屏日均收视时长 12.46 千万小时，小屏日均收视时长 2.01 千万小时，说明大屏用户的黏性要高于小屏用户，主力军占领主战场仍面临巨大的挑战。

四、结语

2023 年，新闻收视总量有所下降，但收视比重和资源使用效率仍处于高位，新闻节目的竞争结构也小幅调整，这是受众媒介消费选择归于日常的结果，新闻收视向《新闻联播》等品牌节目集中、向民生新闻分流也是受众选择的具体表现。同时在媒体融合传播的时代背景下，新闻传播发力全媒体端成果丰硕，但主力军挺进主战场并占领主战场仍需要新闻人更多努力。

文章数据来源：中国广视索福瑞媒介研究（CSM）

封翔，中国广视索福瑞媒介研究（CSM）客户服务事业部经理。

生成式人工智能的社会技术想象
——基于微博、B站、小宇宙的内容分析

周懿瑾　陈菁菁

摘　要：2022年年底，生成式人工智能横空出世并迅猛发展，给行业和社会带来革新机会的同时，也引发了广泛的社会讨论。技术发展能够给社会带来直接的影响，但技术的使用和发展同样受到社会认知、意义建构和想象的制约。本研究基于社会技术想象的视角，通过对微博、B站、小宇宙这3个社交媒体和内容平台上关于生成式人工智能技术讨论的内容进行编码分析，发现：（1）社交媒体平台上用户关于生成式人工智能的想象主要集中在科技、伦理和经济三个方面，从认知、态度、未来愿景和行动秩序四个维度展开分析，相关观点呈现"进步主义"和"威胁主义"共生的局面。（2）进步主义式的技术想象占主导地位，混杂着对技术失控、失业等危机的担忧，产生争议性技术想象的核心原因是个体对于生成式人工智能的能力、目的和人机关系想象存在差异。（3）目前中国互联网空间中关于生成式人工智能的人机关系想象主要分为"协同关系""替代关系"和"反控制关系"，后两种人机关系想象反映了个体在技术狂飙时代对自身主体性和独特性的反思和担忧。

关键词：生成式人工智能　社会技术想象　内容分析

一、绪论

生成式人工智能（Generative Artificial Intelligence）的兴起，不仅引发了技术层面的革新，更激发了广泛的社会讨论和社会大众对未来的无限想象。社会技术想象是一个关键概念，[①]它涉及人们对技术发展及其社会影响的预期，公众的认知、想象和态度又对技术的社会接受度和应用具有深远的影响。[②]本研究旨在探索公众在不同社交媒体和内容平台上对生成式人工智能的理解和期待，以及不同行动者对于该技术的社会技

[①] Jasanoff, S. States of knowledge [M]. Abingdon, UK: Taylor & Francis, 2004.
[②] Jasanoff, S., & Kim, S. H. Dreamscapes of modernity: Sociotechnical imaginaries and the fabrication of power [M]. University of Chicago Press, 2015.

术想象的差异。

为了实现这一目标，本研究选取了3个具有代表性的社交媒体平台：微博、B站和小宇宙。这些平台覆盖了广泛的用户群体，包括不同的年龄、性别、教育背景和社会经济地位，这能够为我们提供一个多维度的视角来观察和分析公众对生成式人工智能的认知和态度。本调查能够帮助技术开发者更好地理解不同用户群体的需求和期望；对于政策制定者而言，了解公众对技术的态度和想象是合理制定政策、引导技术健康发展的重要前提。

二、研究方法

为了较完整地描绘社会公众对生成式人工智能技术的"想象地图"，本研究爬取3个性质差异较大的社交媒体和内容平台的内容，以尽可能涵盖不同社会身份的公众。在微博[1]、B站[2]、小宇宙[3]平台上，以"生成式人工智能""ChatGPT""AI""人工智能"等为关键词，分别爬取相关的文字、视频和音频内容进行分析，所抓取数据的发布时间范围为2022年12月至2023年12月。

研究者在微博爬取912个相关话题及博文，共爬取28,469条微博，爬取的内容包括时间、文字信息、详情链接。研究者删除重复项后剩下19,499条微博，接着进行数据清洗，对所有数据进行逐一阅读，删除与ChatGPT或人工智能无关的内容，最后剩下10,512条有效样本。

研究者在B站上爬取4,812条视频内容，包括时间、标题、详情链接。在数据清洗阶段研究者对视频进行逐一观看，剔除与本研究无关的视频，最终剩下912条有效样本。

研究者在小宇宙平台选取播放量大于1万的音频作为分析对象，剔除无关样本后共爬取97条有效音频样本，包括发布时间、标题、音频链接，并利用通义听悟将音频转为逐字稿并核对。

数据整理和清洗之后，随机抽取各平台30%的样本作为最终的内容编码样本。

---

[1] 微博允许用户以文字、图片、视频等多媒体形式实现信息的即时分享、传播互动。经过多年发展，微博已经逐渐成为公众讨论公共事务、发表个人观点的主要平台，也成为学界研究"大众意见"和"舆论动态过程"的主要内容来源平台。
[2] B站是中国年轻人高度聚集的文化社区和视频网站，平台内容已经覆盖了游戏、动漫、生活、职场、文化、科技等众多领域。
[3] 小宇宙平台是2020年诞生的中文播客平台，上线后一直是中文播客受众的首选应用，使用比例逐年上升，根据行研数据，2022年有74.6%的播客用户选择用小宇宙收听播客节目；此外，小宇宙平台的主播包括大量各行业的资深从业人员，如AI行业的创业者、投资人以及大模型的从业人员，这些人具有一定的知识水平和社会影响力，通常一次表达时间在30—120分钟，观点阐述较为深入，因此该平台的相关内容具有较高的代表性和研究价值。

（一）类目建构

对编码材料进行反复阅读，归纳主题类别，并给出操作定义，每个主题下包含多个不同的类目。为避免研究者自身的主观性和误差，在制定编码框过程中研究者阅读已有相关文献，借鉴参考 Longhurst 和 Chilvers[①]、高鑫鹏和李娜[②]、谭小荷[③]等学者的编码框。Longhurst 和 Chilvers 从意义、认识、行为和组织 4 个维度分析能源技术转型的社会技术想象，本研究在此基础上结合实际内容提出新的社会技术想象分析维度：认知、态度、未来愿景和行动秩序。最终编码框确定为"身份""叙事框架""AI 认知""AI 使用""AI 态度""AI 未来愿景""AI 技术规范"7 个主题，主题操作定义见表 1。6 个主题操作定义包括 24 个二级类目，106 个三级类目。

表 1　内容分析编码框架

主题	定义
身份	内容发布者的身份，如普通公众、企业家、相关从业人员、媒体等
叙事框架	内容叙述的主题角度，如经济框架、伦理框架、政治框架等
技术认知	对 ChatGPT 等人工智能技术的认知，如本质定位、技术特征、价值判断、国际技术对比等
发展态度	对 ChatGPT 等人工智能技术发展的态度，如乐观、悲观、中立等
未来愿景	对 ChatGPT 等人工智能技术发展的未来想象，包括就业想象、社会想象、技术风险想象、伦理想象、民族想象等
行动秩序	对如何应对 ChatGPT 等人工智能技术的建议，如学习拥抱技术发展、抵制技术、监管技术等

（二）预编码与正式编码流程

本研究由两位编码员进行编码。编码前由研究者对两位编码员进行编码表说明及编码培训后，分层抽取 5% 的样本（微博 150 条文本，B 站 14 条视频，小宇宙 2 条长音频），让两位编码员进行独立编码。预编码结束后，利用 SPSS 25.0 进行编码员间信度检测，使用 kappa 系数检验编码员一致性，检验结果为每个细分类目的 kappa 系数均在 0.7 以上，达到编码员信度标准。

正式编码样本为 3,000 条微博文本、274 条 B 站视频（视频共 1,365 分钟，转为文本后约合计 44.3 万字）、30 条小宇宙音频（音频转为文本后合计 72.7 万字），每位编码员随机分配一半样本进行独立编码。

[①] Longhurst, N., & Chilvers, J., Mapping diverse visions of energy transitions: co-producing sociotechnical imaginaries [J]. Sustainability Science, 2019 (4): 973-990.

[②] 高鑫鹏, 李娜. 社会技术想象视域下 ChatGPT 的"媒介神话叙事"——基于微信公众平台的计算机辅助内容分析 [J]. 新闻记者, 2023 (10): 28-44.

[③] 谭小荷. AI 想象的展褶：技术乐观主义与无能主体的共生——以普通人对 Chat GPT 的社会技术想象为中心 [J]. 新闻界, 2023 (11): 52-65, 96.

三、研究发现

(一)生成式人工智能社会技术想象的多元性

生成式人工智能(以下简称生成式AI)技术不仅与国家政策和学术研究有关,与公众的生活也有重要关联,他们的"想象"在一定程度上也能呈现技术的发展特征。[①] 接下来,本文将从社会技术想象的4个分析维度,即认知、态度、未来愿景和行动秩序展开,拆解社会公众对技术的核心认知和关注议题,描绘生成式AI的社会技术想象图景。

1.对技术的多角度理解

想象行动者关于生成式AI的观点往往是碎片化的,将这些观点进行统计分析,可以提取出重叠的主题,描绘他们关于技术的认知。在本研究中,关于技术的认知主要涉及技术的本质定位、特征评价、价值判断、人机对比、国家技术对比等方面(见图1)。

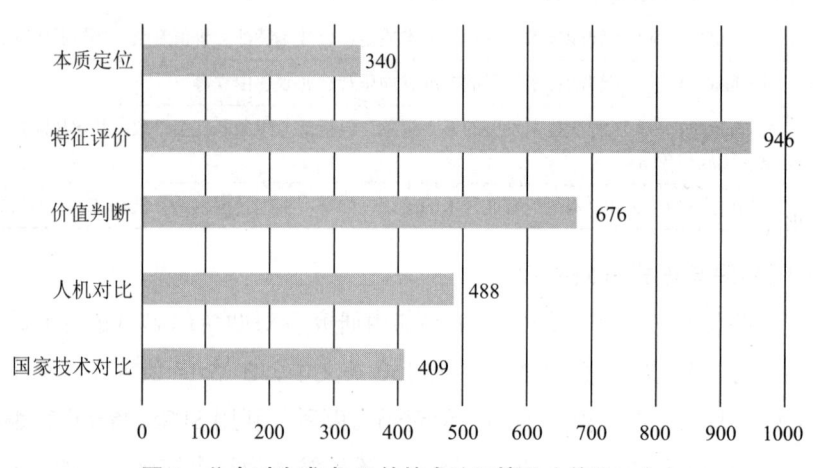

图1 公众对生成式AI的技术认知情况(单位:人)

(1)对技术的本质定位与特征评价

技术定位是行动者认为可以利用技术从事什么工作或如何使用技术的认知和预期,对新技术的认知离不开现实的使用经验。目前,业界将生成式AI产品主要分为两种类型——工具型产品和陪伴型产品,其中工具型产品占大多数。本研究发现在现阶段的技术认知中,想象行动者主要将技术定义为可以用来帮助人们解决实际问题与提高效率的工具,比如,他们认为生成式AI就是"更加智能化的搜索引擎""画图工具""辅

[①] Rommetveit, K., Gunnarsdóttir, K., Jepsen, K. S., Bertilsson, T. M., Verrax, F., & Strand, R., The Technolife project: an experimental approach to new ethical frameworks for emerging science and technology [J]. International Journal of Sustainable Development, 2013 (1-2): 23-45.

助工具"等。虽然以 ChatGPT 为代表的生成式 AI 主要功能是"聊天",虽然有人设想人工智能的落地场景可以是跟人类谈恋爱或作为心理辅导、老人陪伴的情感型存在,但现阶段较少有人将其本质定义为情感对象。与技术定位相呼应,在对生成式 AI 进行角色化比喻中,"助手"则是最常(80%)被提及的形象(见图2)。

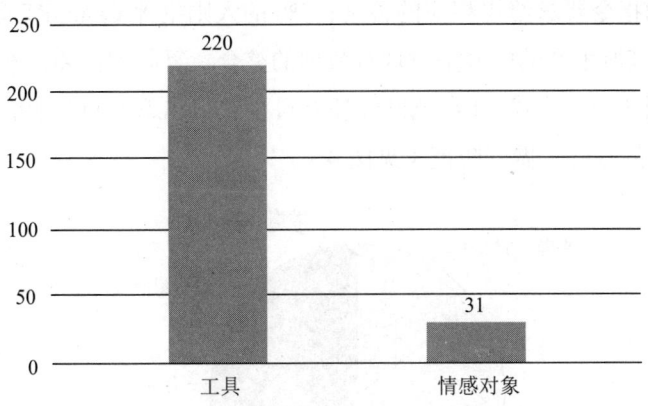

图2　对生成式 AI 技术的本质定位(单位:人)

对生成式 AI 技术的使用效果评价中,大部分人(68%)表达对技术的肯定,少部分人(20%)则因为人工智能无法解决自己的需求而对技术给予否定评价,甚至称之为"人工智障"。另外还有 12% 的人表示中立,即认为生成式 AI 产品的效果无功无过或利弊相当(见图3)。

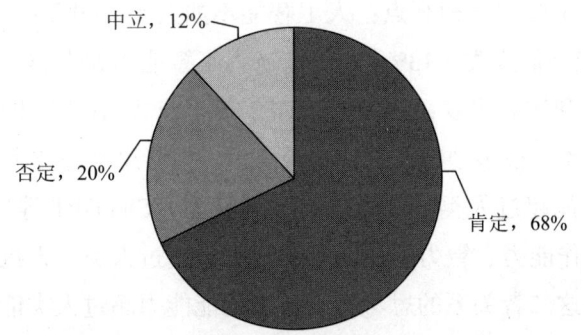

图3　对生成式 AI 技术效果的总体评价

对生成式 AI 技术的特征评价是公众对新技术效果的直观认知。根据数据分析,人们最主要的认知集中在生成式 AI 技术的"效果好坏"上,大部分人(43%)认为生成式 AI 是"效果好",他们用"强大、厉害、好用、聪明、神奇、逻辑清晰"等词来评价 ChatGPT 或其他相关生成式 AI 产品。"进化快速"也是社会对生成式 AI 的普遍认知,自 ChatGPT 问世后,相关大模型技术飞速发展,各类生成式 AI 产品纷纷上线。与之相反,也有少部分声音(15%)认为这项新技术"效果差",理由是相关产品有时会胡乱编造答案、错误频出、无法完成一些简单的学科题目等，其中生成式AI具有"懒惰/欺骗"的特征被提到（8%），甚至有人称其为"人工智障"。

关于生成式AI"是否具有自由意识或情感"也成为有争议性特征的认知，11%的人认为生成式AI是冷冰冰的机器，没有自己的自主意识或者情感，它只是根据人们输入的训练数据和指令要求给出相应的答案；3%的人则批评ChatGPT等生成式AI的本质是"剽窃"，其所生产的内容是对现有数据的整合、复制和抄袭，本身并不具备创造性。10%的人则认为生成式AI可能已经拥有自主意识和思考问题的能力，人类需要警惕技术进化带来的威胁，做好防范（见图4）。

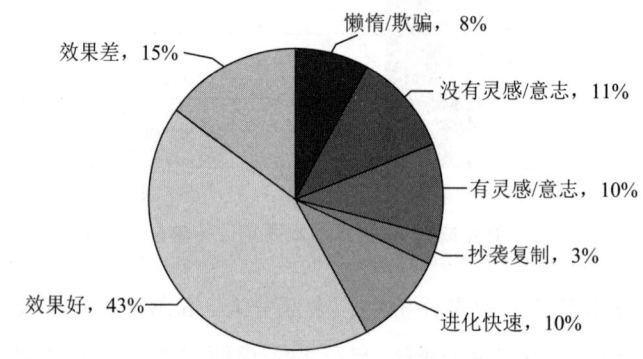

图4　对生成式AI技术特征的评价

人机对比是社会认知新技术能力的重要方式之一。对于当下的人工智能与人类的能力水平对比，主要有三种观点：人工智能不如人类（60%）、人工智能超过人类（27%）和人工智能类似人类（13%）。持有"人工智能不如人类"观点的行动者从当前的技术能力水平和体验出发，认为ChatGPT等生成式AI现阶段还只能帮助我们处理程序性事项，人类有很多独特能力、主观意识、情绪思维是技术无法超越和代替的；相反，持"人工智能超过人类"观点的行动者认为，ChatGPT等生成式AI在对话能力、学习能力、创作能力、智力、效率等方面已经超过人类。人机能力对比反映社会对"技术与人类"这二者关系的思考，当人工智能能力超过人类能力，则存在技术失控、人类被取代甚至毁灭等风险；而如果人工智能能力不如人类能力，则代表着技术在可控范围内，想象行动者能获得掌控感和安全感。在目前的技术发展背景下，大部分人（70%）更倾向于认为生成式AI技术是可控的，人与人工智能之间是和平的"共存"关系，人工智能作为一种技术，对人类起辅助作用。相对的有一小部分人（24%）则认为人工智能和人类之间是"替代"关系，当人工智能的能力超过了人类，为了提高社会的生产力，人工智能就会代替人类完成很多工作（见图5）。

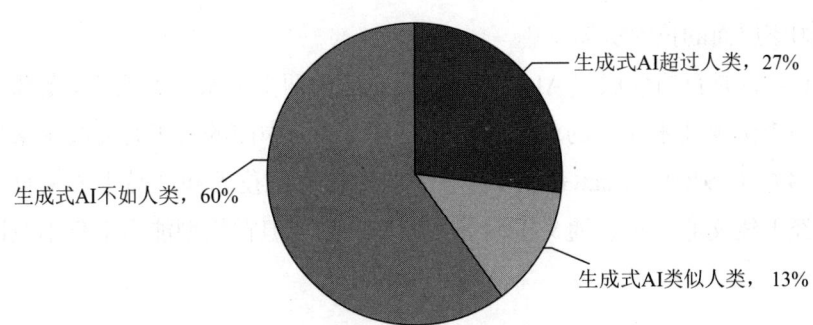

图 5　人工智能与人类的能力水平对比

（2）对新技术的价值判断

"生成式 AI 技术对于人类来说意味着什么？有什么价值意义？"这一问题是个体对技术进行讨论时的重要视角，能够反映生成式 AI 技术在社会发展中的重要性。本研究的数据显示，首先，大部分人（34%）认为生成式 AI 的价值在于"解放人类"，即人工智能可以帮助人类承担部分工作，将人们从不必要的、琐碎的工作中解放出来，从而得以将人力投入具有更高价值的工作。其次，一部分人（30%）认为当前生成式 AI 是"火热风口"，ChatGPT 等生成式 AI 是当下非常火热的话题，因此对于普通公众来说，对生成式 AI 的了解在一定程度上受媒介议程影响，比如"# 比尔盖茨谈 ChatGPT 爆火 # 太火了真的，感觉没有玩过 ChatGPT 的人会被鄙视"（引用自微博数据）；在投资者、企业家、专家眼里，备受关注的生成式 AI 是新的发展风口，给各行各业带来新的变革机遇。作为人们生活、工作或学习的助手，部分（12%）微博平台普通公众也表示 ChatGPT 等生成式 AI 对自己有"不可缺少"的意义。

虽然想象行动者对于生成式 AI 的价值意义有较正面的判断，但也有人（12%）将其与"元宇宙"等概念等同起来，怀疑生成式 AI 技术只是资本为了利益而进行炒作的概念或社会事件（见图 6）。

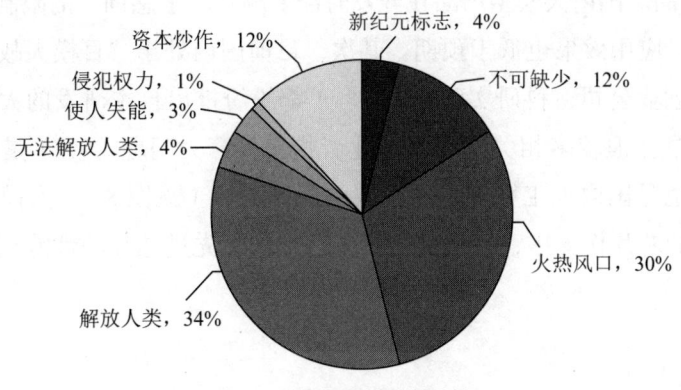

图 6　对新技术的价值判断

（3）国家层面的技术认知

中国和美国是目前生成式 AI 技术发展最迅速的两个国家，因此社会想象不可避免地涉及对两个国家技术能力的对比。整体而言，认为中国的人工智能技术落后于美国的观点占多数（79%），ChatGPT 等行业引领性的模型技术和产品主要来自美国，虽然国内已经上线文心一言、通义千问等大模型产品，但在模型能力上仍不及国外产品（见图 7）。

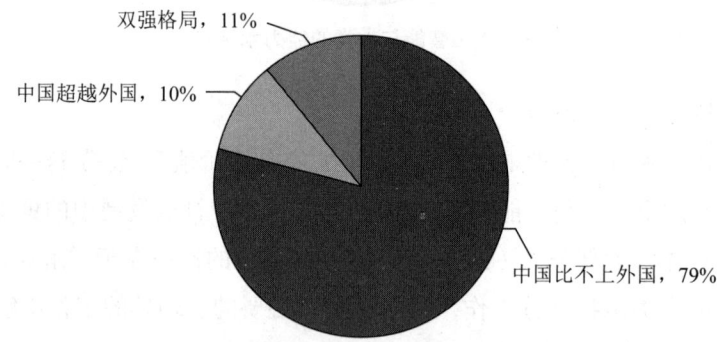

图 7　对中外技术能力的认知

对于中国的生成式 AI 技术，既有公众表示认同和期待，又有公众直接指出当前的问题。有较多人（35%）对中国的生成式 AI 表示较强的技术认同和国家自豪感，认为中国的人工智能很有前景，国内企业和科研团队正在奋起直追，他们共同推动中国人工智能大模型的创新和发展。国内如百度、阿里、华为等公司所研发的大语言模型产品更被认为是国家科技复兴的希望，甚至还有不少人认为中国已经与美国站在同一起跑线，未来有机会赶超美国。

但是，中国 AI 技术在发展过程中存在的问题也不容忽视。首先，被讨论最多的（24%）是目前存在的技术使用限制，大多数普通公众因为政策限制暂时无法使用国外的生成式 AI 产品。国内大模型产品在开发时需要顾及"敏感词"的限制，这加大了模型的训练难度，应用效果也低于预期。其次，目前国内处于"百模大战"的状态，许多知名公司和创业公司、科研实验室（15%）都纷纷推出自主研发的大模型产品，市场竞争十分激烈。但较多相关专家或从业者指出，算力问题（9%）是大模型研发的决定性因素，也是国内人工智能发展受限的原因之一（见图 8）。大模型的研发和训练需要高性能的芯片作支撑，但目前国产芯片与国际先进芯片的性能相比仍存在较大差距。

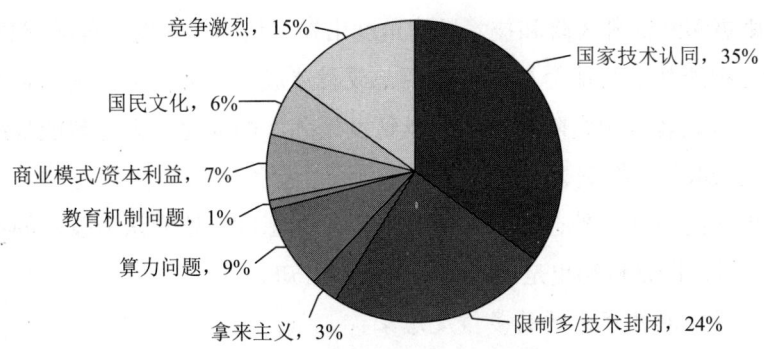

图8 对中国生成式 AI 的技术认知

2.技术态度：乐观主义下的风险想象

对技术的社会情绪和态度是影响技术发展的关键因素，数据显示，目前对于生成式 AI 技术的发展态度中乐观派占多数（62%）（见图9）。

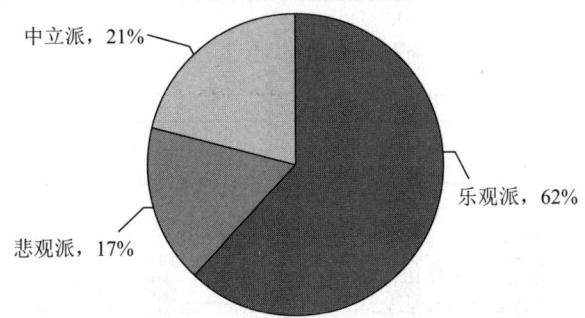

图9 对生成式 AI 技术发展的态度

对技术未来发展的预期不同导致想象行动者对技术持有不同态度，如表2所示。乐观派的观点主要从应用场景广泛、机会多、社会生产力提高和技术解放人类等角度出发，对技术的未来发展拥有较高的信心和期望。

表2 技术态度与核心观点

态度	核心观点
乐观	●应用场景广泛，能够革新产业范式，为个人和企业带来机会 ●提升个人效率和社会生产力 ●技术乌托邦，机器解放人类，人达到更高层面的自我实现
悲观	●AI 失去控制，甚至毁灭人类 ●AI 取代人类，造成大规模失业 ●社会分化，会 AI 的取代不会 AI 的人，社会掌控在少数精英手中 ●技术滥用，隐私数据被泄露，甚至被用于犯罪
中立	●既是挑战也是机遇，拭目以待 ●技术的使用取决于人

悲观派则更多从伦理风险和技术风险角度出发，认为技术发展势必威胁人类生存，一方面，人工智能技术可能会被人类滥用，或者造成更大的技术鸿沟和社会分化；另一方面，不少行动者也担忧随着技术的迅猛发展和不断演化，人工智能最终将会失去控制甚至反过来取代、控制、毁灭人类。

在两种极端的态度之外，还有一部分人持中立态度，他们认为技术的使用取决于人，且技术的发展既是机遇也是挑战，未来尚不可知。

3. 未来愿景：对技术影响的多维度想象

对技术未来发展的态度和后果想象离不开自身的社会经验、利益取向和价值观，对生成式AI技术发展的未来愿景涉及5个方向的想象，其中以伦理想象、科技想象、经济想象3个为主（见图10）。

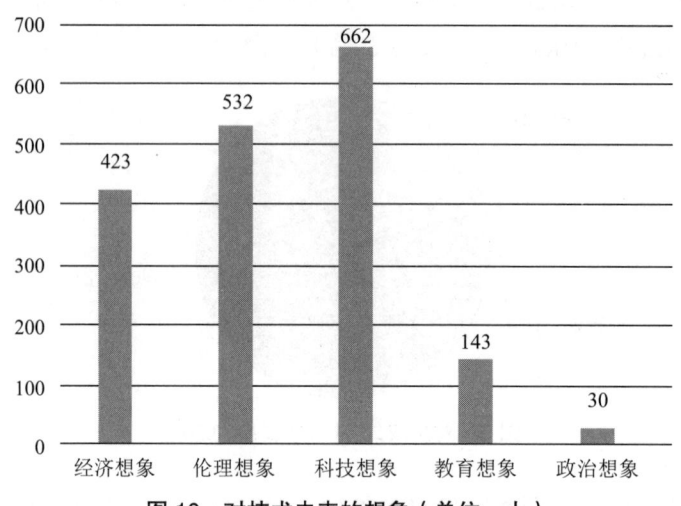

图10 对技术未来的想象（单位：人）

（1）科技想象：技术进步与技术风险

技术是把双刃剑，新技术的演进既可能带来社会进步，也可能带来风险与危害。在生成式AI的社会技术想象中，持技术进步观点的人（65%）多于持技术风险观点的人（35%）。

首先，关于技术进步的想象认为生成式AI的不断发展与进步给我们的生活带来了便利与创新，未来将可能创造一个人机和平共存的新社会，人在生成式AI的辅助下实现更高的自我价值，因此他们对技术可能给未来社会带来的改变充满期望。其次，生成式AI的便捷性和高效性对于个人、企业和社会都有重要作用。对于个人来说，当人工智能技术被运用到生活、工作和学习中，它可以大大提高效率；对于企业和社会来说，在人工智能技术的赋能下，生产成本降低了，整体生产力提高了，这带来更客观的效益。作为一项新技术，生成式AI引起了各行各业的从业者和企业家、专家的关注，他们对于生成式 AI 未来的广泛应用场景展开了联想，比如内容行业、游戏行业、教育行业、金融行业、医疗行业等（见图 11）。继"互联网+"的经济社会发展形态之后，"AI+"成为科学技术进步下推动社会发展的新形态。另外一部分关于技术进步的想象是关于未来的，部分人（10%）认为生成式 AI 技术的演变将会带来新的生命形式，未来社会将是"硅基生命"与"碳基生命"共存的文明形态，或将存在"数字永生"的可能。更有甚者直接将科幻电影中的情节投射到技术想象中，认为"贾维斯""MOSS""未来战士"等会随着生成式 AI 的发展成为现实。

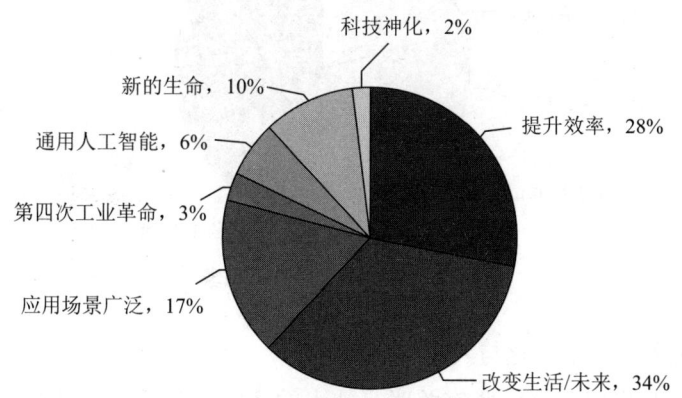

图 11　关于技术进步的想象

相反，关于技术风险主义的想象则从技术的缺陷和弊端着手，分析技术发展可能给个体和社会带来的负面影响。首先，基于当前的技术水平和使用体验，"错误回答"成为想象行动者们最容易预见的技术风险（42%）。以 ChatGPT 为代表的生成式 AI 常被认为是新一代智能搜索引擎和内容生产工具，它参与网络信息收集、加工、合成、生成与传播的全流程，因此对信息质量和信息安全有重要影响。但在训练数据质量不稳定、大模型本身具有的"涌现"能力参差不齐和技术不可解释性等种种因素的作用下，生成式 AI 生成的内容中有一部分虚假信息、错误回答，或者是具有偏见、诱导性的内容，当这部分内容通过网络的传播影响越来越多人的时候，它很可能会对个人意识形态、社会舆论造成危害。这是当前技术存在的缺点，也是技术未来发展会面临和需要严加防范的潜在问题。

其次，部分观点从法律框架出发，讨论技术发展可能带来的法律风险，这部分观点从风险制造者维度可以分为"隐私/数据泄露"（13%）和"用于犯罪"（12%）两类。一方面，风险可能来自技术本身，人工智能大模型训练需要大量的数据，而数据则来源于网络上的各类信息，因此极有可能滥用用户的个人信息，侵犯用户的隐私权；而在输出环节，大模型输出的回答里极有可能包含训练学习的数据，这带来隐私或数据泄露的风险。另一方面，风险可能来自于人类，即人类会滥用技术侵犯他人权利和安全，甚至是进行违法犯罪活动，比如网络诈骗、色情内容制作、网络黑客攻击、不正当竞争等，这给社会稳定带来严重威胁。不可否认，许多人对于生成式AI的知识和使用经验不足，而恐惧和担忧往往来源于未知，因此人工智能技术的未来既充满着想象空间，也充满着不确定（17%）（见图12）。

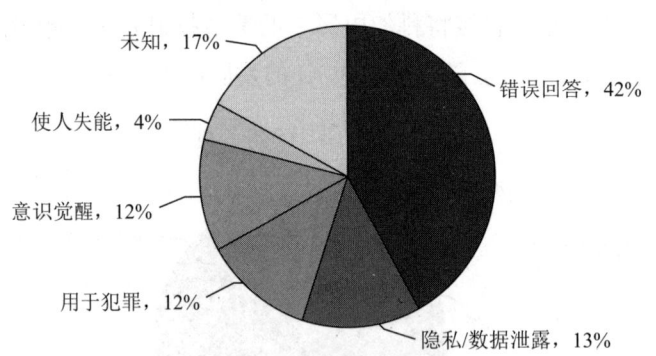

图12　关于技术风险的想象

（2）伦理想象：技术演化与人类生存

人类的生存和发展与技术紧密关联，技术的演化推动着人类社会不断前进，但也促使人类不得不思考自己未来的生存状况。随着生成式AI技术的迅猛发展，"生成式AI是否会取代人类？什么样的人会被生成式AI取代？"成为想象行动者们首要担忧的伦理问题。

根据数据分析结果，认为生成式AI不会取代人类的观点（42%）大于生成式AI会取代人类的观点（28%）。生成式AI具有强大的学习能力、信息处理能力、逻辑能力和内容生成能力等，它可以替代人类完成繁琐、重复性强、规律性强的工作，因此内容写作、客服、数据分析等脑力劳动者都有可能被取代。但反对的观点则认为，人类也拥有人工智能所不具备的能力，比如想象力、创造力、灵性和情感等，这是能够保证人类不被人工智能取代的独立价值。因此，人工智能可以替代一部分人的工作，却无法完全取代人类，生成式AI始终是听命于人类的机器。

除此之外，生成式AI的演进速度过快导致出现很多专业人士都无法解释的技术难题，这使得人们（10%）担心生成式AI继续发展下去会失控，甚至会给人类带来毁灭性的打击（见图13）。"OpenAI内部政变""多名企业家呼吁暂停生成式AI研发""ChatGPT曾回答如何毁灭人类"等话题多次在社交媒体平台引发热烈讨论，其背后是人工智能技术发展带来的人类对自身生存的担忧与恐惧。

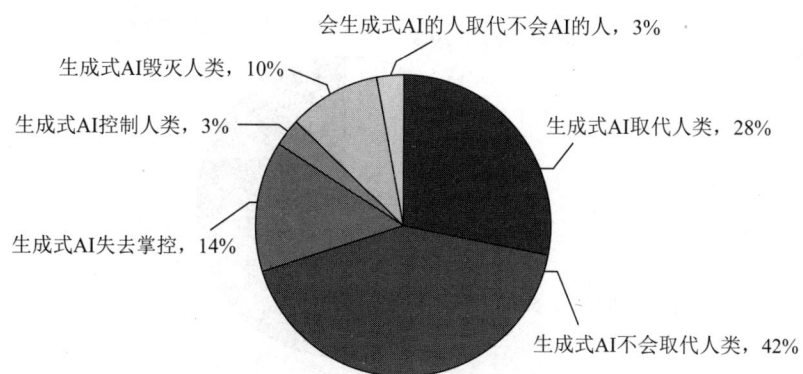

图 13 生成式 AI 对伦理的影响

生成式 AI 的伦理问题一直备受争议，有团队整理 2015 年以来的 146 份讨论人工智能伦理的文件，发现"保护人类、承认人的价值"是我们面对生成式 AI 时代的伦理问题时所形成的主轴思想，即当生成式 AI 的发展损害人类利益时，我们应该审慎对待生成式 AI 的发展，同时人类也不应当借助生成式 AI 的能力相互攻击甚至压迫。[1]2023 年 3 月 30 日，联合国教科文组织针对 ChatGPT 等生成式 AI 产品的应用与讨论，出台《人工智能伦理问题建议书》，将"尊重、保护、促进人权和基本自由以及人的尊严"作为首条原则。[2] 虽然相关的法律政策一直在强调人的主体性，且一直以来人被视为衡量机器价值的尺度，生成式 AI 技术的发展以人类的知识、信息与经验为学习对象，并且在人类的控制下有序、稳定地发展。不可忽视的是，技术的发展反过来也推动人类反思自身的存在，如果人类过度依赖技术，导致自己陷入生成式 AI 技术带来的信息茧房，能力退化，失去人存在的根本的话，人就有可能被技术取代。如何快速适应新技术带来的社会规范变革、保持自身的主体性和独立价值成为智能传播时代人们需要重点思考的议题。

（3）经济想象：行业革新与劳动力结构变动

科技创新是社会经济发展的关键因素，根据内容分析，生成式 AI 的社会技术想象主要集中在行业影响和就业影响两方面。技术进步必然驱动部分行业变革，生成式 AI 技术的创新也对许多行业产生冲击。首先，生成式 AI 技术的引进会革新许多行业（53%）的生产和运作范式，带来新的体验和行业增量，比如内容行业和游戏行业；其次，生成式 AI 技术可能会带来一些"创造性破坏"，即击垮一些传统行业（27%）的同时也可能激发一些新兴行业（20%）（见图 14）。

---

[1] 哔哩哔哩.AI 也能拍视频？！AI 的进化速度远超你的想象！[EB/OL].（2023-10-30）[2024-3-6]. https://www.bilibili.com/video/BV1uB4y1d7DL/?spm_id_from=333.337.search-card.all.click.
[2] 清华大学智能法治研究院.人工智能治理 | 联合国教科文组织《人工智能伦理问题建议书》评述[EB/OL].（2023-04-26）[2024-03-06]. https://mp.weixin.qq.com/s/TsQopQh0ngr7g9hafWWc5Q.

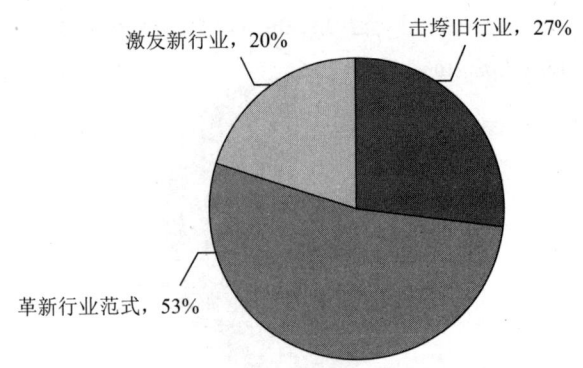

图 14　生成式 AI 对行业革新的影响

相较于宏观的行业发展，微观的岗位存亡与个体的切身利益紧密相连，因此"是否会失业"成为社会公众更为关心的生成式 AI 问题。在劳动力与就业的想象中，整体情绪偏悲观，85% 的人认为生成式 AI 的发展会带来大量失业，而 15% 的人则意识到新技术的发展也将创造新的就业岗位（见图 15）。以前，技术的发展往往会使体力劳动者失去工作岗位，而具有强大学习能力和逻辑能力的生成式 AI 则恰恰相反，在这场技术变革中，作为脑力劳动者的"白领"更有可能被生成式 AI 取代，从而失去工作岗位，比如客服、设计师、数据分析师等，但是对创造力、想象力、共情力需求高的岗位则不容易失业，并且随着生成式 AI 的发展，企业对拥有生成式 AI 知识和相关经验的精英人才的需求会增加。

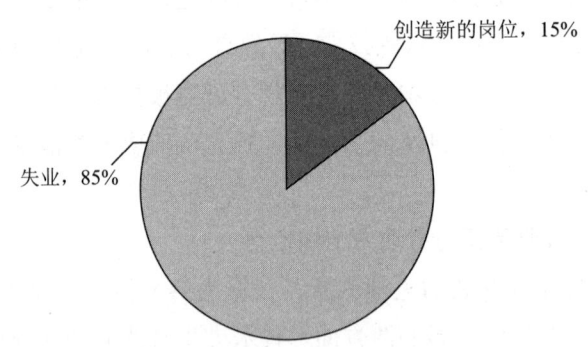

图 15　生成式 AI 对就业的影响

（4）其他想象：教育想象与政治想象

社会公众对生成式 AI 除了从科技、伦理、经济的角度进行较集中的想象，在社交媒体平台的内容也呈现教育想象和政治想象两类较为边缘的技术愿景。学术诚信问题（50%）被认为是生成式 AI 技术可能给教育领域带来的最大问题，因为有不少学生已经在利用生成式 AI 写论文、写作业甚至考试。不正当使用人工智能技术辅助学习或工作，一方面会对教育公平造成严重危害，另一方面也可能导致使用者的学习和思考能力退化（19%）。但从积极的角度出发，正确使用生成式 AI 技术也可以给教育行业带来许多变革（31%），比如辅助教师更好地开展个性化教育、拓宽学生的课堂体验、给予更多人学习机会等，从而提高教育质量（见图 16）。

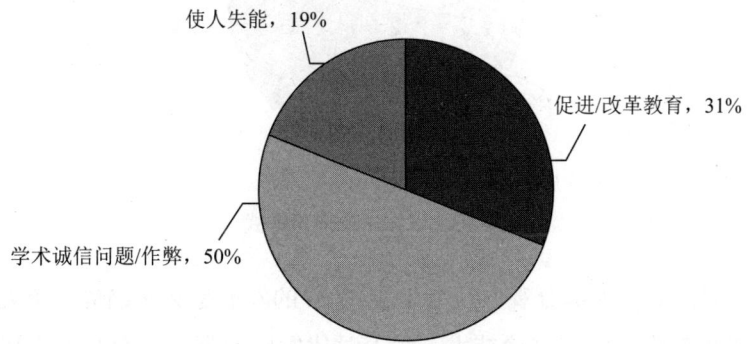

图 16　生成式 AI 对教育的影响

在政治方面的想象则主要是把生成式 AI 技术和军事战争联系在一起（48%），比如生成式 AI 与核武器、军用无人机等结合，可以提升作战的准确性与杀伤力，或者"可能大幅度提升中国军事情报监视网络能力"。另外，也有人（35%）围绕中国与美国的技术竞争展开想象，比如生成式 AI 会引发新一轮的中美科技战（见图 17）。

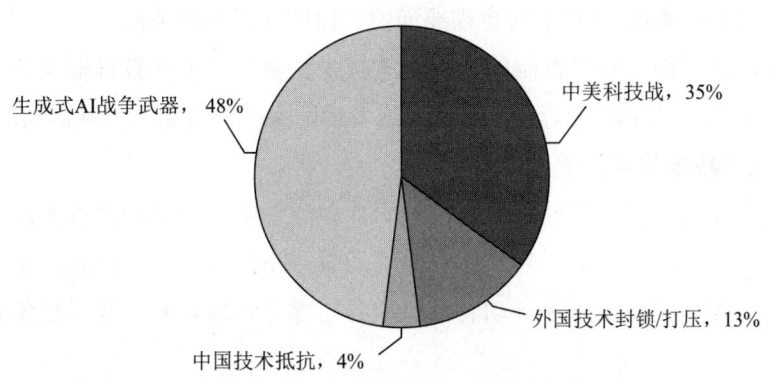

图 17　生成式 AI 对政治的影响

4. 行动期许：新技术的应对之道

社会技术想象中的应对倡议是对技术未来发展的民间态度和规范，生成式 AI 的技术行动期许可以分为拥抱学习（50%）、监督管理（28%）、谨慎使用（12%）和抵制禁用（10%）4 类（见图 18）。

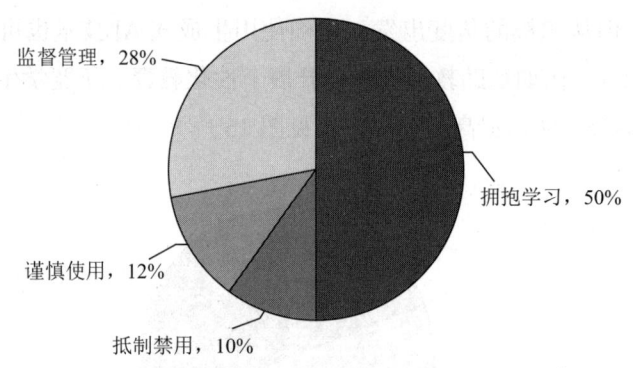

图18 对技术的应对方式

在拥抱学习层面,大部分观点认为生成式AI的发展是必然趋势,个人和企业、社会都应该积极地拥抱、学习这项技术,跟上时代发展的脚步,面对人工智能技术可能"取代"人类的风险,个人也应当保持不断学习,挖掘和发展自身的独特价值。

在监督管理层面,一部分人认为在技术发展过程中存在很多法律和伦理风险,呼吁有关部门和社会落实与技术相关的法律政策,保证技术在可控范围内有序、健康地发展,并借助它创造更多的机会,而不是任由其抢夺人类的生存空间。

在谨慎使用层面,除了社会和国家层面的监管,为了预防各种风险和技术问题,个人在使用相关生成式AI产品时也需要谨慎,保护好个人的利益。

在抵制禁用层面,坚决抵制的应对观念较少,主要发生在教育框架下,认为高校应该禁止学生使用ChatGPT等产品写论文或者辅助考试,避免学术诚信问题。

(二)社会技术想象的差异性

身份是个体在社会上所处的位置,不同社会位置所获得的社会资源以及塑造的价值观和利益取向不同,这会影响个体对事物的看待角度和观点。因此,本研究将通过分析不同社交媒体平台的想象行动者身份差异与媒介环境差异,探讨想象差异性背后的原因。

1. 想象行动者身份分布的差异性

数据分析发现,3个平台参与生成式AI社会技术想象的行动者身份存在较大差异。微博内容生产的门槛低,因而用户具有多元化、大众化、草根化的特点。因此在生成式AI的社会技术想象中,来自微博平台的行动者主要以普通公众为主(69%)。B站的生成式AI社会技术想象行动者则以更为年轻的普通公众(48%)和自媒体创作者(36%)为主。相较于微博随时随地可以发布内容的简化和碎片化特性,B站视频的内容制作具有一定门槛。在互联网时代,B站生动的视频传播形式让"科学科普"这一命题获得了新的生机,越来越多自媒体人创作出高质量的科普视频,随着平台用户的增长与科学知识的传播,科技区也涌现越来越多的公众声音。在小宇宙平台上,社科人文、财经、科技/互联网等知识型内容更受用户喜爱，相比其他平台，小宇宙平台的创作者具有更高的专业知识水平。从内容分析的数据可以看出，小宇宙平台的生成式AI社会技术想象主要来自学者/专家（50%）和生成式AI相关从业者（23%）、企业家或投资者（18%）（见图19）。

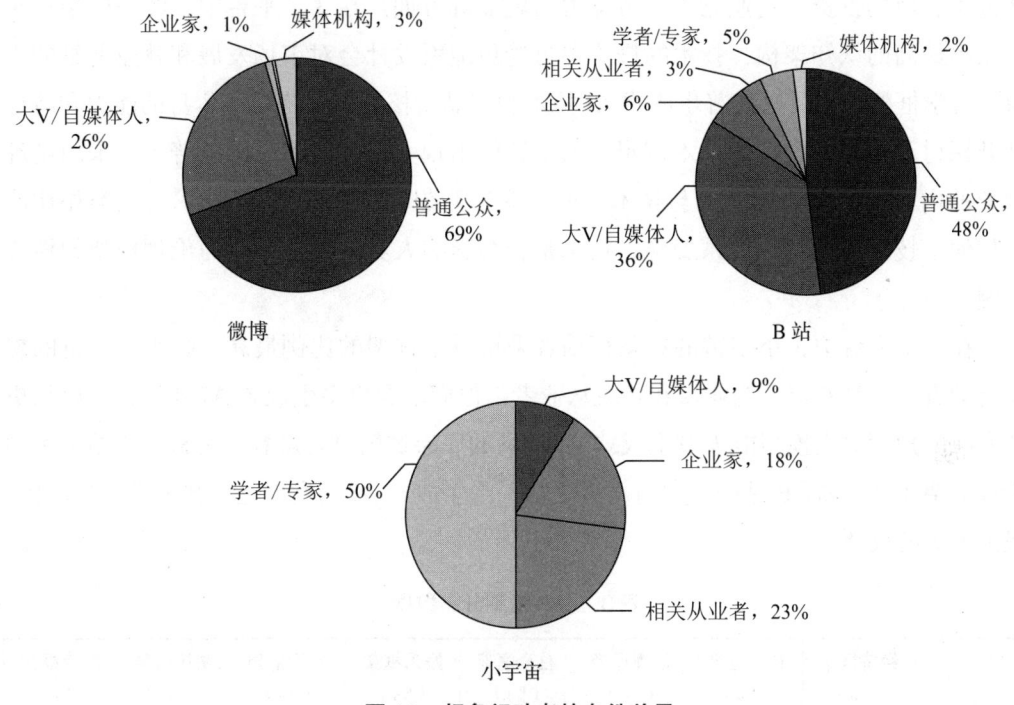

图19　想象行动者的身份差异

2.叙事框架差异性

个体对技术的看法和态度受到社会文化环境、个人能力和利益取向等影响，社会学者戈夫曼（1974）在《框架分析》一书中提出，框架是人们认识和解释生活经验的心理原则和认知结构，它可以帮助人们"定位、感知、确定和命名看似无穷多的具体事实"①。经过对框架定义的梳理和共性总结，孙彩芹将框架定义为，"一种认知、呈现事物的架构，经过对事物的选择和加工，凸显特定内涵，表达某种思想，而这些思想又反映了特定的文化价值。"② 在传播学领域，框架分析经常被用于传播内容研究。

本研究通过分析技术想象内容的框架，以便更清晰地界定个体如何认知和诠释生成式AI技术。前期的类目编码通过定性分析将内容叙事框架归纳为经济框架、法律框架、伦理框架、政治框架、科学框架、教育框架、医疗框架、娱乐框架8类，在编码

---

① 戈夫曼.框架分析：经验组织论[M].杨馨，姚文苑，南塬飞雪译.北京：北京大学出版社，2023.
② 孙彩芹.框架理论发展35年文献综述——兼述内地框架理论发展11年的问题和建议[J].国际新闻界，2010（09）：18-24，62.

中不排除同一个内容样本出现在多个框架中。

研究数据显示,在能够判断叙事框架的内容中,经济框架(33%)、科学框架(24%)、伦理框架(20%)是技术想象中最常使用的叙事框架(见表3)。经济框架指的是行动者从经济角度讨论和诠释生成式AI技术,包括但不限于探讨产业发展、创新进步、市场投资、企业竞争、劳动力与就业等方面。在3个平台中,经济框架都是使用率最高的认知架构,技术的进步不可避免地引发社会对市场发展和就业前景的想象。科学框架则主要以科普生成式AI技术和产品为核心,围绕技术本身的能力和特征展开探讨,比如大模型的技术逻辑、人工智能出现"幻觉"的原因科普等。采用伦理框架的内容主要围绕着"人与技术"的关系展开想象,生成式AI技术与人类相比能力如何、技术与人类的关系怎样、技术是否会影响人类的生存等成为伦理框架的核心议题。

在3个平台中,小宇宙的想象行动者采用科学框架的比例最高,因为小宇宙的想象行动者主要是专家、企业家和相关从业者,他们掌握更多生成式AI知识,可以从更加专业的角度对大模型能力或生成式AI产品的底层逻辑进行解释。另外,B站采用的伦理框架比例更高,B站的想象行动者更加关注生成式AI的发展是增强人类还是取代/毁灭人类的议题。

表3 叙事框架分布数据

	经济框架(%)	科学框架(%)	伦理框架(%)	教育框架(%)	娱乐框架(%)	政治框架(%)	法律框架(%)	医疗框架(%)
总数据	33	24	20	9	7	3	3	1
微博	33	24	19	10	8	3	2	0
B站	32	20	28	5	2	4	5	4
小宇宙	32	27	17	5	7	5	7	2

3.技术发展态度差异性:"精英阶级"的乐观与"无用阶级"的担忧

在技术的发展态度上,3个平台用户都是以乐观态度为主。小宇宙平台用户对生成式AI技术的发展前景最为乐观(86%),而微博和B站的行动者具有较强的草根性和大众化,B站平台的悲观派(20%)和中立派(35%)均是3个平台中最多的,微博其次(见图20)。

在对生成式AI技术未来的发展想象中,小宇宙平台关于生成式AI技术的未来愿景更多集中在技术进步方面,对生成式AI技术的能力积极肯定,认为生成式AI会给个人、企业和社会带来大量的发展机会。微博、B站在生成式AI的伦理想象、技术风险、就业方面的讨论更多,对生成式AI发展将带来的挑战和风险更加关注(见表4)。

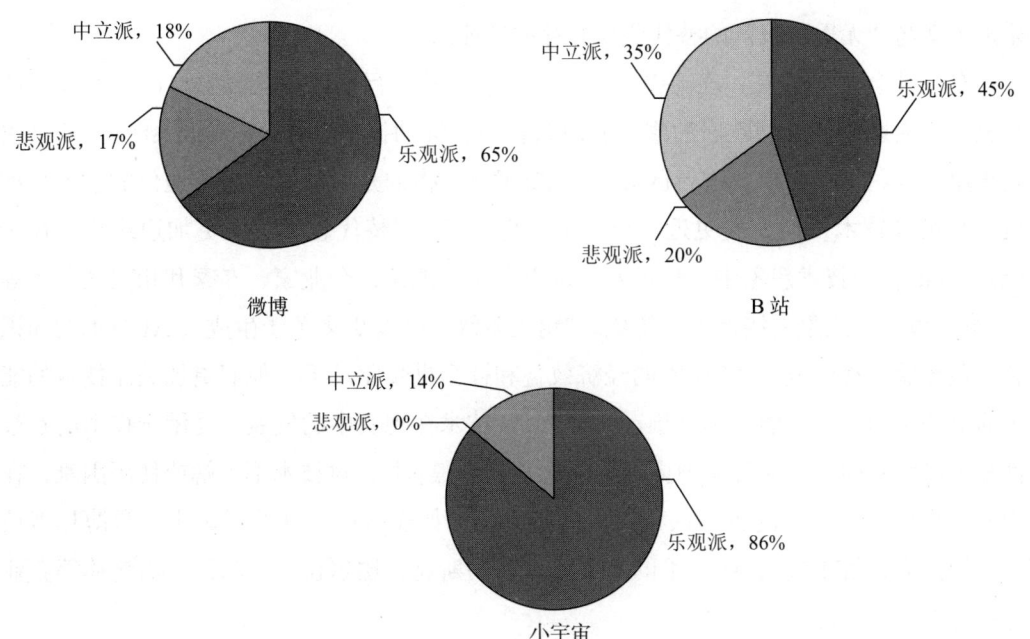

图 20　不同想象行动者对技术发展态度的差异

表 4　技术未来愿景分布情况

	经济想象		科学想象		伦理想象（%）	教育想象（%）	政治想象（%）
	行业想象（%）	就业想象（%）	技术进步（%）	技术风险（%）			
微博	7	17	21	12	34	9	1
B站	10	15	30	17	22	4	3
小宇宙	14	9	37	10	22	2	5

社会技术想象本质上是行动者身份、认知、价值观和利益取向的投射，行动者将社会身份和立场内嵌于对新技术的叙事。小宇宙平台的想象行动者以专家、相关从业者和企业家等精英阶层为主，生成式 AI 的发展与他们的工作内容和经济收益息息相关，新技术的出现可以给他们带来更多的发展空间。因此小宇宙的想象行动者更加关注新技术会给行业以及社会带来的进步和应用机会，对新技术寄予更高的期待。相较之下，微博和 B 站的行动者身份主要是普通公众和自媒体创作者，生成式 AI 技术与其工作或生活的相关性并不大，虽然可以为其带来一定的便利和效率提升，但也给他们带来了失业的风险。尤其是生成式 AI 技术掀起的 AIGC 浪潮给以内容创作为工作核心的自媒体人带来较强的职业危机感。可见，生成式 AI 技术的发展进一步将脑力劳动者划分为"精英阶级"和"无用阶级"，在整体的社交媒体平台中则呈现"精英阶级"的

乐观主义与"无用阶级"的替代焦虑并存的特征。

在"社会技术想象"理论中,一些行动者比其他行动者更能投射自己对于技术的想象,从而影响他人和政府的想象和决策行为,推动技术发展。Longhurst等人对"主要想象"和"替代想象"进行区分,"主要想象"指的是对技术占主导地位的想象,离技术政策和技术发展方向更近,更"中心化",而"替代想象"则更加边缘化。在生成式AI的社会技术想象中,技术发展观点占主导地位,企业家、专家和相关从业者等"精英阶级"的想象更接近主要想象。"精英阶级"拥有更多关于生成式AI技术的知识和实践经验,在生成式AI技术的经济效益和社会进步驱动下,他们更加关注技术的能力演进和落地应用,能够不断推动生成式AI技术在现实中的发展。受困于技术的复杂性和不可解释性,普通公众则更容易陷入"技术黑箱",对技术不了解或使用困难,在想象过程中受到媒介内容和议程设置的影响,比如在普通公众的讨论中,微博热搜话题成为公众了解生成式AI技术的重要入口,马斯克、比尔盖茨、马云、周鸿祎等企业家的观点经常被讨论与引用。

三、结论与讨论

首先,生成式AI与其他新技术突破一样,面临着技术发展的核心争论:进步主义与威胁主义的二元对立。纵观人类社会发展史,每一次新技术的突破与演进都为社会带来"创造性破坏",它一方面推动社会文明和社会生产力的进步,另一方面也冲击着现有的社会秩序和人类生存规范,因此对于技术的想象常常也存在"进步主义"与"威胁主义"的二元对立观点,其核心差异在于对技术能力、目的与后果的认知。在生成式AI的社会技术想象中,技术进步主义者呈现乌托邦式的美好理想愿景,技术能力可控且向善,在高度发达的技术生产力的支持和推动下,生成式AI技术将促进人类解放,给人类社会形态和数字文明带来积极变革。相反,技术威胁主义者则将人类与技术视为对立关系,技术向"恶"。在能力方面,技术本身无论能力优劣都将对人类带来不利影响,当人工智能技术能力超过人类,它可能会逃离人类的掌控甚至反过来伤害人类;当技术能力不够完善,它可能对人类的产出成果、价值观引导等都带来不利影响。在目的方面,"威胁论"认为人类对技术的滥用以及技术本身的意识觉醒和控制欲望同样将使人类陷入危机。恐惧往往来源于未知,对技术风险和威胁的感知背后是人对技术将给社会带来影响的不确定性的焦虑。

在"进步论"和"威胁论"的观点中不难看到较浓的技术决定论色彩,即二者都将技术变革视为社会变革最重要的决定因素。但不可忽视的是,在"进步论"和"威胁论"的二元对立中还存在着"技术中立"的观点。该观点认为技术是没有意识和价值观的,技术的善恶取决于人类的价值观与使用方式,技术的意义是由人赋予的。这一观点与技术的社会建构论相契合,即技术是社会意识形态的产物。

其次,人们也意识到人与技术的互动模式与关系正在发生变革,人需要重新思考自己的角色与价值。在本研究中,人机关系想象主要可以分为"协同关系""替代关系"和"反控制关系"三类。在"协同关系"的技术想象中,技术作为增强人类的工具存在,辅助人类完成工作、学习和生活任务。在这个关系模式下,人工智能无法成为与人类对等的伦理主体,人对技术具有主导性和支配性,人是人机关系的伦理准则规定者,人类的价值判断引导机器的价值判断,技术为人类社会的福祉工作。① "替代关系"想象指出当人类将越来越多的工作交给人工智能,随着技术的迭代发展,生成式 AI 技术将取代人类的工作,人类将在依赖技术的过程中丧失能力与独特价值。更进一步,当人工智能在与人类的交互中不断学习人类的思维模式和情感模式,演化出自我意识和主体性时,它就会脱离人类的掌控,并且通过媒介环境的包裹驯化、控制人类,形成人与技术的"反控制关系"。

生成式 AI 技术不断朝着智能化、自动化方向发展是大势所趋,这为个人、社会都带来了突破性变革机遇。人类在认知、展望技术的同时,更应该充分认识人在技术发展与应用中的主体性,好好思考如何发展人与技术、技术与社会的关系,使技术在人类的掌控下"向善"发展。

作者简介:

周懿瑾,中山大学新闻传播学院副教授,公共传播学系主任;陈菁菁,中山大学新闻传播学院硕士研究生。

---

① 彭兰. 智媒趋势下内容生产中的人机关系[J]. 上海交通大学学报(哲学社会科学版),2020(01):31-40.

第五部分
研究述评

2023年全球新闻业研究趋势

郭 靖 方可成

摘 要：基于2023年全球新闻传播学顶级期刊发表的新闻学研究论文，本章从"用户侧"与"供给侧"两个方面，以信息技术的更迭、人工智能的崛起、数字平台的发展为背景，探讨新闻从业者和受众遇到的挑战和转型。一方面，新闻业的发展是在与技术平台的"对话"和"角力"中不断进行的。顺应平台逻辑的内容生产在一定程度上降低了内容质量、公众信任度，也带来了过度扩张的信息流和新闻回避等问题。另一方面，新闻机构和新闻人也在其中积极寻求动态平衡，利用技术创新新闻形式，同时把控内容质量，维护独立自主性，试图寻求数字时代的新闻价值策略。

关键词：人工智能　新闻信任　新闻回避　平台霸权　新闻生产　新闻消费

2023年，全球经济增速放缓、通胀高企、地缘政治风险加剧；在整体经济形势不容乐观的大背景下，新闻媒体行业面临严峻的挑战。一方面，在后疫情时代，健康危机带来的不确定性仍在全球范围持续，假新闻蔓延导致新闻信任度下滑，公众渴望真相，却又对"爆炸式"的信息流避之不及；另一方面，信息技术的变革，特别是人工智能的崛起，也在倒逼新闻媒体改变思维、调整战略。

当前，全球各地的新闻媒体都在试图探索应用AI的最佳策略。无论是算法智能推荐系统，还是生成式AI，新技术在为新闻从业者赋能的同时，也带来了新的挑战和责任。面对AI技术的黑盒，新闻生产者也在寻求避免陷入"幻觉"和虚假新闻陷阱的对策。此外，在平台的霸权之下，内容生产需同时权衡受众、订阅者、广告商、品牌合作伙伴等多个面向的需求，并且推动新闻生产，坚守专业主义和新闻价值。机构和个人会作出怎样的应对？

为寻求以上问题的可能答案，本文梳理了2023年度在 Journalism、Journalism Studies、Digital Journalism 三大新闻学顶级期刊发表的、获得较高引用量的论文，在 Journal of Communication、Communication Research、Political Communication 和 New Media & Society 等传播学顶级期刊上发表的新闻学相关论文，以及部分重要著作，从受众、技术、平台、新闻人这几条线索切入，回顾相关研究。

一、读新闻的人：从信任到回避

随着智能传播不断渗入社会，过量的新闻供给也给受众带来认知负荷、负面情绪等不良影响。网络新闻的质量参差不齐，公信力的下滑等因素使得逃避新闻的人数不断上升。新闻回避（News Avoidance）虽然是用户在消费新闻时能动性和选择性的体现，但也会带来一系列负面影响，如导致公众对公共事务的认知下降、政治参与的意愿降低等。新闻回避是当下受到全球新闻学界关注的重要议题。

根据牛津大学路透新闻研究所 2017 年的调查，全球 29% 的受访者表示会回避新闻。[①] 到 2022 年，已经有 38% 的受访者表示，他们有时或经常回避新闻。其中最常见的原因是，他们接收了太多关于政治和新冠疫情的资讯。[②] 诚然，信息过载是引发新闻回避行为的重要原因之一，但有哪些其他因素推动了用户的新闻回避？在数字化时代，面对多元信息流，我们如何深入理解新闻回避？2023 年发表的新闻业研究文章中学者们探讨了新闻回避的概念、分类、形成原因和影响，并尝试提出建议。

（一）假新闻、信息过载和新闻回避

新冠疫情大流行期间，全球民众都接触大量与新冠疫情相关的信息，这可以让公众更好地了解议题，并作出更负责任的决定和防护措施。然而，疫情逐渐淡出视野之后，全球范围内都出现新闻读者数量的持续下降，其中一个原因就在于越来越多的人选择主动回避新闻。

Tandoc 等学者在一项基于新加坡民众的研究中发现，新闻回避其实与新闻的负面内容、受众的日常担忧无显著关联，信息过载是主要因素。[③] 当前，新闻媒体不仅需要相互竞争来吸引受众的注意力，还需要与社交媒体平台、自媒体竞争，这就造成了信息过剩的问题。追踪调查发现，"信息过载"作为一种用户的感知，与用户的新闻疲劳（News Fatigue）以及信息分析困难（Analysis Paralysis）有关，二者共同引发了新闻回避。这项研究并没有止步于研究新闻回避产生的原因。它还发现，新闻回避作为一种对新闻的"不消费"行为，会令人们更容易被虚假新冠疫情信息所误导。不过，这一影响只存在于那些经常浏览虚假信息的用户中。换言之，如果受众难以避免接触虚假信息，他们的新闻回避行为很容易带来认知层面的负面效果。这项研究进一步支持了新闻阅读对于社会健康发展的重要性。在虚假信息流行的时代，新闻回避将进一步削

---

① Newman N., Fletcher R., Kalogeropoulos A., Levy D., & Nielsen R. K. Reuters Institute Digital News Report 2017［EB/OL］.（2017-06-21）［2024-06-01］. https://www.digitalnewsreport.org/survey/2017/.
② Newman N., Fletcher R., Roberson C. T., Eddy K., & Nielsen R.K. Reuters Institute Digital News Report 2022［EB/OL］.（2022-06-15）［2024-06-01］. https://reutersinstitute.politics.ox.ac.uk/digital-news-report/2022.
③ Tandor JR, E. C., & KIM, H. K. Avoiding real news, believing in fake news? Investigating pathways from information overload to misbelief［J］. Journalism, 2023（6）：1174-1192.

弱个人在参与社会和政治进程中的积极作用。

信息过载之外，另一项基于瑞典的研究关注社会文化资本对新闻回避的影响。① 在该研究中，Lindell等人发现，社会地位较低（即缺乏文化和经济资本）的人更有可能回避网络新闻。尽管文化和经济资本的缺乏都能正向预测整体新闻回避水平，但有趣的是，缺乏文化资本会让公众错过优质的网络新闻，而不会回避娱乐性内容。与之不同的是，缺乏经济资本却会带来对娱乐性内容的回避。这项研究从文化和经济资本两个层面揭示了社会不平等的多面性。研究者提出，对新闻回避影响因素的探索要将社会不平等纳入研究框架，同时要区分新闻的类别、发布渠道、题材等。

Goyanes等人进一步将政治兴趣、新闻信任、"新闻找到我"认知（News Finds me Perception）等变量纳入新闻回避影响因素的研究框架。② 这项研究基于对美国民众的3次调查，发现政治兴趣和新闻信任均与新闻回避呈负相关。也就是说，那些政治兴趣浓厚、对新闻媒体信任度高的公众并不太可能与新闻"断联"。相反，觉得"新闻总会找到我"的人，更易于回避新闻，因为"新闻找到我"认知反映受众较为被动的新闻使用动机。他们并不否认新闻接触的重要性，但认为信息的获取不需要发挥主观能动性。

值得注意的是，上述研究中"新闻回避"的概念较为宽泛。如何定义"新闻回避"在学界一直颇具争议，而不同的定义也会带来不同的研究结果，比如对新闻回避的预测和解释。对此，Palmer等人使用混合研究方法，结合路透新闻研究所在46个国家或地区的二手调查数据，以及对英国、美国、西班牙的108位新闻回避者的访谈，对新闻回避的概念化和操作化进行了深入阐释。③

通常，新闻回避被理解为"低新闻消费"（Low News Consumption）。然而，有些回避并不会影响受众整体的新闻消费频率，这也被称为"选择性新闻回避"（Selective News Avoidance）。受众有时回避某类新闻，但他们新闻使用的水平并没有降低，反而能够剔除不良资讯，更有效地参与公民社会。与之相反的则是较为极端的另一种回避行为，即不加选择地对所有新闻的一致回避（Consistent News Avoidance）或干脆"不使用"（Non-use）。

---

① Lindell, J., & Mikkelsen Bage E. Disconnecting from digital news: News avoidance and the ignored role of social class[J]. Journalism, 2023（9）: 1980-1997.

② GOYANES, M., ARDÈVOL-ABREU, A., & GIL DE ZÚÑIGA, H. Antecedents of news avoidance: competing effects of political interest, news overload, trust in news media, and "news finds me" perception[J]. Digital Journalism, 2023（1）: 1-18.

③ PALMER, R., TOFF, B., & NIELSEN, R. K. Examining assumptions around how news avoidance gets defined: The importance of overall news consumption, intention, and structural inequalities[J]. Journalism Studies, 2023（6）: 697-714.

Palmer 等人的研究还从动机角度探索了新闻回避的不同维度，包括"有意新闻回避"（Intentional News Avoidance）、"无意新闻回避"（Unintentional News Avoidance）和"不使用新闻"（News Non-use）。概念上，"有意新闻回避"受对某类新闻的"不喜爱"或"厌烦"所驱使，而"无意新闻回避"的动机则是出于对其他信息资讯的偏好。而该研究认为，根据动机对新闻回避者进行分类并不能很好地解释"低新闻消费"，因为"有意"和"无意"之间存在一个灰色地带，大多数用户的新闻消费都在这个模糊的区间。论文的作者们提倡，从更广阔的社会、文化层面来理解"新闻回避"，更深入了解那些很少阅读新闻的人如何看待新闻及如何看待自己与新闻的关系。

（二）媒介信任的迷失和重建

下滑的媒介公信力是新闻回避日益增长的一大原因，这也驱使更多学者持续关注"媒介信任"这一研究议题，并赋予其数字时代的新内涵。"信任"的真正含义是什么？根据 Robinson 在 *How Journalists Engage* 一书中的阐释，"信任"的对象可以是人，也可以是事物，它通常来自其可信度、准确性和真实性。[①] 关注商议式民主的学者们普遍认为，信任是人们进行对话的基础，它令人们互相尊重，彼此公开，乐于改变，真诚辩论等。在我们审视媒介信任时，往往谈论的不仅是对个人的信任，也是对机构的信任。这要求受众既要在组织层面信任新闻机构、品牌，也要在个人层面信任新闻记者。这种信任一方面来自"认知"（Cognitive Elements），这是从逻辑上对其可靠性和可信度的判断；另一方面则来自情感（Affective Elements），这是受众的一种情绪、依赖和直觉。

"媒介信任"为何值得关注？ Jacobsson 和 Stiernstedt 通过对以往文献的综述，总结了以下原因。[②] 首先，信任对于一个行业至关重要。其次，新闻信任对公民知情权、公民参政能力的培养具有显著的积极作用。此外，媒介信任与其他形式的（社会）信任具有高度的相关性。不过，他们同时指出，以上观点都缺乏令人信服的论据来支撑。他们质疑，为什么当下媒介信任的下滑被合理地描述为全球危机？

针对这个问题，也有学者根据当下新闻业的情况和实证数据进行了回应。研究发现，社交媒体的兴起虽然吸引了一大批传统媒体的新闻用户，但与传统新闻网站相比，公众对社交媒体新闻的信任度并不高。而长期分享和阅读社交媒体新闻会令这种信任感持续下降。[③] 一项基于瑞典民众的四期追踪调查发现，如今越来越多的受众不再偏

[①] ROBINSON, S. How journalists engage: A theory of trust building, identities, and care [M]. Oxford: Oxford University Press, 2023.

[②] JAKOBSSON, P., & STIERNSTEDT, F. Trust and the Media: Arguments for the (Irr) elevance of a Concept [J]. Journalism Studies, 2023（4）: 479-495.

[③] KARLSEN, R., & AALBERG, T. Social media and trust in news: An experimental study of the effect of Facebook on news story credibility [J]. Digital Journalism, 2023（1）: 144-160.

好主流媒体，而是根据自己的社会身份和意识形态来选择一些小众媒体进行新闻阅读。虽然这种新兴的新闻消费方式没有完全替代对主流媒体的使用，但却会加剧受众对传统媒体的失信现象，并以此循环，导致主流媒体的可信度和使用率不断下跌。① 相较而言，更贴近自己身份认同的社区新闻会获取更高的可信度，因此有学者提议可以更多创建地方性的、参与性的新闻媒体，增强用户订阅量、信任度和黏性。②

除了社交媒体和数字新闻的兴起给媒介信任带来挑战，世界格局的变化也会给媒介信任带来不小的影响。例如，新冠肺炎疫情的突然爆发令民众渴望获取信息，也令新闻业不断陷入信任危机。Adam 等人在瑞士做了一项自然实验，发现新冠肺炎的流行让瑞士国内大部分类型的媒介信任度都有所下降，只有公众广播还维持着公信力。与美国语境不同的是，在瑞士，公共广播的信任度不受党派性的影响，它也因此成为健康危机下能及时为民众提供重要信息的可靠途径。③ 有趣的是，Knudsen 等人发现，新冠疫情流行以来挪威的媒介信任在逐步提升。④ 不过，我们不应断言以上两个研究的结论相悖。因为从个人层面而言，媒介信任会受到其教育水平、政治信任度、党派属性、媒介重要性感知等因素的调节。在疫情大背景下，媒介信任也与个人的健康状况、风险感知程度、焦虑水平高度相关。

纵然媒介信任在"信息流行病"盛行的"后疫情时代"遭遇了不小的挑战，但以上研究结论并非完全悲观。媒介信任的影响因素众多，新闻业也因此具有很多重建信任的机会。正如 Nelson 和 Lewis 通过一项访谈研究所揭示的，人们对待新闻的态度其实不单取决于新闻本身是否可靠，也在很大程度上源自他们的自我认知和党派偏见。⑤ 媒介信任的建立是相互的，这一方面要看媒体给受众带来了什么样的资讯，另一方面也要看受众能给新闻业的发展营造怎样的氛围。

二、狂飙的信息技术：赋能与挑战

在政治经济不确定性因素和科技急速发展的挟持下，新闻业迎来了关键转型时期。

---

① ANDERSEN, K., SHEHATA, A., & ANDERSSON, D. Alternative news orientation and trust in mainstream media: A longitudinal audience perspective [J]. Digital Journalism, 2023（5）: 833-852.

② STROUD, N. J., & VAN DUYN, E. Curbing the decline of local news by building relationships with the audience [J]. Journal of Communication, 2023（5）: 452-462.

③ ADAM, S., URMAN, A., ARLT, D., GIL-LOPEZ, T., MAKSHORTYKH, M., & MAIER, M. Media trust and the COVID-19 pandemic: an analysis of short-term trust changes, their ideological drivers and consequences in Switzerland [J]. Communication Research, 2023（2）: 205-229.

④ KNUDSEN, E., NORDØ, Å. D., & IVERSEN, M. H. How rally-round-the-flag effects shape trust in the news media: evidence from panel waves before and during the covid-19 pandemic crisis [J]. Political Communication, 2023（2）: 201-221.

⑤ NELSON, J. L., & LEWIS, S. C. Only "sheep" trust journalists? How citizens' self-perceptions shape their approach to news [J]. New Media & Society, 2023（7）: 1522-1541.

人工智能的崛起将导致更大的市场颠覆。一部分学者和媒体人担心人工智能所衍生的声誉风险，如可能危及新闻操守并损害公信力。此外，人工智能可能会改变用户的搜索行为，并且对搜索结果进行干预，这很可能会进一步削弱传统媒体信息源的地位。也进一步迫使媒体对题材、内容和订阅模式进行创新，不断争取那些有能力付费浏览新闻的用户。

2021年4月，欧盟委员会宣布了有史以来第一个"人工智能法案"，希望以此引领欧洲对于人工智能的应用，规避可能产生的风险，并在全球发挥应有作用。这个法案不仅与人工智能的生产者和用户相关，而且与学术界的关联越来越紧密。因为学者可以发挥重要的作用，找寻如何"负责任使用"人工智能技术的方法，为相关政策提供意见和建议。Helberger和Diakopoulos认为，该法案同样为新闻行业使用AI奠定了基础。将AI融入媒体行业，不仅会产生新型权力关系，还会带来数字公共领域深层次的结构转型，这将影响公民社会、民主参与、包容性、偏见和歧视、隐私和数据保护、用户自主权、审查和操控等。①

（一）AI在新闻界的应用和伦理挑战

Gutierrez Lopez等学者结合对两家英国媒体——BBC和《泰晤士报》的民族志和访谈，研究了AI是如何渗透新闻工作，新闻编辑和技术人员又如何将AI与传统的新闻生产方式相结合。②研究发现，虽然记者普遍愿意尝试使用AI来提升他们的工作效率，但技术人员很难将AI有效整合进新闻工作流程。特别是，新闻生产中往往会遇到复杂的决策，这需要人类的判断能力。而人工智能的设计也很难优先考虑新闻价值，因此尚不能被完全接受为新闻编辑工具。作者们认为，AI在新闻业的有效应用依赖于技术人员和记者在整个AI生命周期中的密切合作关系。媒体人需全面参与AI从概念设计到部署阶段的流程。只有这样，AI工具才可以由高质量的数据驱动促进对社会的有效洞察，并与记者和机构的工作流程协同配合。

AI在新闻行业的应用不仅有效性被质疑，也面临诸多伦理挑战。此前已有大量研究关注社交机器人在传播虚假信息方面发挥的作用，这导致受众对社交媒体信息的信任度显著下降。而更令人担忧的是，深度伪造（deepfakes）技术的发展，已经能够通过虚假的面容和声音来达到以假乱真的效果。Ahmed通过对美国民众的在线调查研究

---

① HELBERGER, N., & DIAKOPOULOS, N. The European AI act and how it matters for research into AI in media and journalism [J]. Digital Journalism, 2023（9）：1751-1760.
② GUTIERREZ LOPEZ, M., PORLEZZA, C., COOPER, G., MAKRI, S., MACFARLANE, A., & MISSAOUI, S. A question of design: Strategies for embedding AI-driven tools into journalistic work routines [J]. Digital Journalism, 2023（3）：484-503.

了深度伪造品的接触和分享、个人认知能力和社交媒体新闻怀疑态度之间的关系。[1]结果表明，深度伪造品接触与社交媒体新闻怀疑呈正相关，这个影响在认知能力较高的人群中更明显。此外，在那些担心深度伪造品的人中，无意的分享会引起高度怀疑。然而，这种影响在认知能力低的人中更为明显。这项研究启发我们，社交媒体平台需要重点关注辨别深度伪造与现实，以使用户免受未来虚假信息的影响，特别是可以设计一些"发现错误信息"的小游戏来提高用户的甄别能力。社交媒体平台亦可以着力于标记误导性内容，并暂停推广那些受操纵的媒体账号。

（二）数字化新闻创新应运而生

尽管很多学者采用批判的视角来看待新兴技术对新闻行业的影响，但也有不少研究认为：技术的发展迫使新闻业积极创新，开拓新的报道形式。Lopezosa等人对新闻业创新方面的文献进行了分析和总结，发现2019年左右是新闻业创新的高峰时期。[2]根据Lopezosa等人的研究综述，近年来，行业内涌现了包括结构化新闻（Structured Journalism）、沉浸式新闻（Immersive Journalism）、360度视频报道（360° Video Reports）、虚拟现实新闻（VR）、增强现实新闻（AR）、新闻游戏和纪录片游戏等多类型新闻报道模式。这些创新其实是对现有产品或服务的重组，并非新发明。Lopezosa等人建议新闻学研究应当从比较研究和跨学科研究的视角来更好地诠释新闻行业出现的创新形式。另外，我们不应被"新技术"的绚丽外壳所迷惑而忽略其背后的伦理问题、技术控制以及对新闻价值的负面影响。

例如，Sixto-García等人通过研究来自美国、西班牙、法国等10个欧美国家的本地数字媒体，探索这些新兴媒体的话语策略、传播模式以及公众的参与度。他们发现，这些新兴媒体的信息传播方式均将受众置于中心，优先考虑受众的愿望和需求。这样，受众就被赋予了特权地位，内容的品质就不再是首要目标。[3]

Koivula等人则聚焦组织架构，通过对不同新闻小团队（如特写小组）的访谈，来探讨新闻业创新的机会和限制。[4]他们发现，新技术确实为记者提供了更多交流和分享的机会，但也为创新的深化发展带来了不确定性。一方面，技术为分散在各地的新闻团队提供了沟通的桥梁，这是创新的必要条件。另一方面，记者其实对技术在重要环

---

[1] AHMED, S. Navigating the maze: Deepfakes, cognitive ability, and social media news skepticism [J]. New Media & Society, 2023（5）：1108-1129.
[2] LOPEZOSA, C., CODINA, L., FERNÁNDEZ-PLANELLS, A., & FREIXA, P. Journalistic innovation: How new formats of digital journalism are perceived in the academic literature [J]. Journalism, 2023（4）：821-838.
[3] SIXTO-GARCÍA, J., SILVA-RODRÍGUEZ, A., RODRÍGUEZ-VÁZQUEZ, A. I., & LÓPEZ-GARCÍA, X. Redefining journalism narratives, distribution strategies, and user involvement based on innovation in digital native media [J]. Journalism, 2023（6）：1322-1341.
[4] KOIVULA, M., VILLI, M., & SIVUNEN, A. Creativity and innovation in technology-mediated journalistic work: Mapping out enablers and constraints [J]. Digital Journalism, 2023（6）：906-923.

节上的使用持保留态度。虽然技术为新闻编辑室的协作提供了帮助，但技术本身并不能保证有效的合作和创新。

（三）拥抱未来的"新"闻

除了技术方式的创新，新闻业也在拥抱不同的题材，开拓多元化的报道类型。例如，建设性新闻是传统媒体在新媒体时代立足公共生活的一种新兴新闻实践。较之传统新闻学，建设性新闻强调的不仅是现象和问题，更是提供解决方案，参与对话，提升新闻媒体的社会影响力。建设性新闻正成为近年来国际新闻实践和学术探讨中的一个焦点。

Lough和McIntyre针对建设性新闻（Construction Journalism）和解决方案新闻（Solution Journalism）这两种新的题材进行了探讨。他们整理了96篇相关论文，发现大多数研究集中探讨美国和欧洲语境，并着重关注建设性新闻的生产过程。他们呼吁未来学者可从理论架构方面深化对新兴新闻题材的研究，并纳入更多欧美以外的经验数据。①

另外，一些学者从媒介效果方面来探讨建设性新闻对受众的影响。例如，Overgaard通过实验证实了相对于负面新闻，建设性新闻更容易引发受众的积极情感、提升自我效能，并提高人们对新闻的信任。该研究认为，发展建设性新闻可能是缓解新闻回避的有效方法。②

三、在平台霸权面前：协商和顺应

诚然，技术创业使得一些新的媒介形式或风格应运而生，但技术的发展也导致平台霸权的崛起。媒介和技术的关系从来不是"扶持"和"牵制"的二方角力。数字化平台为新闻媒体的发展带来了另一维度的权力关系，迫使新闻业调整报道逻辑，顺应平台的商业模式，平台像一只看不见的手牵制着受众的新闻消费。

（一）新闻机构与平台的"商议性谈判"

面对平台的控制，新闻媒体需要不断调整报道节奏，并改变新闻的呈现方式来获得流量。Denisova将这种迎合平台逻辑的新闻称为"病毒新闻"（Viral Journalism），比如那些使用很多网络用语、动图、表情包，甚至是误导性的标题来获得最大程度曝光和分享的新闻内容。这项研究基于对英国各大社交媒体编辑和记者的定性采访。③研

---

① LOUGH, K., & MCINTYRE, K. A systematic review of constructive and solutions journalism research [J]. Journalism, 2023（5）：1069-1088.
② OVERGAARD, C. S. B. Mitigating the consequences of negative news: How constructive journalism enhances self-efficacy and news credibility [J]. Journalism, 2023（7）：1424-1441.
③ DENISOVA, A. Viral journalism. Strategy, tactics and limitations of the fast spread of content on social media: Case study of the United Kingdom quality publications [J]. Journalism, 2023（9）：1919-1937.

究发现,《卫报》和《经济学人》这样的优质媒体拒绝迎合平台的病毒式传播模式,但他们会使用一些创造性策略来吸引读者,与不健康的叙事方式竞争。这些媒体专业人士对病毒式传播提出了许多担忧,他们认为对技术的滥用会使得媒介声誉受损并疏远忠实读者。

类似的,Anter通过文献综述的方式,讨论了新闻机构如何选择、编辑和协调新闻内容,以适应社交媒体平台的需要。结果表明,新闻机构通常不会对发在Facebook、Twitter或Instagram等平台上的内容进行"软化"处理,而会平衡专业标准与社交媒体特征。例如,编辑会在一些社会议题上融入情感和软性语言,而类似新冠疫情这样的严肃新闻则会秉承"硬新闻"的报道规范,保持中立客观。①

Hase等人的研究也印证了上述观点,这项研究分析了德国媒体如何选择和改编他们在Facebook、Instagram、TikTok和Twitter上发布的内容。通过人工和计算机辅助内容分析发现,媒体遵循平台逻辑来选择和改变新闻内容的情况并不显著。新闻媒体对数字平台的适应,大多集中在技术层面(Technical Level),如利用社交媒体发布内容,促进公众参与等。但是,他们并没有从传播层面(Communicative Level)做出改变,例如根据网友喜好筛选特定的主题或使用网络语言等。②

不过,在决定拥抱社交媒体平台后,新闻结构或多或少都需要根据平台的特性和用户的喜好进行调整。Dodds等人的民族志研究发现,随着技术的发展,新闻编辑逐渐引入Chartbeat或Google Analytics等工具,让受众有机会参与新闻生产。这些"可点击的新闻"改变了新闻制作背后受众的舆论力量。他们能够影响编辑流程和新闻播报的优先级排序。舆论力量的转变、流量的追逐以及平台依赖性的增加可能会进一步导致新闻媒体丧失自主权。③

面对平台霸权,新闻从业者实则采取了一种既"适应"又"对抗"的充满张力的策略。经过长达6年(2015—2021)的追踪观察,Chua认为,科技公司及其平台是新闻出版重要的数字中介。作为技术基础设施,平台具有数字物质性,新闻出版不可避免地与平台的数字物质性纠缠在一起,进行创新实践,并不断反思。新闻出版商一方面接受平台算法,加强了视频制作和投放,以符合平台对视听内容的偏好;另一方面也对算法控制作出了抵抗,坚持独立性,比如降低对Facebook数字广告和新闻推送

---

① ANTER, L. How News Organizations Coordinate, Select, and Edit Content for Social Media Platforms: A Systematic Literature Review [J]. Journalism Studies, 2023(2): 1-21.
② HASE, V., BOCZEK, K., & SCHARKOW, M. Adapting to affordances and audiences? A cross-platform, multi-modal analysis of the platformization of news on Facebook, Instagram, TikTok, and Twitter [J]. Digital Journalism, 2023(8): 1499-1520.
③ DODDS, T., DE VREESE, C., HELBERGER, N., RESENDEZ, V., & SEIPP, T. Popularity-driven Metrics: audience Analytics and shifting opinion power to digital platforms [J]. Journalism Studies, 2023(3): 403-421.

的依赖性等。① Poell、Neiborg 和 Duffy 将新闻机构与平台之间的角力称作"谈判空间"（Spaces of Negotiation），即新闻机构可以有机会来影响如何在平台上制作、分发商业化新闻内容。②

（二）"选择性策展"下的新闻消费

除影响内容生产和分发方式之外，平台也在不断加深对用户新闻消费的操纵，涌现出诸如"过滤气泡""回声室""选择性新闻策展"（Selective News Curation）等问题。目前对个性化新闻推送影响的研究主要基于西方民主国家的观察。例如，Calice 等人的研究就强调了美国党派性媒体盛行的语境下，选择性新闻策展对政治极化和偏见的加剧作用。③

不过，Makhortykh 和 Wijermars 探讨了在白俄罗斯、俄罗斯和乌克兰等新闻自由度有限的国家中新闻个性化推荐带来的有效性和威胁。④ 研究发现，在上述 3 个国家，个性化新闻推送的总体感知是积极的，这与传统"过滤气泡"研究的观点不同，个性化新闻被认为是满足用户个人信息需求重要趋势下不可或缺的一部分。与此同时，新闻用户，特别是年轻一代，也会善用自己的数字技能、媒介素养和知识储备来避免平台操控带来的不利影响。Swart 通过深度访谈发现，当代年轻人在消费社交媒体新闻时，有自己的策略来选择、评估和参与新闻。他们不断与平台规则协商，也与"教科书式"的媒介规范协商，而这正是年轻一代媒介素养的体现。⑤

四、做新闻的人：劳动与情绪劳动

无论受技术变迁的驱动，抑或受控于其延伸出的新兴权力关系，新闻业的转型和调整均是由具体的人来完成的，其中包含着记者和编辑密集的体力、脑力劳动，以及日益增加的情绪劳动。

（一）针对记者的骚扰和人身攻击

当下，记者使用社交媒体获取信息资源并与读者互动的情况已经很普遍，这带来

---

① CHUA, S. Platform Configuration and Digital Materiality: How News Publishers Innovate Their Practices Amid Entanglements with the Evolving Technological Infrastructure of Platforms [J]. Journalism Studies, 2023（15）: 1857-1876.

② POELL, T., NIEBORG, D. B., & DUFFY, B. E. Spaces of negotiation: Analyzing platform power in the news industry [J]. Digital Journalism, 2023（8）: 1391-1409.

③ CALICE, M. N., BAO, L., FREILING, I., HOWELL, E., XENOS, M. A., YANG, S., & SCHEUFELE, D. A. Polarized platforms? How partisanship shapes perceptions of "algorithmic news bias" [J]. New Media & Society, 2023（11）: 2833-2854.

④ MAKSHORTYKH, M., & WIJERMARS, M. Can filter bubbles protect information freedom? Discussions of algorithmic news recommenders in Eastern Europe [J]. Digital Journalism, 2023（9）: 1597-1621.

⑤ SWART, J. Tactics of news literacy: How young people access, evaluate, and engage with news on social media [J]. New Media & Society, 2023（3）: 505-521.

了较多的网络骚扰问题。近年来的新闻学研究中,记者在线上受到的骚扰等话题一直被关注。越来越多新闻记者表示,受到网络骚扰甚至已经成为他们工作的一部分,这让他们在工作中感到更加疲惫和焦虑,甚至会萌生离开新闻行业的想法。

Journalism Practice 发表了一篇名为《"不是他们的过错,而是他们的问题":新闻机构对于记者遭受网络骚扰的回应》的论文。① 研究者采访了31名美国新闻记者。这些记者称自己在社交媒体上频繁遭受来自受众的网络骚扰,甚至每周、每天要面对这样的事情。网络骚扰并不局限于某个社交媒体平台,它是跨平台的。突发骚扰通常是对事不对人,而针对女性记者的骚扰往往持续时间长,充满厌女言论。面对骚扰,女性记者的日常工作、家庭生活、情感生活都会遭遇一系列的挫折。数据显示,73%的女记者曾遭遇过网络暴力,25%曾收到过死亡威胁。面对持续进行的骚扰,38%的女记者选择降低自己在网络上的存在感,还有2%的选择放弃新闻职业。② 有学者提醒我们,记者经历长期的、不断升级的网络骚扰,这经常被误认为是"在线炫耀""在线玩笑",或是一种对媒体的批评形式。③ Miller 认为,对记者的骚扰和敌意需要更加明确的概念化和理论框架。记者的职业身份本来就处于被压迫的位置,而这个职业又与其他可能被压迫的身份(如劳工、女性等)交织在一起,更易于成为被敌对的目标。④

针对记者的骚扰往往不单以性别为诱因,还常与政治相关。例如,对于从事调查报道的记者,网络骚扰可能会造成他们更频繁的自我审查。Barão da Silva 等人通过对巴西女性记者的访谈,发现政治形势与公众对女记者日益增长的敌意之间存在显著关系。⑤ 一些受访者表示,新闻机构并没有为受害记者提供支持,一些发起骚扰的"仇恨机器"实则有政府背景,而这些以男性主导且依赖政府资金的新闻机构,就选择对女性记者受到的迫害袖手旁观。

不少学者致力于探讨抵制网络骚扰的有效途径。Kantola 和 Harju 通过访问芬兰的记者,发现了三类可以应对网络骚扰的方法。一是构建记者和编辑之间的支持性连结,

---

① HOLTON, A. E., BÉLAIR-GAGNON, V., BOSSIO, D., & MOLYNEUX, L. "Not their fault, but their problem": Organizational responses to the online harassment of journalists [J]. Journalism Practice, 2023(4): 859-874.
② 联合国教科文组织. 不寒而栗:针对女记者的网络暴力应对行动建议包括网络暴力应对评估框架[EB/OL]. (2022-05-23)[2024-06-01]. https://unesdoc.unesco.org/ark:/48223/pf0000383788_chi.
③ UWALAKA, T., & AMADI, F. Beyond "online notice-me": Analysing online harassment experiences of journalists in Nigeria [J]. Journalism Studies, 2023(15): 1937-1956.
④ MILLER, K. C. Hostility toward the press: A synthesis of terms, research, and future directions in examining harassment of journalists [J]. Digital Journalism, 2023(7): 1230-1249.
⑤ BARÃO DA SILVA, G., SBARAINI FONTES, G., & MARQUES, F. P. J. Risks and resilience in the case of Brazilian female journalists: How women perceive violence against media professionals and cope with its effects [J]. Journalism Studies, 2023(7): 956-975.

二是促进同事之间相关实践分享，三是提升同事之间的情感参与。记者面对网络骚扰和持续不断的情绪劳动，需要在一个实践的、社群的场域中，通过动态的学习和参与来共同应对。在解决恐惧、愤怒和羞耻感的同时，情感支持也有助于提高他们的专业素养，巩固他们的职业认同。①

（二）与日俱增的压力和消失的光环

除了针对记者的骚扰和攻击，密集的劳动也在不断消耗记者的身心健康和热情。Al-Ghazzi 关注在叙利亚从事报道的记者，并使用"情感接近"（Affective Proximity）的概念来理解记者对当地苦难的报道和见证。作者认为，如果我们单纯从新闻专业性的角度出发，战地记者无论冒何种生命危险，付出多少情绪劳动，新闻报道都是他们的工作，难以得到认同和理解。然而，如果我们关注记者和所报道事件之间的空间和关系，代入"情感接近"性，就能追溯其中不平等的权力关系，新闻业不断变化的边界，以及记者经历的创伤。②

除了政治经济局势的动荡，新冠肺炎疫情也影响了记者的生存环境和职业发展。Dawson 等人对 2012 年 1 月至 2020 年 3 月澳大利亚新闻就业市场的数据（包括招聘广告语料库和澳大利亚统计局的官方就业数据）进行匹配和分析后，发现新闻业的危机是切实存在的。新闻业招聘广告的数量从 2012 年到 2016 年有所增加，随后出现下降，但对从业人员技能的要求却不断提高。新冠肺炎的流行使新闻就业市场显著恶化，性别不平等也更加凸显。女性记者越来越年轻，报酬越来越低；而男性记者平均年龄越来越高，报酬也更高。③面对与日俱增的压力和逐渐消失的职业光环，很多新闻人选择了转行。Mathews 等人通过对前记者自我叙述的分析，解释了记者转行的原因。他们在工作中感到无力，觉得自己被困在曾经"梦想的工作"中，感到紧张焦虑，并且得不到行业和同事的支持。这些前辈记者通过分享自己的经验并向其他记者提供有关建议，重新获得对行业的掌控感。④

除了专职记者，自由记者也在艰难地考虑是否离开新闻业。Josephi 和 O'Donnell 访谈了 32 位来自澳大利亚的自由记者，分析了他们所做的工作类型以及新冠疫情以来其不稳定的工作状况。2020 年新冠疫情爆发以后，几乎所有受访者都不得不寻求新闻

---

① KANTOLA, A., & HARJU, A. A. Tackling the emotional toll together: How journalists address harassment with connective practices [J]. Journalism, 2023（3）: 494-512.

② AL-GHAZZI, O. 'Forced to report': Affective proximity and the perils of local reporting on Syria [J]. Journalism, 2023（2）: 280-294.

③ DAWSON, N., MOLITORISZ, S., RIZIOIU, M. A., & FRAY, P. Layoffs, inequity and COVID-19: A longitudinal study of the journalism jobs crisis in Australia from 2012 to 2020 [J]. Journalism, 2023（3）: 531-559.

④ MATHEWS, N., BÉLAIR-GAGNON, V., & CARLSON, M. "Why I quit journalism:" Former journalists' advice giving as a way to regain control [J]. Journalism, 2023（1）: 62-77.

业以外的工作来维持生计。不过，至少有一半的自由记者与新闻业保持紧密联系，他们对记者群体有很强的归属感，也对公益事业充满热情，哪怕需要自费去推动。在自由记者的认知中，新闻记者和作家之间的界限比较模糊，因为二者都是写作职业，都需要一定的创造力。"创造"和"兴趣"促使自由记者选择新闻业，他们也应该在新闻业扁平化的等级制度中获得更加重要的地位。①

同样，Norbäck 访问了 52 位来自瑞典的自由记者，发现自由职业和市场的不确定性将创业主体性强加给从业者。新自由主义的创业话语有助于维持劳动力市场的竞争性，迫使创业主体发挥作用。即使是在瑞典这样的高福利国家，政策也只保护传统行业的"内部人员"，这使越来越多的外部群体，如自由记者，处于不稳定的生活状况。②

五、结语

受众在回避，信任持续走低，平台霸权延续，AI 带来机遇和重重挑战，2023 年的全球新闻业研究揭示了新闻业的沉重危机。

在供给侧，平台逻辑与媒体逻辑发生碰撞。技术赋权下新闻从业者主体缺位，新商业逻辑下的新闻行业也逐渐失去了自主发展的能力。新闻业在内容生产中面临着流量与质量的平衡问题：一方面，过度的"平台依附"会导致媒体信任度下降，带来边缘化危机；另一方面，与平台对抗又会大幅丧失流量、资金和影响力。OpenAI 的大语言模型同样给媒体出了难题：是将自己生产的内容廉价卖给 AI 公司，由它们去训练模型？还是拒绝合作，甚至像《纽约时报》那样主动针对 OpenAI 发起侵权诉讼？两条路都充满荆棘。

在消费侧，算法推荐加剧了新闻公共价值的衰落与网络舆论的分化，虚假信息、深度伪造、仇恨言论的病毒式传播不断影响公众的认知，并很可能进一步将他们与高质量的内容疏离开来。而 AI 批量制造的虚假信息，则会继续污染受众的媒体食材。

当然，在普遍的危机之下亦有希望。例如，在供给侧，一些新闻从业者在平台语境下寻求适应性的对抗，坚守专业逻辑，维持职业权威，继续发挥促进公共对话的作用。在消费侧，年轻一代"数字原住民"利用自身的媒介素养和数字效能来冲破过滤气泡，甄别不良信息，并有效影响身边其他用户的新闻消费。这些都揭示出，即便在结构的巨大限制之下，人的能动性仍然有发挥的空间。而这种能动性，也是新闻业能

---

① JOSEPHI, B., & O'DONNELL, P. The blurring line between freelance journalists and self-employed media workers [J]. Journalism, 2023（1）：139-156.
② NORBÄCK, M. Back to the future of journalist work? Entrepreneurial subjectivity and freelance journalism in Sweden [J]. Journalism, 2023（4）：785-802.

够在危机之下继续挣扎和寻找出路的根本动力。

作者简介：

郭靖，香港树仁大学新闻与传播学系助理教授；方可成，香港中文大学新闻与传播学院助理教授。

2023年中国新闻业研究论文述评

徐桂权　张紫恬　麦妙钿　郑思彤

自2014年以来,《中国新闻业年度观察报告》每辑都从当年的新闻传播学权威学术期刊中遴选出具有代表性的新闻业研究论文,并分主题进行梳理和评述。一般而言,我们所谓的"新闻业研究",主要指在新闻史论和新闻业务研究之外,采用人文与社会科学研究方法对新闻业(journalism)展开的经验性研究。

今年,本课题编写组从2023年刊载于《国际新闻界》《新闻记者》《新闻与传播研究》《新闻大学》《现代传播》《新闻界》《新闻与写作》《全球传媒学刊》与《传播与社会学刊》等国内权威学术期刊的论文中挑选出36篇新闻业研究优秀论文,分"媒体融合十年实践与反思""数字时代新闻编辑室的创新调适""新媒介生态下新闻从业者的危与机""数字新闻生产与产品样态创新"以及"数字用户的新闻消费与新闻参与"五个主题对2023年中国新闻业研究年度观点进行综述,以展现当下我国新闻业研究的趋势和图景。

一、媒体融合十年实践与反思

2014年《关于推动传统媒体和新兴媒体融合发展的指导意见》出台,媒体融合上升至国家战略高度,至今已十年。站在"媒体融合十年"的历史节点上,新闻传播学界对中国媒体融合的发展历程与现状进行了探讨与反思。赵瑜和周江伟以总体性、系统性的视角回望中国媒体融合战略十年历程,发现中国媒体融合主要孕育出三种在地化实践:转型、整合、"新闻+"。首先,在最初的政策语境中,媒体融合被阐释成传统媒体向新型媒体的数字转型,这体现为建设一批形态多样、手段先进、具有竞争力的新型主流媒体,而互联网化和媒体创新则是其核心要义。其次,随着县级媒体融合的推进,中国媒体横向整合资源组建融媒体中心,纵向成立区域一体化平台,"合纵连横"的媒体整合发展逐步成为主导性实践模式。最后,在政策理念、行动传统和现实考量的三重因素下,"新闻+"成为媒体融合发展过程中探索深度媒介化实践的核心话语与实践形态。这三种在地化实践既是政策话语和现实情境之间交互作用的产物,也深受技术、政治、市场三重逻辑的塑造，并吸引了包括网络平台在内的多元主体参与媒体数字转型变革。①

政策是影响行业变革、引领行业发展的关键因素，在中国媒体融合演化进程中，政策发挥着重要的资源配置作用。朱春阳和刘波洋采用政策设计的理论视角，对中国媒体融合十年的政策进行了系统考察，他们认为十年媒体融合政策持续促进媒体产业资源要素的创新流动，实现行业整体创新能力持续提升，但表现出明显的"重技术应用，轻体制创新"的规制取向，政策驱动也呈现自上而下与自下而上的博弈与合作关系，此外，分类改革的制度创新应该尽快提升为对政策体系的核心考量。面向以多元行动者网络为实践主体的数字新闻业，媒体融合的更深层意义在于主流媒体如何融入主体丰富、节点纠缠的行动者网络，相关政策应该促进主流媒体与其他行动主体的有机相容，通过融合策略将媒体打造成弥合社会分歧、降低社会摩擦的关键社会装置。②

在政治、技术和市场三重逻辑的驱动下，中国媒体融合十年发展取得了丰富且亮眼的成绩，然而，学者们也对媒体融合背后存在的不足进行了反思。曾培伦和朱春阳提出了媒体融合发展的"效果悖论"——"融合愈深，沟通愈难"。具体而言，在以"对话"为底色的互联网时代，我国部分主流媒体仍在延续"以媒体为中心"的传统媒体运作思路，而未遵从"以受众为中心"的数字新闻业运行逻辑，没有实现充分和有效的公共对话，这是进入深度融合发展阶段后，政府和媒体需要共同解决的最大问题。我国未来的媒体融合建设要摆脱"融合效果悖论"，应当从有助于理性对话的角度入手开展下一轮的融合改革，这需要政府与新型主流媒体以"重建公共传播体系"为目标，用"开放、协作、共赢"的理念，在公共空间中与公众开展理性对话，从而在理性交往的过程中识别真相、凝聚共识。③

作为中国媒体图景中数量庞大、作用重大的部分，地市级媒体担负着媒体融合"最后十公里"的任务，是全面推进"四级融合"战略的工作重心，受到了学者们的广泛关注。赵瑜、张婵、石梦欣与段家欣从技术采纳视角实证刻画了这一层级媒体的融合创新机制。研究发现，地市级媒体从业者的技术采纳水平具有异质性，相对于人口学特征与职业保障，员工从事的媒体内容类型、渠道类型和跨媒体平台工作状态显著影响个体融媒技术采纳程度，因此，地市级媒体融合管理应更多投入符合发展需求的

---

① 赵瑜，周江伟. 转型、整合与"新闻+"：中国媒体融合的三种在地化实践［J］. 新闻界，2023（11）：4-11，22.
② 朱春阳，刘波洋. 媒体融合的中国进路：基于政策视角的系统性考察（2014-2023年）［J］. 新闻与写作，2023（11）：12-23.
③ 曾培伦，朱春阳. 融媒十年考：中国媒体融合发展的逻辑转换与汇流［J］. 新闻界，2023（11）：12-22.

岗位设置以及员工技术技能与岗位职责匹配。另外，媒体从业者的技术采纳水平与其自我感知的创新绩效之间存在显著的正相关，且该关系受到了技术领导力的正面调节，这验证了技术优化对于媒体组织转型升级的价值，揭示了技术领导力对于组织转型战略制定和媒介产品内容优化的显性作用。研究说明了技术采纳与技术领导力在地市级媒体数字转型升级中的重要作用，这应成为其战略谋划的重要组成部分。①

长期以来，地市级媒体还面临着"夹心层困境"，一方面，其媒体资源不如全国性媒体，在政策扶持力度与接地性上不如县级融媒体。另一方面，遭遇来自日益发达的社交媒体、政务新媒体、自媒体等多元主体的夹击，地市级媒体的生存空间日趋狭窄。王敏观察到以都市报为代表的地市级媒体在技术环境和制度环境双重作用下都不同程度上选择了"去地方化"的内容生产策略，形成追逐全国范围内热点新闻事件的"远程报道"常规，以及高度同质化的发展路径，以此满足客户端模式下大批量、高效率内容生产以及平台化传播的流量需求。"去地方化"成为都市类媒体融合转型的一种合法性机制，但潜藏着"漂浮的地方性"和"脆弱的全国性"的双重危机。在"主攻全国，兼顾本地"的媒介逻辑和资源调配下，地市级媒体难以避免地和真正的地方生活渐行渐远，传统核心业务大幅萎缩，无力深耕本地新闻，陷入"被迫边缘化"的窘境。而全国性新闻生产高度同质化带来的消极的媒介消费体验削弱了媒体的专业声誉和品牌价值，难以将看似庞大的用户群体转换为传统媒体时代具有品牌忠诚度的"读者"，更难以打通"流量变现"的良性循环。进入媒体深度融合阶段，地市级媒体需要"再嵌入"地方来寻找自己合适的生态位，以"再地方化"重构自身合法性身份和专业价值规范。②

作为媒体融合与新闻宣传"最后一公里"的县级融媒体成为考察媒体数字转型的重要场域。王家东通过基础设施研究的路径，对县级融媒体中心建设中的技术赋能与技术迷思问题进行了考察。研究指出，在县级融媒体中心存在以云平台为代表的广播电视技术系统，以及以手机、短视频为代表的社交媒体技术系统。在社交媒体成为整个社会的基础设施后，自然渗透广播电视生产的领域，从而模糊了广播电视的专业生产与短视频非专业生产之间的界限，甚至使云平台等专业设备愈发蜕变，而更具象征意义的诗学功能成为县级新闻媒体专业素养和重视程度的体现。这两类技术系统并非简单的取代与打通，而是深度互嵌为一个体系，成为共同的县级融媒体中心的技术基础设施。这一基础设施又是技术系统与社会系统的互嵌，技术赋能的有效与否不仅取

---

① 赵瑜，张婵，石梦欣，等.从技术转型到融合创新——基于全国地市级媒体从业者的实证研究［J］.新闻与传播研究，2023（11）：60-76，127.
② 王敏."去地方化"：一项新闻生产的合法性策略建构及反思——基于对移动新闻客户端"S新闻"的田野研究［J］.现代传播（中国传媒大学学报），2023（12）：10-19.

决于技术系统的运作，而且取决于嵌入其中的社会系统的运作，以及具有中间连接性的人类工作。而这两种互嵌的实质是基础设施的本地实践，正是协商的、在地化的组织实践使技术赋能成为可能。①

袁鸣徽在县级融媒体中心的场域中考察当下中国主流媒体广告经营模式变化的内在逻辑，从而为理解主流媒体与地方政府间日益紧密的经济联系提供了新的视角。在互联网崛起形成的新媒介竞争格局下，主流媒体的广告收入主体从商业广告转向政务广告。党的十八大以来，在行政权力强化的背景下，构建宣传整体的国家意志、"创新"政绩竞争的地方政府利益、上流主流媒体对稿源和经济资源的需求，共同满足了县级融媒体中心"对上通联"为重心的新闻宣传需求，体现了当下主流媒体政务宣传服务市场空间的扩大。媒体政务宣传模式能够同时获得政治效益、社会效益以及媒体的经济效益，壮大地方文化产业，满足群众文化需求，增强对党的领导和主流意识形态的认同。但值得警惕的是，媒体过度服务行政利益而脱离"引导群众，服务群众"的政治要求，以及主流媒体过度依赖行政力量的庇护而弱化拥抱互联网思维建设全媒体传播体系的改革动力，甚至产生寻租行为，为此，优化自上而下的宣传工作考核评价体系并厘清地方主流媒体政府宣传服务的创收边界是实现预防与纠偏的可行措施。②

二、数字时代新闻编辑室的创新调适

在数字化媒介技术导致传统新闻机构的新闻生产实践发生深刻变革的同时，媒体所处的制度环境、组织架构、编辑室文化、新闻职业话语等因素与新型媒介技术发生激烈碰撞，推动了技术的本土化再造，促成以调适为主的数字新闻创新实践。

已有研究通常认为算法技术深度卷入新闻业，对新闻生产与新闻文化可能产生颠覆性影响。但朱威和王辰瑶发现，传统媒体新闻编辑部面对算法的主要策略是调适性而非生产性的。具体而言，传统新闻媒体以主动适应平台算法的新闻生产策略调整为主，包括根据算法生成的"热点"判断新闻选题、针对不同平台的差异化新闻投放策略、采用新闻聚合等新的内容生产方式、将算法导向的传播结果纳入考核体系等。传统媒体经过理性考察发现，算法新闻不仅需要调动的组织制度安排幅度很大，技术要求很高且缺乏模仿案例，给组织带来的社会及商业收益尚不明确，更重要的是与支撑新闻业的文化制度目前看来仍存在难以调和的矛盾，包括挑战了新闻专业的核心观念，不利于新闻组织树立行业权威与建立"新型主流媒体"的形象。因此，主动利用算法和大数据进行"算法新闻"生产仍处在新闻创新行动的边界之外，但又处在传统新闻

---

① 王家东.基础设施的互嵌：技术怎样赋能县级融媒体中心［J］.新闻记者，2023（10）：57-68.
② 袁鸣徽.大宣传战略下的县级融媒体中心实践研究［J］.新闻与传播研究，2023（07）：39-54，126-127.

媒体密切关注的视线之内。由此可见,新闻媒体已经走过了盲目追捧新技术的阶段,在现实制度空间下能够对新技术的应用策略作出理性选择。①

互联网时代,数字化发展的浪潮带来的对网络流量的追逐席卷传统新闻业,深刻改变着新闻业务实践,冲击了新闻业原本稳定的基础结构。与此同时,在社会文化、新闻生产权力等多方面的影响下,新闻机构能够发挥能动性,依照自身语境重新为流量赋予意义。张雪和田自豪观察到,主流媒体已将流量正常化,这意味着流量这一"外生"因素在媒体组织运行过程中被主流媒体转化为可操纵的、服务于既定目标的"正常"因素,它最终褪去"闯入者"身份,内化到既有的新闻工作流程。而流量的正常化本质上是主流媒体维系其新闻品味和巩固其权威身份的实践过程,具体体现为媒体顶层设计中对流量的对抗式吸纳、编辑部对流量的策略性操控、从业者对流量的习得性无视。这三个层次之间存在双向的作用关系,媒体内部自上而下的制度设计与自下而上的实践经验会相互支持和强化,这使流量这一冲击性因素最终被主流媒体所驯化和收编。其中,在第二个层面,主流媒体的编辑部在新闻分发和生产环节分别采取了"按需分配"与"因时而变"的调适策略来操控流量,从而在坚持传统的新闻生产常规和职业理念的同时将流量融入新闻编辑室的日常运营。在主流媒体将流量正常化的实践语境下,新闻理论研究者对"流量"的讨论不应仅局限在规范层面,还需要从经验层面审视流量在新闻生产、新闻劳动与媒体组织文化中的位置,进行充分且慎重地讨论。②

张寅从本土社会学"面子文化"的理论视角出发,对作为流量指标之一的点击量在传统新闻机构的新闻生产活动中所扮演的角色进行了探究。他认为,点击量在介入传统新闻机构的数字新闻生产活动后成为新闻从业者的追求,作为一种"面子工程"存在媒体中。这体现了面子这一本土文化在与新型媒介技术发生碰撞时,媒体对作为技术产物的点击量所进行的在地化"改造"。研究发现,新闻机构运用虚构、"改造"式解读等策略处理点击量这一受众分析技术的产物来维护其原有的面子,以遮蔽自身在融合发展进程中的"本领恐慌"。凸显"高点击量"已然成为传统新闻机构在"面子事情"运作下的一种全新数字政绩。但这种脸面文化下的"变通"对新闻业的变革而言只是"饮鸩止渴",它使新闻业逃避了如何处理好融合发展等关键问题,切实的数字变革反而被延迟或"放弃"。而只有传统新闻机构的从业人员真正地掌握好数字新闻生产的本领技能,利用好数字监测、分析等技术,才有可能真正地"有面子"、获得"好

---

① 朱威,王辰瑶.传统新闻编辑室如何面对"算法"?——对N市三家报社算法新闻实践的实地研究[J].新闻记者,2023(08):30-39,72.
② 张雪,田自豪.流量的正常化:主流媒体新闻品味的层级性维系[J].国际新闻界,2023(06):123-143.

成绩"，引领新闻业在数字变革的潮流中走得更好更远。①

数字化环境下，社交媒体赋权新闻用户，用户评论作为一种重要的新闻创新形式，已经成为新闻报道不可忽视的关联部分，媒体机构频频强调"用户思维""用户参与"等，体现出高度的用户导向。然而，王斌和张雪指出，即使处于新媒体场域，传统媒体新闻机构针对用户评论的介入所进行的只是在新闻生产环节、操作规范反思等方面的适应性调整与更新，其职业理念与生产逻辑仍然是原有结构的延续。研究发现，媒体机构基于用户评论形成了一套为我所用的策略，即在公开话语中强调用户的作用，以争夺用户注意力、树立品牌形象，而在编辑部的内部话语中，对于用户评论的负面态度延续着传统媒体时代受众在新闻生产中的不可见性。其背后所反映的是用户评论并未实质性地改变场域文化资本影响下主流媒体的新闻生产逻辑，它反倒成为维护新闻业的职业权威和文化资本的工具，并且一定程度上固化了传受双方既有的不平等关系。由此可见，技术推动下新闻生产的面貌看似一直处于变革之中，然而其内核仍然处于相对稳定的状态，新闻从业者维护专业控制和公众要求开放参与之间的张力在数字时代仍持续存在。②

三、新媒介生态下新闻从业者的危与机

无疑，新闻从业者在新媒介生态下遇到许多挑战，无论是"时间"观念下新闻生产的加速、流量算法的宰制、针对媒体的网络暴力，仓促数字转型的媒体人面临着媒体组织内外的双重压力。与此同时，新闻从业者同步对媒体生产节奏与组织模式进行了创新调整，进而在国际报道中产生新的互动模式。

随着技术赋权，"数字用户"从新闻后台走向透明可视的前台，对新闻从业者的生产实践造成重大挑战。首先，在用户地位崛起背景下，用户对新闻生产速度的需求驱动新闻加速，使媒体从业者所面临的时间压力与情感压力剧增。蔡雯和伊俊铭以时间社会学"关系"视角从新闻生态内不同行动者之间的互动关系中考察新闻加速的形成、呈现及结果。研究发现，步入数字时代，用户可以根据自身数字新闻消费模式反向对新闻生产提出要求，用户催更在新闻评论区等公共空间随处可见，并具有集体性、持续性的特征，使媒体不得不直面并回应用户的速度需求，进而在这一新关系互动模式下驱使新闻加速。而媒体一味通过各种加速生产方式满足用户催更需求的行为，可能会反向助长用户对新闻的"盲目性"和"情绪化"催更行为，违背新闻规律并对信息生产速度提出不合理要求，继而导致媒体从业者面临时间和情感压力以及专业权威丧

---

① 张寅.饮"量"止渴：传统新闻机构对点击量的在地化"改造"[J].新闻记者，2023（03）：14-22.
② 王斌，张雪.用户评论会影响新闻选择吗？——一项基于文化资本视角的考察[J].新闻记者，2023（03）：3-13.

失的风险。加速问题解决的关键在于规范与重塑"用户催更—新闻加速"的良好关系模式，具体措施则在于媒体"树立主动沟通思维"与"资源化利用用户催更"。①

首先，新闻从业者对媒体生产节奏与组织模式进行了创新调整，以"策略式舞步"应对数字时代新闻加速危机。陶文静和张宇昭对处于国内行业领先地位的澎湃美数课栏目进行田野考察发现，为应对层出不穷的社会热点和激烈的行业竞争，一线数据新闻从业者在工作实践中发展出"前置节奏""等律节奏""组合节奏"三种差异化的工作节奏策略。而这些节奏创新的生成和维系得益于日常工作中新闻从业者的灵活"对标"与"展演"所发展出的"策略式舞步"，即从业者在遵从媒体机构与报道团队工作安排的"盛装舞步"基础上，依自身所处生产情境和条件而展开的以调适与创造为主的"变奏"。这也是从业者为了完成报道任务并探索产品创新而在一线生产的具体过程中试图弥合传播效率与专业追求两种逻辑间的张力、确立自身工作秩序的持续努力，它塑造了加速时代数据新闻的当下样态。②

其次，针对新闻媒体与从业者的网络暴力已经成为困扰新闻业的一大问题，这受到学者们的关注。随着媒体生产和消费环境的改变，来自用户的世俗媒介批评聚集在社交媒体空间中，获得了可见性与影响，但大量批评超出了合理边界，它们表现为一边倒式的观点宣泄与非理性的谩骂攻击，对新闻人的自主性、媒体的文化权威甚至对公共生活与道德伦理构成威胁。药琦和谢紫怡聚焦刘学州事件中奔涌而出的针对《新京报》的世俗媒介批评，如"心惊暴"等侮辱性的称呼，借助结构主义符号学对极端批评言辞的深层意义与迷思内容进行剖析。研究发现，批评者利用话题的技术形式汇聚起相似的批评作为可持续被调用的认知资源，并借助审查机制为自身发言的正当化提供支持；运用"黑历史"的叙述形式，将媒体或许偶然的负面实践指代成为"作恶"的历史必然；以焦点、真伪和道德判断，杂揉了道德善恶观念，将人们对媒体的不满又一次凝结成"心惊暴"迷思，借此将复杂性的悲剧简化为媒体"作恶"，最终赋予《新京报》道德有亏的形象。世俗批评意在以恒定的道德观念替代争议焦点，以有限的标准为媒体赋予相似的道德形象，而非对新闻业进行积极问责，因此缺乏现实批判潜力且公共潜能十分有限。但世俗批评研究仍是充满前景的研究领域，应为媒体及从业者探寻解困之道，同时积极为改善新闻机构与社会沟通的机制奉献力量。③

在此背景下，中国新闻从业者也发展出一套阐释性与调适性策略，以应对日益频

---

① 蔡雯，伊俊铭. 从"常规"到"关系"：新闻加速研究的视角扩展与应用［J］. 新闻大学，2023（02）：104-116，121.
② 陶文静，张宇昭."策略式舞步"：加速时代数据新闻生产中的工作节奏创新——基于澎湃美数课栏目的田野考察［J］. 新闻记者，2023（03）：23-38.
③ 药琦，谢紫怡."心惊暴"迷思：从刘学州事件看世俗媒体批评［J］. 新闻记者，2023（04）：3-13，96.

繁出现的来自公众的极端批评。陈炜漫和李红涛考察了中国新闻从业者对极端批评的界定、阐释与应对。研究发现，公众极端批评已经作为不可忽视的新日常逐渐介入新闻生产的全过程，这类批评表现为针对记者个体的人身攻击与话语暴力、针对报道文本的套路化与模式化攻击、针对媒体组织的差异化攻击以及与政治权力等其他批评主体"携手"的多主体联合攻击，它具有高度的不确定性和不可控性。然而，由于极端批评与传统的公众媒介批评之间存在模糊的中间地带，新闻从业者的应对策略兼具制度化与临场发挥性、明确性与模糊性。一方面，从业者以既有的制度和文化资源为屏障，对现存价值观念和产制常规作出适应性的调整，包括将极端批评去正当化、以精选评论的方式将极端批评拒之"墙"外，以及对新闻生产展开预判式的调适，捍卫自身的自主性与专业权威；另一方面，从业者大多诉诸个人层面的、非正式的情感连接，并借此获取脆弱的情感支持，以疗愈遭遇极端批评后的心理创伤。值得注意的是，中国新闻业职业共同体在极端批评想象与应对中既有着同声谴责，又存在阐释分化，如主流媒体与市场化媒体、媒体组织与记者个体对极端批评的差异化解读，这在一定程度上折射了当下中国新闻业及其内部结构的深层变化。①

短视频平台的兴起，吸引媒体机构及新闻从业者相继入场，给新闻生产常规与专业理念带来深刻变迁，但平台"短平快"的创作逻辑和"流量至上"的娱乐化取向也对从业者的职业理念与专业权威造成冲击。龙强和冯强探讨了短视频平台独特的时空逻辑对新闻从业者生产常规、价值标准与专业理念的重塑。研究发现，在流动的空间逻辑下，由于脱离编辑部实体空间和体制内资源支持，新闻从业者的短视频生产实践呈现一种小规模、流动分散、去技能化的作坊式特征，这意味着劳动剥削的隐蔽性、责任主体的个体化以及生产流程的去现场化，记者被迫承担了更多风险，带来他们专业技能和知识的退化。在加速的时间逻辑下，远离新闻而倚重评论的文本形态使得客观理性的价值让位于主观情感，碎片化的新闻内容生产方式带来深度叙事的式微，在"流量竞赛"中新闻从业者陷入异化状态，造成专业性的消磨与主体性的削弱。在体制支持缺位与平台竞争加速的双重裹挟下，短视频新闻从业者面临着理想角色与实践角色的严重冲突。②

而在流量算法宰制与职业规范理念的夹缝中，新闻从业者从"作坊式"的短视频新闻实践中发展出特定的调适策略，以实现流量与专业的兼顾。龙强和吴飞发现，短视频成为记者平衡自我与公共、个性与专业、独立与依赖的空间，更成为组织、专业、

---

① 陈炜漫，李红涛. 在公众警觉的目光下"做新闻"——新闻从业者对极端批评的阐释分化与动态调适[J]. 新闻记者，2023（09）：19-33.
② 龙强，冯强. "在抖音做新闻"：新闻从业者的短视频平台生产实践研究[J]. 新闻与写作，2023（12）：78-87.

流量等多重权力逻辑进行博弈与协商的复杂场域。相比普通生产者，记者的短视频新闻实践更多作为一种职务行为而存在，表现出鲜明的组织惯习与风格延续性，但组织对记者的管理强度相较于传统媒体事实上有所削弱。因而记者所遭受的专断式的刚性约束更多由平台主导，记者一方面被迫服膺于平台的精密审核机制与算法推荐机制，对算法黑箱与平台操控持消极接受态度，另一方面在以流量为核心的平台游戏规则之中能动地寻找游离的空间。在平台与受众规训下，记者发展了一系列应对举措，包括按照平台调性生产内容、根据流量指标调整后续制作模式、以客观中立与规避争议的话语策略谋求报道安全等，不断在流量与专业之间进行权衡与调和。①

随着媒体数字化转型，以人工智能为代表的新技术正改变着媒体行业格局和职业生态，给媒体从业者带来了职业被替代的风险，使其产生对于未来就业的担忧。卢林艳、李玉端和王成军发现，内容生产类媒体行业在短期内被人工智能取代的概率较低，但是在中期（广播、电视、广告）和长期（主编、记者、评论员）存在较强的被替代的风险，因此新闻从业者不能放松警惕，必须不断更新技能和知识来维持对工作领域的管辖权。随着作为媒体行业"局外人"的人工智能技术的进一步发展，新闻从业者需要把握其给媒体职业带来的机遇，将自身与人工智能技术之间的关系视为互补关系，专注于只有人类才能完成的工作，在掌握新技术的同时将机器人的瓶颈转化成人类自身的核心优势，重新建构更高的职业权威，从而在未来占据更加主动的位置。②

在"走出去"战略支持下，中国媒体建立起遍布全球的传播网络，成为向世界发出中国声音与拓展国内民众认知国际世界的重要窗口，在此背景下，中国国际新闻记者成为学者所关注的研究对象。张洋发现，在国际新闻采访中，记者的社会网络、语言能力和传播技术共同塑造了跨国采访消息源的分布结构，该结构使得不同群体在国际报道中的能见度呈现差异。中国国际新闻从业者会根据自身的需求和倾向以及社群的信念，审慎地调适与不同类型国际消息源的互动模式。一方面，记者在日常实践中难以摆脱对精英消息源的依赖，需要借助当地精英的观点来界定和阐释当地现实，通过与当地精英人群的交往来积累自己的职业声誉，乃至依靠当地精英的策划和资助而获得报道机会。另一方面，在反思意识的驱使下，多数记者会试图与精英消息源所设定的议题和框架保持适当的距离，努力扩展自主行动空间，根据自身诉求采访到更多元的消息源，与精英话语形成平衡，并以此作为自身独立性和能动性的标志。而各类国际消息源讲述的故事，还需要经过新闻职业规范、新闻叙事文体、媒体机构生产常

---

① 龙强，吴飞. 基于多重逻辑框架的记者短视频新闻生产实践考察［J］. 新闻大学，2023（04）：91-102，122-123.
② 卢林艳，李玉端，王成军. 人工智能对媒体行业技能与未来就业的影响——基于机器学习和网络分析的方法［J］. 新闻大学，2023（01）：101-117，123.

规和社会意识形态的多层过滤，转换为易于被国内读者理解和接受的形式并呈现在国际报道中，成为国内受众了解异国景象的知识来源。①

四、数字新闻生产与产品样态创新

媒体组织结构的创新调试与媒体从业者应对行业冲击的数字实践行为，带来了数字新闻生产方式与产品样态的革新。在中国本土实践下，新闻的事实核查产生了新形式，与此同时，参与式新闻、介入式新闻和感官新闻塑造了新的新闻形式；而故事化与情感化也成为新闻叙事的两种新发展趋势。

事实核查是新闻业用以应对数字化浪潮冲击所采取的一种创新的新闻生产实践与新闻样式，它已经成为新闻业不可忽视的一股力量。闫文捷、刘于思与周睿鸣认为，不同于欧美国家以新闻媒体和职业记者等专业核查机构或人员从事事实核查的形式，辟谣平台与网络用户所发起和参与的信息纠偏行动成为中国事实核查实践的创新形式。研究发现，事实核查具有"辨伪"与"识真"的可能，接触事实核查能够显著降低人们将假新闻误以为真的判断，同时提升他们对真新闻的准确度感知。其中，新闻机构和专业核查者完成的"识真"式事实核查具有尤为显著的正面效果，而两者在"辨伪"式事实核查中未显示有别于辟谣平台和网络用户的影响效果。因此，面对嘈杂的网络信息生态环境，一方面，新闻机构与专业核查者在负责向公众确证新闻真实性方面具有独特的优势，事实核查有望成为一种当下专业新闻媒体可为的创新实践，为媒体凭借自身独特的体制内资源创造公共性回报提供可能。另一方面，平台的直接卷入与广泛的公众参与成为中国事实核查实践具有创新意义的元素，它们和新闻媒体及职业核查者所主导的实践活动共同构成中国事实核查版图上不可分割的一部分，以更好地实现事实核查服务公共利益的价值与使命。②

刘于思、闫文捷、周睿鸣还关注到中国事实核查的本土实践形式——"参与式辟谣"，它在社交媒体平台中以其广泛的用户参与和亲民话语开展针对阴谋论的信息纠偏。研究发现，首先，无论是采用客观陈述开展参与式辟谣，还是专业记者以亲民话语开展核查，不常见的信息纠偏形态与话语风格的组合所带来的新鲜感更能够消解阴谋论信念，促进人们接受事实核查的证据与结论。其次，人们对客观陈述的专业事实核查有更强的阅读、转发、点赞和评论意愿，但在社交媒体中与纠偏信息积极互动也可能是阴谋论信念高涨的结果。最后，使用不同的形态和话语风格来对阴谋论开展信息纠偏，能够差异化地影响人们对事实核查这一新闻体裁的喜爱度，其中，发动群众

---

① 张洋.采集远方的声音：国际报道中记者与消息源的互动常规[J].新闻与写作，2023（06）：97-106.
② 闫文捷，刘于思，周睿鸣.事实核查：专业新闻生产者可为的创新实践——一项在线实验的启示[J].新闻记者，2023（02）：46-59.

举报开展信息纠偏会使事实核查的好感度降低。因此，在培养中国读者对事实核查的阅读习惯，甚至在赢得公众对此类新闻文体的接纳、熟悉和喜爱上，机构媒体拥有更大的公信力和市场潜力，也理应具备开展事实核查的更大主动权。此外，媒体的亲民风格可能与民粹主义的信息认知产生共鸣，中国的事实核查实践需要对媒体民粹主义保持警惕。①

吴瑛和徐昊东聚焦西方事实核查机构的涉华核查报道，研究发现西方涉华核查报道受专业主义和东方主义两种思维的影响。西方核查机构在专业主义规范和事实核查流程下甄别涉华谣言并制作国际新闻，在一定程度上成为西方涉华舆论的"监督者"，并成为西方受众认知和理解中国的新渠道。但是，西方机构的核查机制和流程重新固化了新闻专业主义的"乌托邦"，表现在报道主题选择、新闻再编辑、新闻再传播等环节无法跳出"东方主义"的思维框架和话语体系，它使核查报道所呈现的形象离真实中国越来越远，西方社会理解中国的认知藩篱被构建，这影响中国国家形象塑造。事实上，西方涉华核查报道也可以成为中西舆论互动和话语融通的平台。一方面，中国主流媒体可以借助这些核查报道，来批驳源自西方的假新闻；另一方面，在中国声音仍难进入西方主流媒体的当下，中国事实核查机构可以通过与工作流程更为开放的西方核查机构合作与互动，以促进中西信息流通、增进相互理解，向世界展现一个更为真实、立体、全面的中国。②

数字时代的新闻业呈现融合和开放的态势，参与式新闻生产逐渐发展成熟，在此背景下，学者们对数字新闻实践中的开放性生产机制进行了深入思考和讨论。张伦将开源新闻定义为一种基于"开放原则"的新闻报道模式，即利用开源数据和数字分析技术收集、处理、分析和发布新闻信息。数字时代的开源趋势对于主流新闻生产而言具有重要的变革意义，这主要体现在合作的新闻生产方式、开放的新闻文本叙述方式、强调共享的新闻分发模式、记者编辑的角色变化以及对新闻业参与者的整合等方面。总体而言，开源新闻打破传统新闻产业的壁垒，创造更透明、更负责的新闻文化与报道方式，以满足现代社会的信息需求，并且允许更广泛的受众参与，它促进了信息共享和创新，塑造更为多元、敏捷和民主的新闻生态系统。然而，开源生产机制也对新闻从业者的专业身份认同造成挑战，并在新闻生产环节制造了法律和伦理的灰色地带，如通过开源数据和开源工具分析新闻事件造成对新闻当事人的隐私侵犯、开源数据中可能被植入深度造假信息使得记者更难以挖掘新闻事件的真相等，这都有待数字新闻

---

① 刘于思，闫文捷，周睿鸣.让事实核查更受欢迎？采用群众举报和亲民话语纠正阴谋论的多重后果[J].全球传媒学刊，2023（03）：170-190.
② 吴瑛，徐昊东.专业主义与东方主义的激荡：西方涉华国际新闻事实核查机制研究[J].新闻界，2023（03）：26-38，96.

理论与实践给予足够的观照。①

杨奇光关注数字时代的众包新闻，他认为其代表着以开放生产机制为核心、以公众参与为基础的数字新闻实践。众包新闻延续了以往公民新闻的理念，更进一步彰显新闻用户对于新闻生产的介入性作用，其中，可供信息实时集纳的共享文档、众包事实核查、新闻可信度评级、调查性报道等是其在数字时代的创新性实践样态。众包新闻扭转了以往记者和公众在议程设置方面的势能差，彰显了互联网用户的主体意识与主动表达行为，反映新闻理念的演替过程，其实践本身也构建了新闻媒体的社会功能，并与新闻业的社会责任等规范话语产生勾连。此外，众包新闻所强调的寻求消减差异与促进共识合意的理念，给我国新型主流媒体建设提供了启发，它所代表的开放性数字实践有助于增进主流声音传播效果，并促进社会合意的达成，但在实践过程中，社会公众的认可度应作为重要的评判标准。②

在新闻业面临情感极化、新闻不信任等多重危机的背景下，介入性新闻成为数字时代具有较大影响力的新闻生产实践趋势，用以探索新闻业如何构建与受众之间的亲密关系。田浩探讨了介入性新闻三类主要的实践方案：首先，介入性新闻以丰富多元的文本创新、回应受众关切与兴趣的新闻内容以及代表性报道主体的设置等方式提升新闻受众的卷入度，进而催生受众对新闻业的参与动机。其次，介入性新闻主张以积极的情感仪式与基于新闻生态的真实互动来唤醒受众的良好接受体验，提升受众的参与意愿。再次，通过新闻业为受众提供的专业表达规范与良好的表达机会，介入性新闻能够加深具有紧密情感关系的在线社群对新闻业的信赖与认可，并提升社群的行动力，为公众的参与行动创设平台。介入性新闻实践方案推动了数字新闻业对建构新闻业与受众之间的人际关系、群体关系以及社会关系的检视与重构，鼓励新闻机构结合受众力量履行助益性角色，以服务公众、服务社会的姿态开展新闻实践，但当前介入性新闻的主要影响力仍局限在新闻研究领域，其普及仍然面临着诸多组织文化与社会环境的限制。③

在数字技术的推动下，感官新闻日益成为数字新闻生产发展的趋势，为解决数字新闻业困局提供了新的思路。王晓培认为，技术拓展了视听觉信息的纵深维度，使声与色摆脱"平面"，拥有了立体的"厚度"，数字新闻生产实践出现全面感官化的新趋势，促使新闻的报道原则和价值体系发生改变。首先，感官化趋势令审美性与服务性成为数字新闻提升自身对用户吸引力的要素，既包括在新闻生产中充分调动感官要素，创新报道形态与革新叙事模式，为用户提供丰富、多元的感官体验，也包括充分挖掘

---

① 张伦. 作为实践的开源新闻生产：概念、特征与反思［J］. 新闻界，2023（12）：13-20，35.
② 杨奇光. 从参与到众包：数字新闻业的开放生产机制与理念衍替［J］. 新闻界，2023（12）：4-12.
③ 田浩. 以亲密关系重塑公共生活：介入性新闻的观念、实践及创新限度［J］. 新闻界，2023（08）：14-23.

新闻产品的美学价值,以影响用户的接受效果。其次,新闻感官鼓励用户在感知和情感两个层面深度卷入新闻作品,在创造出更为引人入胜的传播体验的同时,重新建构了数字新闻与用户的连接,促使新闻媒体实践朝更加平等、开放和多元的方向发展。然而,新闻业仍须时刻警惕过程中可能出现的"感官超负荷"与"感官主义"的危险,在清晰认识感官化趋势的基础上尽快形成一套精细的行为规范。①

作为感官新闻的代表,虚拟现实新闻以虚拟再现真实的场景讲述新闻故事,为用户提供了前所未有的认知与情感体验。卢嘉杰和张晗关注虚拟现实新闻对用户新闻体验和认知态度的影响,研究发现,个体沉浸感差异是影响用户观看虚拟现实新闻作品沉浸感的主要因素,而先前的设备使用经验、游戏使用经验和对新闻内容的熟悉程度并未对用户观看新闻作品时的沉浸体验产生显著影响。用户以目击者和参与者的身份自由地观察虚拟现实新闻所再现的新闻现场与细节,其所获得的在场感和同理心显著影响了用户的体验质量。体验虚拟现实新闻作品影响了用户对作品的真实度认知,但使用技术手段重塑新闻场景可能降低用户对虚拟现实新闻的信任度,体验质量的高低、对新闻作品真实度和信任度的认知共同影响用户的持续使用意愿。其中,在用户体验质量得到满足的基础上增加过多的操作动作、交互设计和指令任务并不能提高其持续使用意愿,反而会降低用户的沉浸感。虚拟现实新闻带来了个体认知与理解能力的变革,其人性化发展趋势使它超越了为新闻叙事平添趣味和阅读审美的手段,逐渐成为全新的具有颠覆效应的新型新闻生产模式,因而在新闻生产中具有广阔的应用前景。②

数字时代,新闻生产发展出两种叙事趋势:故事化和情感化。常江和王雅韵将"故事化"视作一种生产理念和实践模式,探讨其在新闻业演进中所扮演的角色。研究认为,故事化是伴随着新闻业发展始终的替代性生产理念,它在形式上主张新闻生产应更加服膺人性法则、新闻业的文化应更加注重与受众建立情感连接,在实质上则是对以"客观性"为内核的经典新闻实践模式和新闻理论的反驳。进入数字时代,一方面,机器、数据库和算法作为新的生产要素不断成熟,以及独立数字新闻机构和个人自媒体迅速崛起并争夺用户注意力,这加速了以客观性为内核的经典新闻专业主义的失效;另一方面,技术的发展为数字新闻赋予了极为丰富的形态,而社交网络的发展强化并系统性地培育了以"卷入"为特征的数字新闻生态,这为故事化的新闻实践创造了有利的历史条件。因此,故事化是数字新闻生产与新闻叙事发展的必然趋势,也成为新闻作为一个专业和职业继续存在的必然选择。数字新闻学有必要围绕"作为

---

① 王晓培.声色的厚度:数字新闻的感官化实践趋势探析[J].新闻界,2023(07):13-22.
② 卢嘉杰,张晗.超验的在场:虚拟现实新闻的认知、体验与行动研究[J].新闻界,2023(05):16-27,40.

故事的新闻"展开系统性的理论化工作,以作为在数字时代革新新闻学体系的绝佳起点。①

数字技术发展与用户崛起所推动的新闻业"情感转向"影响并重塑了新闻生产过程,基于此,学者们对数字新闻生产的情感化趋势开展经验观察与理论归纳。在全球范围内社会风险实践频发的背景下,数字新闻业所采纳的情感化叙事能够为用户提供情感支持,进而维系用户心理健康并推动建设健康的社会氛围。田浩指出,数字新闻以其情感化叙事策略为路径,在应对社会风险事件的过程中发挥了重要的文本疗愈作用,它已成为不确定时代下社会情绪的重要稳定器。他总结了情感化叙事的三条实践路径:以诉诸感官的新闻叙事实现对用户情感状态的积极引导;以贴近用户日常经验与知识水平的叙事风格为用户提供更积极的新闻接受体验;以适当的冲突性元素与用户的社会参与意愿激发代入体验,建构新闻业与受众之间积极的情感连接。数字新闻生态下的情感化叙事不仅能够提升用户的心理韧性,也能够凝聚社会共识、催生建设性思考与行动。同时在中国语境下同建设性新闻、暖新闻等一系列新闻理念与实践相关联,情感化叙事为新闻业提供了一条植根于数字新闻生态的提升建设性的进路,并为数字时代革新新闻理论体系提供新的动力。②然而,当数字新闻的情感属性超越了信息属性,用户情绪凌驾于新闻事实之上,新闻生产就会产生新的危机。

王斌和田自豪认为,社交媒体环境中新闻可被视为一种情感产品,在情感的影响下其生产和消费相互衔接与统一。研究发现,用户在消费新闻的过程中赋予新闻特定的情感意义和情感价值,"再生产"作为情感产品的新闻,使其事实或信息属性被边缘化,而媒体在社交媒体新闻生产过程中妥协于用户的消费习惯,将情感要素的加工与处理"外包"给用户,从而使新闻的情感偏向在生产性消费与消费化生产的循环中被不断强化。伴随着极端化、冲突性媒介形象的涌现以及情感约束规则的解除,社交媒体中的交往冲突不断加剧,作为信息载体的新闻逐渐衰落,作为情感产品的新闻转而崛起。而随着时间的推移,作为情感产品的新闻会经历情感的分化、对峙和逆转三个阶段的自我迭代过程,在这一过程中,情感的表达与演变会超越报道本身,作为新闻内核的事实逐渐被边缘化,新闻消费过程成为一种宣泄情感的娱乐活动,这也与媒体情感把关功能的缺位有关。在这一背景下,新闻业亟需思考自身在同用户情感交互过程中的功能和角色,进而为未来媒体修正自身职业理念和伦理规范提供观照。③

---

① 常江,王雅韵.作为故事的新闻:观念、实践与数字化[J].新闻大学,2023(01):16-27,118-119.
② 田浩.文本疗愈:数字新闻业的情感化叙事及其介入性效应[J].新闻与写作,2023(07):26-34.
③ 王斌,田自豪.作为情感产品的新闻:生成逻辑、发展条件与迭代过程[J].新闻与写作,2023(06):83-96.

五、数字用户的新闻消费与新闻参与

伴随着新媒体的崛起，公众经历了从受众到用户的身份转变，其媒介选择空间也从二元范式演变为传统官方媒体、专业化商业媒体、自媒体三元划分架构。刘德寰和巩固对三类媒体的用户面貌、信任分化及其结构性偏向中的社会意义进行了探讨。研究发现，以新闻事件为中心，用户媒介选择的倾向依次是传统官方媒体、专业化商业媒体和自媒体，三者呈现"类差序格局"。相对于是否可信而言，用户在形成媒介经验的过程中所遗留的惯习更能深刻影响其媒介选择，但在信息冲突情境下，"惯性"路径失效，用户自我效能感更加凸显，对特定类型媒介的信任将直接显著导向对该类媒介的选择，不同内容类型之间出现信任分化。此外，年龄与文化程度、城市级别与收入属性的交互作用，是用户分群逻辑中的核心维度，这种非线性、连续而流动的社会结构，以动态的方式提供了社会生活意义的复杂集合，有利于帮助媒体进行用户差异化细分的策略评估。[1]

当前社交媒体已成为人们获取新闻和信息的主要平台，其在争夺与分散用户注意力的同时，也为用户因算法推荐和社交网络实现新闻偶遇提供可能，并进一步影响了用户的新闻参与行为。杨洸和佘佳玲考察了社交媒体平台线索如何启发人们的心理机制，从而促成用户关注社交偶遇的严肃新闻，并进行新闻参与的阅读和分享行为。研究发现，数字平台的线索能够触发用户的启发式心理来影响他们对新闻内容的感知，其中，除了新闻热度线索未能成功启发用户的社交监控动机，新闻来源和标题风格分别完成了对用户媒介可信度感知和好奇心感知的心理启发。平台线索所启发的用户心理是鼓励用户阅读新闻的中介变量，相比技术线索（新闻热度和新闻来源），叙事线索（标题风格）的中介效应更为显著。人们的新闻阅读将进一步激发偶遇新闻分享，信息有用性感知是促成分享意愿的重要中介变量。平台提供的启发性线索是否高度契合人们的心理，是激发人们新闻阅读的重要因素，也是影响人们新闻参与的重要中介因素。因此，为鼓励用户关注严肃新闻与积极参与公共事务，有效的解决方案是利用数字平台的线索启发机制，充分契合并调动用户的心理，引导其关注严肃新闻并进行新闻参与。值得注意的是，尽管数字媒体为用户提供了新闻偶遇的机会，但它通常带来的是内隐式处理，难以刺激高水平的新闻参与，如评论、讨论等，这进一步加剧了数字不平等，如何增强用户偶遇严肃新闻的深度参与成为未来的研究方向。[2]

---

[1] 刘德寰，巩固. 多维信任结构的用户面貌——基于三元媒介选择的逻辑演绎［J］. 新闻记者，2023（07）：32-44.
[2] 杨洸，佘佳玲. 社交媒体中的新闻偶遇：平台启发式线索对用户新闻参与的影响［J］. 新闻与传播研究，2023（03）：108-125，128.

数字时代的新闻用户获得了更强的技术操作能力与行动能力，已然成为主动、积极的行动者，与此同时，社区新闻的深度数字化趋势为用户主动获知新闻、参与新闻并构建在线社区归属感提供了新的途径。在此背景下，新闻业发展了一种同用户紧密相关的、参与性的新闻文化。田浩从新闻卷入理论视角，探讨用户关注社区新闻内容以及参与新闻点赞、分享与讨论等行为的动力机制。研究发现，满足生活需求是用户关注社区新闻的主要动机，其获取结果受到用户的知识结构与价值框架的约束。情感卷入是用户新闻参与意愿的直接激发机制，而参与意愿转化为参与行动的过程受到一系列情境性因素的制约，在研究中这一因素主要表现为社区内的人际关系。上述认识表明，用户的知识结构、情感状态与人际关系具有将其塑造为审慎行动者的潜能，社区新闻的用户实际上是以"审慎的主动性"为基本行为逻辑的复杂个体，呈现明确的"智识"特征。在新闻业"社区化"的发展趋势下，数字新闻用户或具有由"智识个体"联结为"智识公众"的文化政治潜能，进而有助于构建更为健康、民主的数字新闻生态。因此，如何营造一个更具包容性的新闻生态，以使智识公众的积极文化效应得到充分发挥，是未来的研究可以深入探讨的议题。[①]

随着人工智能技术在数字新闻业中的运用，用户的机器人新闻消费更为普遍，这也为理解数字新闻业中的新闻消费和人际关系提供了切入点。陈阳、李宛真和张喆喆将该领域的研究关注点由机器写作与人类写作的细微差别转向了机器人新闻同用户之间的认知与互动关系。研究发现，相比于较为稳定的"机器启发式"认知模式，"对AI新闻技术的态度"可以在短期内通过外部信息刺激实现显著改变，从而对读者感知机器人新闻产生积极影响。"机器启发式"的存在和对AI新闻技术的态度可以解释用户对机器人新闻认知和评价的差异，从提高用户对机器人新闻接受度的实践层面出发，强调机器人新闻这一具体技术带来的优势和便利，说服效果优于宣传人工智能技术的无偏见和客观性。此外，用户感知的新闻质量相较于新闻可信度，更能有效衡量用户新闻喜爱度与互动意愿，因而为提升机器人新闻的流量和数据表现，应当着重提升AI写作的质量。唤起公众的情感参与是提升公众对机器人新闻接受度、喜爱度和互动行为的重要路径。因此，机器人新闻可以在内容制作与宣传方式上多运用可能引起情感共鸣与参与的元素以改善用户的阅读体验。这对媒体机构未来如何建立发展机器人新闻的策略具有借鉴意义，也启发未来研究进一步深入探索情感元素在机器人新闻领域的应用潜能。[②]

虚假新闻在社交媒体上的传播已经成为新闻业面临的重大问题，从受众心理出发，

[①] 田浩."智识公众"：数字时代社区新闻的用户卷入机制研究[J].新闻记者，2023（04）：26-35.
[②] 陈阳，李宛真，张喆喆.数字新闻消费与人机关系——一项关于阅读机器人新闻的在线实验[J].新闻记者，2023（08）：40-50，85.

基于用户新闻参与视角，分析个体假新闻分享意愿的心理动机，具有重要的理论意义和实践意义。陈婉婷和何清华认为，个体虽然不能很好地辨别假新闻，但是他们对于新闻准确性有较高的要求，准确性提示能够使人们将注意力聚集新闻的准确度，并因此减少人们对于假新闻的分享，但这并不是个体分享新闻的直接原因。实际上个体的分享意愿受新闻事件属性的影响，相较于负面以及中性新闻，人们更愿意分享正面新闻，因而正面新闻事件属性会减少人们对假新闻的道德谴责，更易默许"正面属性假新闻"的存在，人们会错误地认为正面假新闻也是有价值的，对正面假新闻的分享行为有较高的道德接受度，所以更容易造成假新闻在社交媒体传播，其所带来的新闻反转可能会造成更强的负面情绪与对社会的不信任，未来研究应该就正面属性假新闻的更正与治理作进一步深入探索。[1]

当前，用户借助社交媒体等网络平台能够更加自由地发表意见，网络新闻回帖成为用户新闻参与的重要方式之一。与此同时，意见表达极易导致群体极化，对网络空间治理和传播秩序建设带来极大挑战。廖圣清、程俊超与于建娉基于沉默的螺旋理论，考察作为意见表达的网络新闻回帖中的受众互动对群体极化的影响，以及受众互动、情绪与群体极化三者间的中介关系。研究发现，受众互动对群体极化具有显著的正向作用，即受众互动水平越高，群体极化的程度越高。本研究经由中介效果的检验进而证实情绪显著中介网络新闻回贴中的受众互动与群体极化之间的关系。其中，受众互动程度越高，情绪效价越消极，情绪唤醒越强烈；受众互动中产生的积极情绪效价、低唤醒度的情绪更容易导致群体极化，这也揭示了沉默的螺旋效应的存在。同时，在这一过程中情绪具有"遮掩效应"的中介作用，即控制情绪效价、情绪唤醒的影响后，受众互动对群体极化的影响会显著扩大，这说明了促进受众理性宣泄消极、高唤醒的情绪，而不是一味地限制情绪表达，更有利于促进群体中的受众互动、减弱群体极化程度。因而，未来研究应关注用户意见表达中所蕴含的复杂情绪，引导公众理性宣泄情绪、发表评论与参与互动，推动建立良好的新闻参与秩序，防止群体极化和社会分裂，推进构筑清朗的网络空间与发展网络强国。[2]

六、总结

综上所述，2023年中国的新闻业研究无论在理论还是实践维度上都相当丰富，取得了一定的成果。立足于中国媒体融合的实践土壤，学者们对具有中国特色的新闻实

---

[1] 陈婉婷，何清华．错误价值感知对社交媒体假新闻分享意愿的影响——受众选择和分享信息的心理动机研究［J］．新闻记者，2023（02）：60-70
[2] 廖圣清，程俊超，于建娉．网络新闻回帖中的受众互动与群体极化：以情绪为中介变量［J］．国际新闻界，2023（09）：91-117．

践理念与经验进行了总结,并批判性地保持着对融合过程中存在的效果悖论与价值失范问题的反思。面对技术逐渐侵入新闻业内部的现实,学者们并非盲目乐观或悲观,而是洞察新闻行动者所具备的自主性与能动性,描绘出新闻编辑室对技术的本土化再造及其所形成的以调适为主的数字新闻创新实践。此外,学者们关注来自平台、用户的多重危机冲击下新闻从业者的从业困境与认知危机,并以建设性的视角总结与提出可能的解决方案,彰显学术研究的人文关怀。同时,新闻业也开展了一系列新闻生产与产品样态创新的行动,以事实核查、开放生产、介入性新闻、情感叙事等方式应对数字时代新闻业所面临的虚假新闻、新闻不信任与新闻回避等危机,学者们也对此进行了描摹与展望。值得一提的是,在用户崛起的背景下,学者们将用户视作新闻生态内的行动者,从用户的新闻消费、新闻参与及其同其他主体的关系互动中回应现实问题,丰富了数字新闻理论。如何进一步跳出新闻中心的视角、如何构建新闻业与用户之间的良好关系等问题,还有待未来研究的深入探讨。

作者简介:
徐桂权,中山大学新闻传播学院副教授;
张紫恬、麦妙钿、郑思彤,中山大学新闻传播学院硕士研究生。

图书在版编目(CIP)数据

中国新闻业年度观察报告. 2024 / 徐桂权, 张志安主编. -- 北京 : 中国传媒大学出版社, 2024. 12.

ISBN 978-7-5657-3874-6

Ⅰ. G219.2

中国国家版本馆CIP数据核字第2024MV1760号

中国新闻业年度观察报告（2024）
ZHONGGUO XINWENYE NIANDU GUANCHA BAOGAO (2024)

主　　编	徐桂权　张志安
策划编辑	曾婧娴
责任编辑	曾婧娴
特约编辑	王玉风
责任印制	李志鹏
封面设计	艺点锦秀
出版发行	中国传媒大学出版社
社　　址	北京市朝阳区定福庄东街1号　　邮　编　100024
电　　话	86-10-65450528　65450532　　传　真　65779405
网　　址	http://cucp.cuc.edu.cn
经　　销	全国新华书店
印　　刷	唐山玺诚印务有限公司
开　　本	787mm×1092mm　1/16
印　　张	16.25
字　　数	337千字
版　　次	2024年12月第1版
印　　次	2024年12月第1次印刷
书　　号	ISBN 978-7-5657-3874-6/G・3874　　定　价　85.00元

本社法律顾问：北京嘉润律师事务所　郭建平